STEP UP

# 債権総論

片山直也　難波譲治
野澤正充　山田八千子

不磨書房

〔執筆者〕　　　　　　　　　　　　〔執筆分担〕

野澤正充（立教大学教授）　　　　Ⅰ§1・§2，Ⅴ§1・§2

難波讓治（立教大学教授）　　　　Ⅱ§1〜§5

片山直也（慶應義塾大学教授）　　Ⅲ§1〜§5，Ⅳ§5

山田八千子（中央大学教授）　　　Ⅳ§1〜§4，Ⅵ§1〜§5

〔執筆順〕

# はしがき

　1．本書は，2001年12月に刊行された『民法総則』に次ぐ，不磨書房の「Step Up シリーズ」の2冊目である。本来は，「シリーズ」である以上，民法の全領域にわたって，相次いで教科書が刊行されることが望ましい。しかし，すでにお気づきのように，1冊目から本書の刊行までには3年以上の月日が経過してしまった。その理由としては，この間に法科大学院がスタートし，従来の法学部および新しい法科大学院における法学教育が模索される中，民法の教科書としてどのようなものが適切かが問われ，本シリーズの企画自体が中断していたことが挙げられる。

　しかし，法学教育のあり方に関してはなお不断の検討を要するものの，民法に関していえば，基本的な知識と応用力の必要性・重要性は，法科大学院がスタートしても変わるものではない。それどころか，法学部生はもとより，法科大学院の未修者に対してはより一層明快な教科書を提供するとともに，既修者に対しても，その知識を確認・整理し，応用力をつけさせる教科書が必要であることは明らかである。

　そこで，本書は，優れた債権総論の教科書がすでに多数存在するにもかかわらず，「明快」であることと，細かい学説にとらわれず，判例を中心に解説を加え，「コンパクト」であることを旨として，執筆されたものである。その執筆者は，いずれも，ほぼ同年齢の法科大学院に専従する教員であり，執筆にあたっても，この1年間の法科大学院における民法教育の経験が活かされていることと思われる。

　2．基本的な構成は，シリーズであるため，1冊目の『民法総則』と変わりはない。すなわち，基本的な講義の部分があり，それを整理する「整理ノート」と，基本の講義を補い，より高度な内容を扱う「応用学習」とから成っている。しかし，より読みやすくなるよう『民法総則』とは，レイアウトを変えるとともに，以下の点に留意しつつ変更を加えた。

　① 基本的な講義の部分は，パンデクテン方式に従い，できるだけ民法典の

## はしがき

規定の順序に合わせて構成した。そのため，他の教科書よりも，オーソドックスなものとなったが，条文を参照しつつ学習するには適していると考える。また，学説の紹介は抑えつつ，他方で多くの判例に言及するようにした。

②　「整理ノート」は，簡潔であることを心がけ，原則として1頁以内に収まるようにした。法律は暗記科目ではないけれども，基本的な知識は重要であり，それを確認するものとして「整理ノート」を役立てていただければ幸いである。

③　「応用学習」は，学生にとってわかりにくい部分を取り上げ，より詳しい解説を加えるとともに，最近の学説にも配慮した。この部分は，基本的な考え方や応用力を身につけることを目的としているため，初学者であっても，読み飛ばすことなく，注意してお読みいただきたい。

そして，これらの点については，今後の本シリーズをより良いものとするために，読者の皆さんのご意見をお寄せいただければ幸いである。

3．完成までには，執筆者がかなりの頻度で集まり，お互いの原稿を検討して忌憚のない意見を交換した。本書が，少しでも統一のとれたものとなることが，わたしたち執筆者の共通した願いである。また，そのような機会を設けていただき，おつきあいくださった不磨書房の稲葉文子氏に感謝するとともに，本シリーズが1人でも多くの学生の勉学に役立つことを心から願うものである。

2005年4月

執筆者一同

# 目　次

はしがき

## I　債権の意義と目的 … 3

### §1　債権の意義 … 3
1　総　説 … 3
　1-1　債権と物権 … 3
　1-2　債権と債務 … 4
　1-3　債権と請求権 … 4
2　債権の発生原因 … 5
　2-1　法律の規定から発生する場合 … 5
　2-2　契約から発生する場合 … 6
　**整理ノート** … 6

### §2　債権の目的（内容） … 7
1　総　説 … 7
　1-1　意　義 … 7
　1-2　要　件 … 7
2　給付（債務）の種類 … 8
　2-1　作為債務・不作為債務 … 8
　2-2　引渡債務・行為債務 … 9
　2-3　金銭債権・非金銭債権 … 9
　2-4　特定物債権・種類債権 … 10
　2-5　その他の分類 … 10
3　特定物債権 … 11
　3-1　意　義 … 11
　3-2　善管注意義務 … 12

# 目次

- 4 種類債権 …………………………………………………… 12
  - 4-1 概説 …………………………………………………… 12
  - 4-2 種類債権の特定 ……………………………………… 13
- 5 金銭債権 …………………………………………………… 15
  - 5-1 意義 …………………………………………………… 15
  - 5-2 通貨の強制通用力 …………………………………… 16
- 6 利息債権 …………………………………………………… 16
  - 6-1 民法の規定 …………………………………………… 16
  - 6-2 特別法による規制 …………………………………… 17
- 7 選択債権 …………………………………………………… 18
  - 7-1 意義 …………………………………………………… 18
  - 7-2 選択権者 ……………………………………………… 19
  - 整理ノート ……………………………………………………… 20
- ■応用学習 1 種類債権の特定 ………………………………… 22
  - 1 2つの問題点 …………………………………………… 22
  - 2 種類債権と制限種類債権 ……………………………… 23
  - 3 受領遅滞の有無 ………………………………………… 23
  - 4 結論 ……………………………………………………… 24

## Ⅱ 債権の効力 …………………………………………………… 25

- §1 総説 ………………………………………………………… 25
  - 1 債権の各種の効力 ……………………………………… 25
  - 2 自然債務 ………………………………………………… 26
    - 2-1 意義 ………………………………………………… 26
    - 2-2 自然債務の例 ……………………………………… 26
    - 2-3 責任なき債務 ……………………………………… 27
  - 3 第三者の債権侵害 ……………………………………… 27
    - 3-1 不法行為の成立 …………………………………… 27
    - 3-2 妨害排除請求 ……………………………………… 29

　　　　整理ノート ………………………………………………………31
■応用学習 2　債権侵害と不法行為 …………………………………32
　　1　従来の通説への批判 ……………………………………………32
　　2　新　学　説 ………………………………………………………32
　　3　具体例の検討 ……………………………………………………33
§2　履行の強制 …………………………………………………………34
　1　総　　説 ……………………………………………………………34
　2　要　　件 ……………………………………………………………35
　3　具体的方法 …………………………………………………………35
　　3－1　引　渡　債　務 ……………………………………………35
　　3－2　作為債務・不作為債務 ……………………………………35
　4　強制履行のできない債務 …………………………………………36
　　　　整理ノート ………………………………………………………36
§3　債務不履行 …………………………………………………………38
　1　債務不履行総説 ……………………………………………………38
　　1－1　債務不履行の意義 …………………………………………38
　　1－2　債務不履行の類型 …………………………………………38
　　1－3　債務者の義務からの分析 …………………………………39
　2　履　行　遅　滞 ……………………………………………………40
　　2－1　要　　　件 …………………………………………………40
　　2－2　効　　　果 …………………………………………………42
　　2－3　履行遅滞の終了 ……………………………………………44
　3　履　行　不　能 ……………………………………………………44
　　3－1　要　　　件 …………………………………………………44
　　3－2　効　　　果 …………………………………………………45
　4　不完全履行 …………………………………………………………46
　　4－1　意　　　義 …………………………………………………46
　　4－2　要　　　件 …………………………………………………46
　　4－3　効　　　果 …………………………………………………48
　5　履行補助者 …………………………………………………………49

目　次

　　　　5−1　履行補助者の意義 …………………………………………49
　　　　5−2　類　　型 …………………………………………………50
　　　　5−3　賃借人，転借人の過失 ……………………………………52
　　6　債務不履行による損害賠償請求権の要件と立証責任 ……………52
　　7　金銭債務の不履行に関する特則 ………………………………53
　　　整理ノート ………………………………………………………54
■応用学習 3　安全配慮義務 …………………………………………56
　　1　安全配慮義務の承認 ………………………………………………56
　　2　安全配慮義務の性質 ………………………………………………56
■応用学習 4　債務不履行の体系，不完全履行・積極的債権侵害
　　　　　の位置付け ………………………………………………58
　　1　三 分 体 系 ………………………………………………………58
　　2　不完全履行 ………………………………………………………60
§4　損 害 賠 償 ……………………………………………………61
　　1　損害賠償の方法 ……………………………………………………61
　　2　損害の意義・種類 …………………………………………………61
　　　　2−1　損害の意義 …………………………………………………61
　　　　2−2　損害の種類 …………………………………………………62
　　3　損害賠償の範囲 ……………………………………………………63
　　　　3−1　相当因果関係説 ……………………………………………63
　　　　3−2　保護範囲説 …………………………………………………64
　　　　3−3　予見可能性（416条2項）の判断 …………………………64
　　4　損害賠償額の算定 …………………………………………………66
　　　　4−1　金 銭 評 価 …………………………………………………66
　　　　4−2　損害賠償額決定の基準時 ………………………………66
　　　　4−3　中間最高価格 ………………………………………………69
　　　　4−4　過 失 相 殺 …………………………………………………70
　　　　4−5　損 益 相 殺 …………………………………………………70
　　　　4−6　金銭債務の特則 ……………………………………………71
　　　　4−7　損害賠償額の予定 …………………………………………71

　　　　4−8　賠償者代位 73
　5　損害賠償請求権の性質 73
　　　　整理ノート 75

## §5　受領遅滞 77
　1　意　義 77
　2　法的性質 77
　3　要件・効果 78
　　　3−1　要　件 78
　　　3−2　効　果 78
　4　受領遅滞と危険負担 79
　　　4−1　不特定物の場合 79
　　　4−2　特定物の場合 79
　　　4−3　雇用・労働契約の場合 79
　　　　整理ノート 80

**■応用学習 5　債権者の受領義務** 81
　1　法定責任説 81
　2　債務不履行責任説 81
　3　折　衷　説 81
　4　近時の見解 82

## Ⅲ　責任財産の保全 83

### §1　総　説 83
　1　責任財産（共同担保） 83
　　　1−1　責任財産（共同担保）の意義 83
　　　1−2　責任財産（共同担保）の範囲 84
　2　責任財産への摑取 84
　　　2−1　強制執行と債務名義 84
　　　2−2　不動産執行の手続き 85
　　　2−3　債権執行の手続き 86

目　次

  3　責任財産の保全 ……………………………………………………… 86
   3－1　債務者の財産処分の自由と責任財産の変動 ……… 86
   3－2　民事保全手続き …………………………………………… 87
   3－3　責任財産保全の制度 …………………………………… 87
   3－4　無資力要件 ………………………………………………… 88
   3－5　制度趣旨の見直しの必要性 ………………………… 88
   整理ノート ………………………………………………………… 89
 §2　債権者代位権 ……………………………………………………………… 90
  1　債権者代位制度の趣旨 ………………………………………… 90
   1－1　債権（責任財産）の保全 ……………………………… 90
   1－2　債権回収機能（債権者の事実上の優先弁済権）…… 90
   1－3　特定債権の保全（債権者代位権の転用）………… 91
  2　債権者代位権の要件 …………………………………………… 91
   2－1　総　　説 …………………………………………………… 91
   2－2　債権保全の必要性 ……………………………………… 92
   2－3　債務者自ら権利を行使しないこと ………………… 93
   2－4　代位の客体となる債務者の権利 …………………… 93
   2－5　履行期の到来 ……………………………………………… 95
  3　債権者代位権の行使および効果 …………………………… 95
   3－1　行使の方法 ………………………………………………… 95
   3－2　債権者への引渡（支払）請求 ………………………… 96
   3－3　代位権行使の範囲 ……………………………………… 96
   3－4　債務者の処分権の制限 ………………………………… 97
   3－5　第三債務者の抗弁 ……………………………………… 97
   3－6　代位訴訟の判決の効力 ………………………………… 98
  4　いわゆる債権者代位権の転用例 …………………………… 99
   4－1　特定債権の保全 …………………………………………… 99
   4－2　特定金銭債権の保全 …………………………………… 101
   整理ノート ………………………………………………………… 103
 ■応用学習 6　債権者代位権の転用および直接請求権 ………… 104

|   |   | 1 | 立法趣旨 ……………………………………………………104 |
|---|---|---|---|
|   |   | 2 | 抵当権者による妨害排除請求権の代位行使 ……………105 |
|   |   | 3 | 直接訴権（直接請求権） …………………………………106 |

§3 詐害行為取消権 ……………………………………………………108
  1 詐害行為取消制度の趣旨 ………………………………………108
    1－1 責任財産の保全 …………………………………………108
    1－2 詐害行為取消権における利害対立とその調整 ………109
  2 詐害行為取消権の法的性質論 …………………………………110
    2－1 取消しおよび取戻し ……………………………………110
    2－2 「相対的取消」理論 ……………………………………110
  3 詐害行為取消権の要件 …………………………………………111
    3－1 総　説 ……………………………………………………111
    3－2 被保全債権の存在 ………………………………………112
    3－3 詐害行為の存在 …………………………………………114
    3－4 受益者または転得者の悪意……………………………124
  4 詐害行為取消権の行使 …………………………………………124
    4－1 行使の方法 ………………………………………………124
    4－2 取消しの範囲および取戻方法（現物返還か価格賠償か）……124
    4－3 取消債権者への引渡（支払）請求 ……………………126
  5 詐害行為取消権の効果 …………………………………………127
    5－1 取消債権者以外の債権者との関係 ……………………127
    5－2 受益者・転得者の地位 …………………………………129
  6 詐害行為取消権の期間制限 ……………………………………130
    整理ノート ………………………………………………………131

■応用学習 7　詐害行為取消権の法的性質
　　　　　　　——「相対的取消」から「対抗不能」へ ……………133
  1 はじめに ……………………………………………………………133
  2 責任説 ………………………………………………………………133
  3 訴権説 ………………………………………………………………134
  4 相対的取消から対抗不能へ ………………………………………135

目　次

## Ⅳ　多数当事者の債権関係 …………………………………………137

### §1　総　説 ……………………………………………………………137
1　多数当事者の債権関係の意義・性質 ……………………………137
2　「多数当事者の債権関係」と「債権債務の共同的帰属」との相違 ……………………………………………………………………138
3　多数当事者の債権関係に特有の視点 ……………………………138

### §2　分割債権債務 ……………………………………………………139
1　意義・成立 …………………………………………………………139
2　効　果 ………………………………………………………………140

### §3　不可分債権債務 …………………………………………………140
1　意義・成立 …………………………………………………………140
2　不可分債権の効果 …………………………………………………141
3　不可分債務の効果 …………………………………………………142
　　整理ノート ……………………………………………………………143

### §4　連帯債務 …………………………………………………………144
1　連帯債務の意義・成立 ……………………………………………144
　　1-1　連帯債務とは何か …………………………………………144
　　1-2　連帯債務における債務の個数 ……………………………144
　　1-3　連帯債務の性質 ……………………………………………145
　　1-4　連帯債務の成立 ……………………………………………146
2　連帯債務の効果 ……………………………………………………147
3　不真正連帯債務 ……………………………………………………154
　　3-1　不真正連帯債務とは何か …………………………………154
　　3-2　不真正連帯債務の効力 ……………………………………155
4　連帯債権・不真正連帯債権 ………………………………………156
　　整理ノート ……………………………………………………………156

### §5　保証債務 …………………………………………………………157
1　保証債務の意義・性質 ……………………………………………157
　　1-1　保証債務の意義 ……………………………………………157

1-2　保証契約と保証債務 ……………………………… 157
　　　1-3　保証債務の性質 …………………………………… 159
　2　保証債務の成立 …………………………………………… 161
　　　2-1　保証契約の要件 …………………………………… 161
　　　2-2　保証債務の内容と範囲 …………………………… 164
　3　保証債務の効力 …………………………………………… 167
　　　3-1　対外的効力——保証債務の補充性に基づく抗弁権 ……… 167
　　　3-2　主たる債務者または保証人について生じた事由の効力 …… 168
　　　3-3　求償関係 …………………………………………… 171
　4　諸種の保証 ………………………………………………… 174
　　　4-1　連帯保証 …………………………………………… 174
　　　4-2　共同保証 …………………………………………… 176
　　　4-3　継続的保証・根保証 ……………………………… 177
　　　整理ノート ……………………………………………… 180

■応用学習 8　保証と物上保証
　　　　　　　——「第三者担保」という視角から—— ………… 182
　1　物上保証とは何か？——保証との比較 ……………… 182
　2　物上保証の民法典上の位置づけ ……………………… 182
　3　保証規定および保証法理の類推適用 ………………… 183
　4　再び，物上保証とは何か？　保証とは何か？——「第三者担保」
　　　という視角から ………………………………………… 185

# V　債権・債務・契約関係の移転 ……………………… 187

§1　総　　説 ……………………………………………………… 187
　1　債権譲渡の意義と機能 …………………………………… 187
　　　1-1　債権譲渡とは何か ………………………………… 187
　　　1-2　債権譲渡は何のために行われるか ……………… 187
　2　債務引受の意義と機能 …………………………………… 189
　　　2-1　3つの債務引受 …………………………………… 189

目　次

　　　2－2　債務引受は何のために行われるか ……………………………189
　　3　契約上の地位の移転の意義 …………………………………………190
　　　**整理ノート** ………………………………………………………………191
§2　指名債権の譲渡 …………………………………………………………192
　　1　債権の譲渡性 …………………………………………………………192
　　　1－1　466条の趣旨 ……………………………………………………192
　　　1－2　債権の性質による譲渡制限（466条1項ただし書）………192
　　　1－3　将来債権の譲渡 …………………………………………………193
　　　1－4　譲渡禁止特約（446条2項）……………………………………193
　　　**整理ノート** ………………………………………………………………196
　　2　債権譲渡の対抗要件 …………………………………………………197
　　　2－1　467条の意義 ……………………………………………………197
　　　2－2　債権の二重譲渡 …………………………………………………199
　　　**整理ノート** ………………………………………………………………205
　　3　異議なき承諾（468条）………………………………………………206
　　　3－1　468条の意義 ……………………………………………………206
　　　3－2　法 的 性 質 ………………………………………………………206
　　　3－3　効　　　力 ………………………………………………………208
　　　3－4　債務者と譲渡人との利益調整 …………………………………211
　　　**整理ノート** ………………………………………………………………212
　　■**応用学習 9**　集合債権譲渡担保 ……………………………………214
　　　1　特　定　性 …………………………………………………………214
　　　2　包括的な集合債権譲渡担保の可否 ………………………………214
　　　3　対抗要件〔債権譲渡登記〕…………………………………………214
§3　債務引受・契約上の地位の移転 ……………………………………216
　　1　免責的債務引受 ………………………………………………………216
　　　1－1　要　　　件 ………………………………………………………216
　　　1－2　効　　　果 ………………………………………………………216
　　2　併存的債務引受 ………………………………………………………216
　　　2－1　要　　　件 ………………………………………………………216

xiv

|   |   | 2-2 効　果 … 217 |
|---|---|---|
|   | 3 | 履行の引受け … 218 |
|   | 4 | 契約上の地位の移転（契約譲渡・契約引受） … 218 |
|   |   | 4-1 要　件 … 218 |
|   |   | 4-2 効　果 … 218 |
|   |   | 4-3 従来の学説の問題点 … 219 |
|   | 整理ノート … 220 | |

■応用学習 10　契約譲渡論の新たな展開 … 221
 1　はじめに … 221
 2　契約上の地位の移転の具体例 … 221
 3　近時の見解 … 222

# Ⅵ　債権の消滅 … 225

## §1　総　説 … 225
 1　債権の消滅とは何か … 225
 2　一般的な消滅原因 … 225

## §2　弁済・代物弁済 … 226
 1　弁済とは何か … 226
 2　弁済の提供 … 227
  2-1　意　義 … 227
  2-2　債務の本旨 … 227
  2-3　現実の提供と口頭の提供 … 229
  2-4　効　果 … 231
 3　第三者の弁済 … 232
 4　弁済による代位 … 233
  4-1　意　義 … 233
  4-2　弁済による代位の要件 … 234
  4-3　代位の効果 … 235
 整理ノート … 239

目　次

　　5　弁済受領権 …………………………………………………………240
　　6　弁済の受領権のない者への弁済 …………………………………241
　　　6 - 1　はじめに ………………………………………………………241
　　　6 - 2　債権の準占有者への弁済の意義 ……………………………241
　　　6 - 3　債権の準占有者への弁済の要件 ……………………………241
　　　6 - 4　債権の準占有者への弁済の効果 ……………………………245
　　　6 - 5　受取証書持参人への弁済 ……………………………………246
　　7　弁済充当 ……………………………………………………………246
　　8　弁済の証明 …………………………………………………………247
　　9　代物弁済 ……………………………………………………………248
　　　**整理ノート** ……………………………………………………………250

■**応用学習 11**　システム提供者としての銀行の責任
　　　　　　　　　──478条による免責の射程 …………………251
　　1　はじめに ……………………………………………………………251
　　2　機械払い方式による無権限者への払戻しと判例 ………………251
　　3　システム提供者の責任 ……………………………………………253

§3　供　　託 ………………………………………………………………254
　1　意　義 …………………………………………………………………254
　2　要　件 …………………………………………………………………254
　3　供託方法 ………………………………………………………………255
　4　供託物の取戻し ………………………………………………………255
　5　効　果 …………………………………………………………………256
　　**整理ノート** ……………………………………………………………257

§4　相　　殺 ………………………………………………………………258
　1　意義・機能 ……………………………………………………………258
　2　合意による相殺 ………………………………………………………259
　3　要　件 …………………………………………………………………260
　　3 - 1　相殺適状 …………………………………………………………260
　　3 - 2　相殺の禁止 ………………………………………………………263
　　3 - 3　差押えと相殺 ……………………………………………………264

3-4　物上代位と相殺 ································································· 268
　4　相殺の効果 ······································································· 269
　　　整理ノート ······································································ 270
■応用学習 12　差押えと相殺 ···························································· 271
　1　はじめに ······································································· 271
　2　判例の変遷 ····································································· 271
　3　学　　説 ······································································· 272
§5　更改・免除・混同 ································································· 275
　1　更　　改 ······································································· 275
　2　免　　除 ······································································· 276
　3　混　　同 ······································································· 276
　　　整理ノート ······································································ 277

事 項 索 引 ············································································ 279
判 例 索 引 ············································································ 286

# STEP UP
# 債権総論

# I　債権の意義と目的

## §1　債権の意義

### 1　総説
#### 1-1　債権と物権
　債権とは，「特定の人（債権者）が他の特定の人（債務者）に対し，特定の行為（給付）を請求できる権利である」と定義される。たとえば，売買契約（555条）においては，売主が買主に代金の支払いを請求でき，また，買主は売主に目的物の引渡しを請求することができる。

　ところで，民法の財産法上の権利は，物権と債権とに大別される。この両者の違いは，一般的には，物権が物を直接に支配してそこから利益を得る権利であるのに対して，債権は人の行為（不作為をも含む）を請求する権利である，と説明されている。

　しかし，通常は，債権者にとっては，債務者の行為そのもの（バナナの売買契約であれば，売主がバナナを「引き渡す」という行為）が目的ではなく，それによって債権者にもたらされるべき物（バナナ）が重要である。その意味では，債権も物に対する支配を目的とすることがあり，機能的には物権と大差があるわけではない。

　しかし，物権と債権との区別の意義を否定することはできない。なぜなら，物権と債権の峻別は，近代法の所産であり，資本制社会の基礎となる商品交換を成立させる3つの基本原則（①権利能力の平等，②所有権の絶対，③私的自治＝契約自由）の論理的帰結だからである。すなわち，自由な商品交換を行うためには，相互に独立した法的主体（①）が，それぞれ相手方の商品の所有を承認（②）しつつ，これを交換する（③）ことが必要である。そうだとすれば，物権と債権との区別は，私的所有と契約との区別に対応するものであると考え

3

I　債権の意義と目的

られる。

## 1－2　債権と債務

　物権と異なり債権の場合には，債権者に対して一定の行為をなすべき債務者がいて，その義務（債務）が存在する。たとえば，売買契約において，売主が代金債権を有している場合には，買主は代金債務を負っている。また，買主が物の引渡債権を有し，売主は引渡義務を負う。このように，債権と債務とは対応関係にある。そして，ヨーロッパの民法典では，伝統的にその表題を「債務法」（Schuldrecht, Obligations）とするが，わが民法は「債権」編とした。これは，義務ではなく，権利を中心とする近代法の考え方に従ったものである。

　なお，民法は，債務者が債権者に対してなすべき行為を「給付」と呼び（401条・410条・482条など），また，債務者がその義務を果たすことを「履行」（414条・415条・428条など）あるいは「弁済」（402条・403条・474条など）と呼ぶ。「履行」と「弁済」は同じ意味であるけれども，前者は，債務者の行為を債権者の側から見た場合に用いることが多く（債権者が「履行を請求する」），これに対して後者は，債務者の履行の結果，債務が消滅する局面で用いられることが多い（たとえば，474条からはじまる「弁済」は，「債権の消滅」の節に置かれている）。

## 1－3　債権と請求権

### (1)　問題の所在

　民法では，「請求権」という語が若干の場合に用いられている（721条・724条）。さらに，「……を請求することができる」という表現が用いられ，その権利を請求権と呼んでいる。他方，債権も，特定の人に対して特定の行為を請求できる権利であると定義される（前述）。それゆえ，債権と請求権との関係が問題となる。また，請求権は債権のみならず，物権においても問題になる。すなわち，所有権の効力として，所有権が侵害された場合には，物権的請求権が認められている。

　このような請求権の概念を，どのように解すべきであろうか。

### (2)　沿　革

　歴史的には，請求権という概念がつくられたのは19世紀ドイツの普通法時代（gemeines Recht＝ドイツ民法典の施行まで，ドイツ全土に共通に適用されたローマ

法）であった。それ以前のローマ法においては，実体法と訴訟法とが分かれておらず，権利はすべて裁判所に訴えるためのものであった。このような権利を訴権（actio アクチオ）と呼ぶ。その後，ローマ法を継受したドイツでは，実体法と訴訟法とを分けてゆき，それにともなって訴権も，①実体法上の「権利」と，②その訴訟上の主張とに区別されるようになった。その過程において，2つの次元に分かれた「訴権」を媒介する概念として，19世紀のドイツの学者（ヴィントシャイト）が考え出したのが「請求権」という概念である。すなわち，訴訟上の請求がなされるためには，その前提として，債権や物権などの実体法上の権利が存在しなければならない。そして，この実体法上の権利が侵害された場合に，いきなり訴訟の問題となるのではなく，相手方への主張を実体法上の権利として構成したものが「請求権」である，ということになる。つまり，特定の被告に対する訴訟上の主張に対応する実体的権利が「請求権」である。

そうだとすれば，このような意味での「請求権」は，債権からも物権からも生じるものである，といえよう。

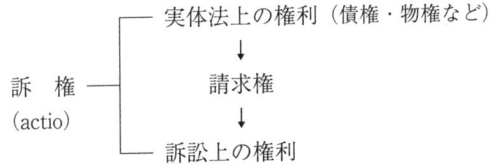

もっとも，今日のドイツでも「請求権」という概念は必ずしも明確ではなく，わが国で議論する実益もあまりない。ただ，沿革的には，以上のような説明が可能であり，概念の整理の問題としては，このような沿革を知る必要があると思われる。

## 2 債権の発生原因

### 2−1 法律の規定から発生する場合

民法典の債権各論（第3編「債権」の第2章以下）は，債権の発生原因を定めている。すなわち，契約（第2章），事務管理（第3章），不当利得（第4章），不法行為（第5章）の4つである。

このうち，事務管理・不当利得・不法行為は，法定の要件が満たされれば，

Ⅰ　債権の意義と目的

法律上当然に債権が発生するものとされ，その内容も法律で定まっている。たとえば，事務管理（697条以下）からは費用償還請求権が，不当利得（703条以下）からは利得償還請求権が，不法行為（709条以下）からは損害賠償請求権が発生する。

### 2-2　契約から発生する場合

これに対して，契約からはどのような債権が生ずるであろうか。民法典は，13種類の典型契約を定めている。しかし，当事者がそれ以外の契約（非典型契約）を締結して債権を発生させることも可能である。ここでは，代表的な場合である売買契約を例にする。

民法555条からは，財産権の移転を求める債権と，代金の支払いを求める債権が発生することがわかる。そして，これらの債権の発生根拠は，当事者が「約した」こと，すなわち，当事者の意思にある。それゆえ，契約は，当事者の意思表示によって法律効果が発生する法律行為である，と説明されるのである。

もっとも，どのような債権が生ずるかがすべて民法に規定されているわけではない。たとえば，契約においては，結局は，当事者の意思を探求する契約の解釈が行われなければならない，ということに注意を要する。

---

**整理ノート**

1　債権の意義

　　債権＝特定の人（債権者）が他の特定の人（債務者）に対し，特定の行為（＝給付）を請求できる権利

　　給付＝債務者が債権者に対してなすべき行為

　　履行・弁済＝債務者がその義務を果たすこと

2　債権の発生原因

　　法定債権（事務管理・不当利得・不法行為）と契約に基づく債権

## §2　債権の目的（内容）

### 1　総　説
#### 1−1　意　義
　民法の「債権総則」第1節は「債権の目的」と題されている。ここにいう「目的」とは，債権の内容の意味であり，具体的には，債務者の一定の行為，すなわち「給付」を意味する。民法では，「債権の目的」の表題の下に，要件に関する1つの規定と，若干の種類の債権に関する特殊な規定とが置かれている。

#### 1−2　要　件
(1)　**民法399条の趣旨**
　債権の内容の要件とは，債権として効力が生じるために，どのような要件を備えていることが必要かという問題である。この問題につき，399条は，金銭に見積もることができないものであっても，一般の債権と同じ効力を有する旨を規定する。これに対して，旧民法は，金銭に見積もることのできるものに限って債権の目的としていた。この旧民法の規定は，399条とは正反対の規定であったが，ローマ法以来の古くからの伝統に従ったものである。すなわち，金銭であれば，完備した法制度がなくとも容易に裁判によって実現できる，というのがその実質的理由であった。しかし，法制度の整備された近代においては，旧民法のような規定は不要であり，これを改めることを明らかにするために置かれたのが399条である。そうだとすれば，399条は，あまり重要な規定ではない。

(2)　**その他の要件**
　契約から生じる債権については，学説によってさらに3つの要件があげられている。すなわち，その給付が，①適法であり，かつ，社会的に妥当であること（適法性・社会的妥当性），②可能であること（可能性），③確定しうるものであること（確定性），の3つである。
　①　適法性・社会的妥当性とは，債権の内容が公序良俗（90条）に反しないことである。

I 債権の意義と目的

② 給付が不可能である場合には，債権はその効力を生じない。もっとも，給付が可能であるか否かは，契約成立の時を基準として定められる。すなわち，契約成立前にすでに給付が不可能である場合（原始的不能）には，債権は成立しない。ただし，その不能が一部（原始的一部不能）であるときは，売主の担保責任が問題となるとする見解がある。また，全部不能のときでも，売主がその不能を知りまたは知りうべきであった場合には，買主の被った一定範囲の損害を賠償する義務を負うとする考え（いわゆる「契約締結上の過失」の理論）がある。

これに対して，契約成立後に給付が不可能になった場合（後発的不能）には，すでに発生している債権（債務）の効力が問題となる。すなわち，その履行不能が債務者の責めに帰すべき事由に基づくものであるときは，債務は損害賠償債務（填補賠償）に変わり，なお存続することになる。しかし，履行不能が債務者の帰責事由によらないときは，当該債務は消滅する。

③ 給付の内容は，契約の締結時に具体的に確定する必要はない。たとえば，売買契約において，具体的な代金額が定まっている必要はない。しかし，少なくとも，履行までに確定しうるものでなければならない。すなわち，売買代金に関していえば，当事者の意思解釈により，「相当な価格」または「時価」によることが明らかであれば，売買契約は有効に成立する。

## 2 給付（債務）の種類

債権債務は，その内容に応じてさまざまな観点から分類される。以下では，解釈論上意味のある分類のみを示すことにする。

### 2-1 作為債務・不作為債務 (414条)

作為債務とは，債務者が一定の行為を積極的に行うことを内容とする債務である。たとえば，売買契約における物の引渡し・代金支払，労働契約における労務の提供や賃金の支払などは，いずれも作為債務である。この作為債務は，さらに行為債務と引渡債務とに区別される。

これに対して，債務者が一定の行為をしない，という消極的な作為を内容とする債務を不作為債務という。たとえば，同一の地域内において同様の営業をしないという競業禁止契約は，不作為債務を生ずる。

この分類は，強制履行の方法の点で実益があるとされている（414条2項・3項）。

### 2－2　引渡債務・行為債務

物の引渡しを目的とするか，債務者の行為を目的とするか，に着目した分類である。その主な実益は，次の2点にある。

**(ア)　債務不履行の要件**　何が債務の不履行にあたるかを考える場合に，引渡債務においては，物を引き渡したか否かで判断できる。しかし，行為債務においては，たとえば，医師の診療行為では，単に診療を行っただけでは誤診もありうるため，債務を履行したとはいえない。なお，この点では，後述する結果債務・手段債務の区別と関連する。

**(イ)　強制履行の方法**　債務者が物を引き渡さない場合には，執行官が強制的に取ってくることが可能である。しかし，行為債務の場合には，執行官による強制は困難である（たとえば，医師の診療行為を執行官が強制することはできない）。

ところで，この分類は，フランス民法の「与える債務」(obligation de donner) と「なす債務」(obligation de faire ou ne pas faire) の区別に由来する。もっとも，フランス民法上の「与える債務」は，所有権を移転する義務のことであり，単に物を引き渡す債務は，「なす債務」であるとされている。その意味では，わが国で主張されている引渡債務・行為債務の概念とは，必ずしも対応しない。

### 2－3　金銭債権・非金銭債権

金銭債権とは，一定額の金銭の支払を内容とする債権であり，非金銭債権とは，それ以外のものを内容とする債権である。金銭債権の特色は次の2点にある。①物ではなく，価値という高度に抽象化された内容を有する。この点において，次の種類債権と異なる。それゆえ，②金銭債権では，履行不能および種類債権のような特定という観念は存在しない。

金銭債権と非金銭債権とを区別する実益は，大きく次の3つにある。

第1に，金銭債権の債務不履行には履行不能が考えられないので，その要件・効果につき，特則がある（419条）。

第2に，債権総則の規定は，実際には金銭債権に適用されることが多い。たとえば，利息債権（404条・405条）・連帯債務（432条以下）・保証債務（446条以

下）は，主として金銭債権について問題となる。また，弁済（474条以下）や債権譲渡（466条以下）の規定も，金銭債権にかかわるものである。

　第3に，民事執行法は，金銭債権の強制執行（43条以下）と，非金銭債権の強制執行（168条以下）とに分けて規定している。

### 2－4　特定物債権・種類債権

　特定物債権とは，特定物の引渡しを内容とする債権であり，典型は，不動産の売買における買主の目的不動産の引渡請求権である。他方，種類債権（不特定物債権）とは，一定の種類に属する物の一定量の引渡しを内容とする債権である。よく挙げられる例としては，「ビール1ダース」の引渡請求権がある。

　この区別は重要であり，履行不能の問題のほか，種類債権に瑕疵担保責任の規定が適用されるか否か，という難しい問題がある。

### 2－5　その他の分類

#### (1)　結果債務（obligation de résultat）・手段債務（de moyen）

　フランス民法に由来する分類である。この区別は，フランス民法典には規定がないが，ドウモーグという学者によって提唱され，今日では判例および学説により承認されている。この区別は，フランスでは，過失（faute）の立証責任について意味があると考えられている。

　まず，結果債務とは，物の引渡債務のように，特定の結果の実現を内容とする債務をいう。たとえば，一定期日に家を建築して注文主に引き渡す旨の請負契約において，その期日に引渡しがない場合，債権者（注文主）が結果が実現していない旨を立証すれば，債務者（請負人）の側で，外部原因（不可抗力または第三者の行為）を立証しないかぎり，債務者は責任を免れない。

　これに対して，手段債務とは，医師の診療行為のように，病気を治すという結果の実現そのものではなく，そうなるように注意深く最善（いわゆる「善良な管理者の注意」）を尽くして行為する債務である。そして，患者が医者の治療を受けたにもかかわらずその病状が悪化した場合において，患者が医者に債務不履行責任を問うためには，単に病気が治らなかったという事実だけではなく，医者の過失（誤診があった，手術の際にお腹の中にメスを残した等）を立証しなければならないとされている。

　この両者の区別は，当該契約の種類や性質，当事者の意思等による。した

がって，たとえば，大学受験のために家庭教師を雇った場合における債務は，通常は手段債務である。しかし，家庭教師が，特に報酬をたくさんもらい，特定の大学に入学することを請け負った場合には，結果債務となることもある。

わが民法上もこの区別を認める学説が有力である。もっとも，フランスにおけると異なりわが国では，債務の本旨に従った履行がなされたか否かを区別する基準として，結果債務と手段債務の区別が用いられている。すなわち，ある債務が結果債務であれば，履行期に履行のないことが債務不履行であるとされるが，手段債務であれば，履行がなされても債務者の善管注意義務が尽くされていない場合には，債務不履行と評価されることになる。

### (2) 可分債務・不可分債務

給付を分割して実現できる場合を可分債務という。これに対して，1台の自動車の引渡しのように，価値を損なわずには分割できない給付を不可分債務という。この区別は，多数当事者の債権関係（427条以下）において問題となる。

## 3 特定物債権

### 3-1 意義

特定物債権とは，特定物の引渡しを内容とする債権をいう。ここでいう「特定物」とは，具体的な取引において，当事者がその物の個性に着眼して取引をした場合の目的物をいう。たとえば，一戸建て住宅（面積・価格のほか，環境・日照なども考慮）や美術品（画家・価格・号数のほか，構図・色合いも考慮）の売買契約における買主の債権は，通常は，特定物債権である。これに対する概念としては，「種類物（不特定物）」がある。

また，「特定物・不特定物」によく似た概念として，「代替物・不代替物」の区別がある。これは，特定物と異なり，当事者の主観ではなく，物の客観的な性質に着目し，他の物をもって代えることができるか否かによる区別である。それゆえ，不代替物であっても，種類物である場合もある。たとえば，ユトリロの絵を投資のために買う場合に，画商との売買契約において，単に号数と価格のみで指定することがある。この場合には，ユトリロの絵は不代替物であるが，売買の内容としては，種類物の売買となる。

Ⅰ　債権の意義と目的

### 3-2　善管注意義務（400条）

民法400条によれば，特定物債権の債務者は，その引渡しをするまで「善良な管理者の注意」をもってその物を保管する義務を負う。この善管注意義務とは，取引上要求される注意義務を，個人の資質によるのではなく，客観的基準によって定めたものである。もっとも，具体的に何がこれにあたるのかは，個別的に決しなければならない。

この概念と対になるのが，「自己の財産に対するのと同一の注意」（659条）である。これは，無償で物を預かった場合の保管義務で，善管注意義務よりも注意義務が軽減されたものである。

債務者が善管注意義務を負うのは「引渡しをするまで」であり，債務者がこれを尽くした場合には，引渡しの時の現状でその物を引き渡せばよい（483条）。善管注意義務を尽くしたのに目的物が滅失した場合には，債務者は引渡債務を免れ，損害賠償責任も負わない。

## 4　種類債権（401条）
### 4-1　概　説
#### (1)　意　義

種類債権とは，「ビール1ダース」とか「米10キロ」というように，一定の種類に属する物の一定量の引渡しを内容とする債権をいう。このように，種類のみを指示して取引を行うということは，特定物債権におけると異なり，当事者が目的物の個性には着目していない，ということを意味する。つまり，種類債権と特定物債権の区別は，当事者が目的物の個性に着目したか否か，という意思表示の解釈の問題となる。

#### (2)　制限種類債権との区別

種類債権の中でも，特定の場所ないし範囲によって制限されている種類債権を，特に「制限種類債権」として区別することがある。たとえば，特定の倉庫の小麦1トンとか，1986年産のシャトー・マルゴー50本の売買契約などがこれにあたる。

この制限種類債権が単なる種類債権と異なる点は，一般に履行不能の判定にある，と解されている。すなわち，種類債務においては，履行不能がありえな

いのに対し，制限種類債務では，その特定の範囲内の物が消滅すれば履行不能となり，しかもその判定が容易である。その結果，制限種類債権の債務者は，その責めに帰すべからざる事由によって履行が不能になった場合（たとえば，当該倉庫が第三者の放火により焼失した，1986年のシャトー・マルゴーが売り切れた）には，債務を免れる可能性がある，ということになる。

　もっとも，種類債権と制限種類債権の区別は，相対的なものにすぎない。すなわち，一方では，種類債務でも履行不能となることも想定されうる。たとえば，当該種類物が禁制品にされたり，生産中止になることがある。他方，制限種類債権でも，制限された範囲の物が消滅した場合にはその限定の範囲をゆるめる，ということが当事者の意思である場合もある。たとえば，先の例では，別の倉庫の小麦でもよい，あるいは，1986年の別のシャトーのワインでもよいということもあろう。そうだとすれば，両者の区別は重要ではなく，むしろ当事者の意思が，いかなる範囲の中から，どのような性質の物を目的物として想定していたかを確定することが重要であると考えられる。

### 4－2　種類債権の特定
#### (1)　民法の規定

　種類債権に関し，民法は次の2つのことを定めている。第1に，種類債務において，目的物の品質を定めることができないときは，債権者は中等の品質の物の引渡しを請求することができる（401条1項）。しかし，実際の取引においては，品質は当事者の重要な関心事の1つであるから，これを定めることができない場合を想定することは難しい。

　第2は，種類債権の特定（401条2項）である。すなわち，種類物の売買もある段階に達すると，売主が引き渡すべき目的物が，「このビール」・「このお米」というように限定される。これを種類債権の特定という。その趣旨は，債務者の保護にある。すなわち，種類債権は，同種の物が市場に存在する限り，履行不能とはならない。このことは，債務者が債務から解放されないことを意味し，その責任を不当に重くする。そこで民法は，一定の時期を標準として，それ以後は，種類債権の目的物が選ばれた特定の物になるとしているのである。この種類債権が特定する時期を定めたのが，民法401条2項である。すなわち，同条は，①「債務者が物の給付をするのに必要な行為を完了し」た時と，②「債

Ⅰ　債権の意義と目的

権者の同意を得てその給付すべき物を指定したとき」の2つを挙げている。

このうち②は，両当事者の合意で特定するという意味ではなく，債務者が債権者から特定の物を指定する権利を与えられ，それに基づき指定した時に特定する，という意味である。ここで重要なのは，①がどのような時かであるが，その前に，特定の効果を検討する。

### (2)　特定の効果

種類債権が特定すると，以後は特定物債権と同様に扱われる。ただし，完全に特定物債権になってしまうわけではない。種類債権の特定の効果として挙げられるのは，次の5つである。

　①　債務者は，特定した物の保管につき善管注意義務を負う（400条）。

　②　債務者は，特定した物についてだけ債務を負う。したがって，その物が滅失すれば履行不能になり，その滅失が債務者の責めに帰すべき事由によらないときは，引渡債務を免れる。この場合における代金債務の扱いは危険負担の問題であり，534条2項により同1項が適用され，債権者（買主）が負担することになる。ただし，買主は未だ目的物の引渡しを受けていないのに代金のみ支払わなければならない，という結論の当否については，危険負担の議論に委ねる。

　③　物の滅失が債務者の善管注意義務違反による場合には，債務者は債務不履行責任（損害賠償義務）を負う（415条）。問題となるのは，この場合において，債務者が他の物を引き渡す義務を免れるか否かである。

　この問題につき，通説は，特定物債権と同じに考え，債務者は他の物を引き渡す義務はないとする。しかし，種類債権の特定により，完全に特定物債権に変わるわけではなく，市場に他の物が存在し，しかも，目的物の滅失は債務者の帰責事由によるものであるから，債権者は代わりの物を請求できるとする見解もある。

　④　債務者には目的物の変更権が認められる。すなわち，特定後であっても，債権者の不利にならない限り，債務者は目的物を変更することができる（大判昭和12・7・7民集16-1120──番号の異なる同種の株券に変更した事案）。この点においても，種類債権の特定により，特定物債権と全く同じになるわけではないことが示されている。

⑤ 判例は，種類物の売買における目的物の所有権が，原則として特定によって売主から買主に移転する（最判昭和35・6・24民集14-8-1528），としている。少なくとも，種類債権の特定以前には，所有権は移転しようがない。特定後のいつの時点で所有権が移転するかについては，物権法に委ねる。

### (3) 給付をするのに必要な行為

種類債権の特定が生じる時点である，「債務者が物の給付をするのに必要な行為を完了し」た時とは何か。抽象的には，引渡しに必要なすべての行為を債務者の側において行った時である，と解される。しかし，より具体的に学説は，ドイツ民法の解釈にならい，債務者の引渡しの態様に関する3つの区別に応じて議論する。

(ア) **持参債務** 債務者が債権者の住所に目的物を持参すべき債務（たとえば，家具店で購入した家具を自宅に届けてもらう）においては，債務者が，債権者の住所で現実の提供をした時に特定する。したがって，目的物を運送機関に委託しただけでは特定しない（大判大正8・12・25民録25-2400）。

(イ) **取立債務** 債権者が目的物を債務者の住所に取りに行く債務の場合には，債務者が，(a)その住所において目的物を分離し，かつ，(b)引渡しの準備を整えてこれを債権者に通知した（口頭の提供，493条ただし書参照）時に特定する（→応用学習1）。

(ウ) **送付債務** 債権者・債務者の住所以外の第三地に目的物を送付する場合には，持参債務と同じく，その第三地で現実の提供がなされたときに特定する。ただし，送付が債務者の好意によってなされたときは，発送の時に特定する。

## 5 金銭債権

### 5-1 意義

金銭債権とは，一定額の金銭の給付を内容とする債権である。たとえば，売買契約においては，売主が買主に対して代金債権を有しているなど，今日では，契約当事者の一方が金銭債権を有することが多い。

金銭債権の弁済に用いられるのは，通貨，すなわち強制通用力を有する金銭である。しかし，金銭は価値そのものであって，物としての個性はない。それ

I 債権の意義と目的

ゆえ、金銭債権は、種類債権の一種ではあるが、よりいっそう抽象的であり、普通の種類債権のように目的物の特定という観念がなく、また履行不能もない。

民法は、このような金銭債権の不履行につき、2つの特則を設けている。第1に、債務者は不可抗力をもって抗弁とすることができない（419条2項）とされる。また、第2に、金銭債務の不履行は履行遅滞であり（履行不能はない）、当然に損害が発生する。そこで、損害の証明を必要としない（419条2項）。そして、その損害賠償の額も法定利率（年5分＝404条）によって定められる（419条1項本文）。ただし、約定利息がそれを超えるときはその約定利息による（419条1項ただし書）。

もっとも、特定の金銭を目的とする場合（例、古銭の売買）には、特定物債権となる。しかし、これは例外的な場合である。

### 5-2 通貨の強制通用力

金銭債権の場合には、債務者がその選択に従って、「各種の通貨で弁済をすること」ができる（402条1項本文）。それゆえ、債務者は、たとえば10万円を弁済するのに、1万円札10枚でも、千円札100枚でもかまわない、ということになる。それでは、1円玉10万枚での弁済は可能であろうか。この場合にも、債権者が受け取ればそれでかまわない。しかし、「通貨の単位及び貨幣の発行等に関する法律」（昭62年＝貨幣法）の7条は、「貨幣は、額面価格の20倍までを限り、法貨として通用する」と規定する。それゆえ、債権者としては20円を超える金額の受取りを拒否することができる。

ところで、金銭債権の債務者は、債務の内容である金額（名目額）につき、通貨をもって弁済すればよい。すなわち、通貨自体の価値の変動（とりわけインフレによる価値の減少）は顧慮されない（名目主義）（最判昭和36・6・20民集15-6-1602）。

## 6 利息債権

### 6-1 民法の規定

利息債権につき、民法は2つの規定を置いている。

1つは、民事法定利率に関する規定（404条）であり、利率に「別段の意思表示がないとき」の利息は、年5分とされる。なお、商人間の金銭消費貸借に

おいては，当然に利息が生じるものとされ（商513条1項），その場合の法定利率は年6分である（商514条）。

もう1つは，法定重利の規定（405条）である。すなわち，利息の支払が1年分以上延滞して，債権者が催告をしても債務者が支払わない場合には，債権者は，特約がなくとも，その利息を元本に組み入れて複利とすることができる。その趣旨は，怠慢な債務者の責任を重くして，債権者を保護することにある。

### 6-2　特別法による規制
#### (1) 利息制限法
　利息の利率は，当事者の合意によって定められるのが原則である（契約自由の原則）。しかし，債務者は経済的な弱者であるため，利息も高利になることが多い。そこで，明治10年の旧利息制限法を改めて，昭和29年に制定されたのが現行の利息制限法である。この利息制限法は，金銭消費貸借契約における利息の約定につき，一定の利率によって計算された金額を超える部分を「無効」とした（利息1条1項）。ただし，同法は，債務者がその「超過部分を任意に支払ったときは，……その返還を請求することができない」と規定する（同2項）。したがって，債務者が制限超過利息を任意に支払った場合には，債務者は保護されないことになる。しかし，現在の判例法理は，債務者を保護するために，この規定を事実上無意味なものとしている。すなわち，債務者が任意に支払った制限超過利息は，当然に元本に充当され（最大判昭和39・11・18民集18-9-1868），その結果，元本も完済された場合においては，その後に債務が存在しないことを知らないで支払いを続けたとしても，債務者は返還請求できるとされた（最大判昭和43・11・13民集22-12-2526）。

　また，債務者が超過利息を元本と一括して支払った場合にも，債務者は債権者に対して，不当利得を理由に超過利息の返還請求をすることができるとされている（最判昭和44・11・25民集23-11-2137）。

　もっとも，このような判例法理は，「貸金業の規制等に関する法律」（昭和58年，貸金業規制法）により，重大な制限を受けることになる。

#### (2) その他の法律
　利息に関しては，利息制限法のほかに，「出資の受入れ，預り金及び金利等の取締りに関する法律」（昭和29年，出資取締法）と前記の貸金業規制法の2つ

I 債権の意義と目的

がある。

まず，出資取締法によれば，金銭の貸付けを行う者が年109.5パーセントを超える割合による利息の契約をしたときは，刑事罰を科されることになる（出資5条1項）。ただし，貸業者が処罰されるのは，年29.2パーセントを超える利率で利息の契約を結んだ場合である（同2項）。それゆえ，貸金業者は，利息制限法1条1項所定の利率（年15〜20パーセント）を超え，年29.2パーセントまでの利率で利息を取っても処罰されないことになる。なお，利息制限法1条1項所定の利率を超え，年29.2パーセントまでの部分は，「グレイ・ゾーン」と呼ばれることがある。

また，貸金業規制法によれば，債務者が利息制限法1条1項所定の制限利息を超える利息を任意に支払った場合においても，貸金業者が貸付契約の内容を示す書面および受取証書の交付義務を履行している限り，その支払は「有効な利息の債務の弁済」とみなされることになる（貸金業43条1項）。

この結果，債務者が貸金業者に対して，利息制限法の制限超過利息を任意に支払った場合にも，それが年29.2パーセントを超えないもの（グレイ・ゾーン）であれば，有効な弁済とみなされることになる。

## 7 選択債権

### 7-1 意　義

自分の所有する中古のデスクトップ型のパソコンとノート型のそれとのいずれかを相手方に贈与するというように，債権の目的が数個の給付の中から選択によって1つに決定する債権を選択債権という。これは，種類債権と異なり，数個の給付（目的物）がそれぞれ個性を有しているため，選択されない限り目的物が特定しないことになる。そこで，民法は，選択権に関して詳細な規定を置いているが，現実に選択債権が問題となることは少ない。

なお，民法に規定はないものの，講学上「任意債権」というものが認められている。これは，債権の目的が1つの給付に特定しているが，債権者または債務者が，他の給付に代える権利（代用権または補充権という）を有するものである。この任意債権は，債務者が他の給付をなしうる点で選択債権に似ているが，両者は次の点で異なる。すなわち，選択債権においては，給付の一部が不能と

§2 債権の目的（内容）

なったときは残りが債権の目的となる（410条参照）。これに対して，任意債権では，本来の給付が決まり他の給付はその代用にすぎないため，本来の給付が不能となれば，債権は消滅することになる。

### 7-2 選択権者

選択債権における選択権者は，契約または法律によって決まることになる。すなわち，先の中古のパソコンの贈与契約では，選択権者もその契約の解釈によって決まることになる。また，法律上選択債権が発生する場合には，選択権者も定められている。たとえば，117条1項の「相手方」や196条2項「回復者」などである。しかし，契約や法律で選択権者が定まっていない場合には，選択権は債務者にあるとされる（406条）。したがって，先の例でも，選択権者が決められていない場合には，贈与者（自分）が選択権を有することになる。

このほか民法では，選択権の行使方法（407条・409条），選択権者が選択権を行使しなかった場合における選択権の移転（408条），および，選択の遡及効（411条）が規定されている。

I 債権の意義と目的

> **整理ノート**
>
> 1 債権の要件
>   ① 適法性・社会的妥当性
>   ② 可能性
>   ③ 確定性
> 2 給付（債務）の種類
>   ① 作為債務・不作為債務＝債務者が一定の行為をするか否か
>   ② 引渡債務・行為債務＝物の引渡しを目的とするか、債務者の行為を目的とするか
>   ③ 金銭債権・非金銭債権＝一定額の金銭の支払を内容とするか否か
>   ④ 特定物債権＝特定物の引渡しを内容とする債権
>      「代替物・不代替物」＝物の客観的性質に着目
>      種類債権（不特定物債権）＝一定の種類に属する物の一定量の引渡しを内容とする債権
>   ⑤ その他　結果債務（obligation de résultat）・手段債務（de moyen）
>      可分債務・不可分債務
> 3 種類債権の特定（集中）
>  (1) 制限種類債権との区別
>      種類債務＝履行不能がありえない
>      制限種類債務＝特定の範囲内の物が消滅すれば履行不能となる
>  (2) 特定の時期
>      債務者が物の給付をするのに必要な行為を完了した時
>    ① 持参債務　債務者が、債権者の住所で現実の提供をした時
>    ② 取立債務　債務者が、目的物を分離し、かつ、引渡しの準備を整えてこれを債権者に通知（口頭の提供）した時
>    ③ 送付債務　第三地で現実の提供がなされた時。ただし、送付が債務者の好意によってなされたときは、発送の時
>  (3) 特定の効果
>    ① 債務者は、特定した物の保管につき善管注意義務を負う（400条）

## §2 債権の目的（内容）

　　② 債務者は，特定した物についてだけ債務を負う
　　③ 物の滅失が債務者の善管注意義務違反による場合には，債務者は債務不履行責任（損害賠償義務）を負う（415条）
　　④ 債務者には目的物の変更権が認められる
　　⑤ 種類物の売買における目的物の所有権が，原則として特定によって売主から買主に移転する（最判昭和35・6・24民集14-8-1528）
4　利息債権＝利息制限法，出資取締法，貸金業規制法による規制
5　その他　選択債権，任意債権

## I 債権の意義と目的

### 応用学習 1  種類債権の特定　最判昭和30・10・18（民集9-11-1642）

#### 1　2つの問題点

　種類債権の特定に関しては，表題の判決がリーディング・ケースとなる。もっとも，この判決には，種類債権のみならず，受領遅滞や危険負担等の多くの論点が含まれている。そこで，やや詳しく取り上げてみよう。

　事案は次のようであった。昭和21年2月に，X（買主）は，Y（売主）からタール2,000トンを49万5,000円で買い受けることを約した。その受渡しの方法は，Xが必要の都度申し出て，Yが引渡場所を指定し，Xがそこにドラム缶を持ち込み受領する，というものであった。そして，昭和22年1月末までにXがすべて引き取ることを定め，手付金20万円をYに交付した。ところで，右タールは，YがA製鉄会社から買い受け，これをXに転売したものであって，A社構内のため池に貯蔵されていた。

　昭和21年8月までにYは，契約に従い，Xに約半分のタールの引き渡した。ところが，Xは，タールの品質が悪いと言って，その後タールを引取りに行かず，Yはタールの引渡作業に必要な人夫を配置して引渡しの準備をしていたが，10月頃これを引き揚げ，監視人を置かなかったため，冬頃にA社の組合員がこれを他に処分し，タールは滅失するに至った。そこでXは，Yの引渡債務の不履行を理由に契約を解除し，支払済みの手付金からすでに引渡しを受けたタールの代金（10万7,500円）をひいた残金（9万2,500円）の返還を請求をした。

　第1審・第2審ともに，Xの請求を認容。その理由を原審は，次のように述べている。すなわち，タールが種類物であるとしても，Yがその引渡しに必要なる行為を完了し目的物を特定した場合には，Yはその保管につき善管注意義務を負う。そして，Yは，本件でその注意義務を尽くさなかった（監視人を置かなかった）ため，その履行不能につき債務不履行責任を負う。Y上告。最高裁は，結論的には，破棄差戻しとした。

　本件の問題点は次の2つである。すなわち，第1に，本件売買契約から生ずるXの債権は，通常の種類債権と制限種類債権とのいずれであるのか（「ため池のタール全部」の売買という場合を除いて，特定物債権であることはない）。そして，かりに種類債権であるとすれば，本件の場合すでに特定しているかが問題となる。また第2に，Xによるタールの引取りの拒絶が受領遅滞になるかが争われよう。

§2　債権の目的（内容）

## 2　種類債権と制限種類債権

　まず，Xの債権が通常の種類債権であればどうか。この場合には，本件タールの滅失前に目的物が特定していたか否かが問題となる。そして，仮に特定していない場合には，履行不能は存在せず，Yは同種のタールを他から仕入れてXに引き渡さなければならない。Yがこれを怠ると，Yの債務不履行となる。しかし，特定していた場合には，Yは保管につき善管注意義務を負う（400条）。そして，タールの滅失につき義務違反がなければ，Yは引渡義務を免れ，他方，Xが代金を支払わなければならない（危険負担の債権者主義＝534条）。これに対して，もしYの義務違反があれば（本件），YはXに損害賠償義務を負い，また，代物を給付する義務を負う（もっとも，前述のように，代りの物を給付することについて，通説は反対している）。

　ところで，本件は取立債務である。そうだとすれば，特定のためには，①目的物を分離して，②債権者に通知（口頭の提供＝493条ただし書）をしなければならない。しかるに本件では，②はなされたが，①がない。それゆえ，種類債権の特定はなかった，ということになる。

　次に，Xの債権が制限種類債権である場合はどうか。この場合には，ため池のタール全部の滅失により，Yの債務は履行不能となりうる（もっとも，契約の内容によっては，履行不能ではなく，Yが同種のタールを調達しなければならない，ということもある。なぜなら，種類債権と制限種類債権との区別は程度の違いにすぎないからである）。

　最高裁は，以下のような理由で原判決を破棄し，事件を原審に差し戻した。

　最高裁は，まず，Xの債権が特定物債権であることを否定した。しかし，種類債権と制限種類債権とのいずれであるかは明らかではないとする。それゆえ，「当初の契約の内容のいかんを更に探求するを要する」とした。また，いずれであるにせよ，Yは目的物を分離していないので，本件では特定がない。それゆえ，Yが善管注意義務を負うとした原審は誤りであるとする。

　差戻後の判決（札幌高函館支判昭和37・5・29高民集15-4-282）は，本件債権が制限種類債権であるとした。そして，目的物が分離されていないため特定がなく，その結果，Yは善管注意義務を負わないから，タールの滅失はその責めに帰すべからざる事由による履行不能であり，引渡債務を免れるとした（Y勝訴）。

## 3　受領遅滞の有無

　ところで，Yがその引渡義務を免れるとしても，タールの代金はXとYのいずれが負担すべきであろうか（もっとも，この点は，直接の争点とはなっていない）。本件では，未だ特定が生じていないため，危険負担の規定によればYが負う（Xには請求しえない）ことになる（536条＝債務者主義）。しかし，本件では，Yが引渡しの準備をし

Ⅰ 債権の意義と目的

て通知（＝口頭の提供）したにもかかわらず、Xがその受領を拒んだという事情がある。これをどのように評価すべきか。

まず、Xはタールの品質が悪いことを理由にその引取りを拒んだ。しかし、本件が制限種類債権であるとすれば、目的物の良否は通常は問題にならない。なぜなら、Xは、本件「ため池にあるタール」の一定量を買ったのである（もっとも、そのタール全体が変質している場合には、錯誤無効を主張することは可能である）。それゆえ、Xは品質を問題にしてその受領を拒むことはできない。そうだとすれば、Yの口頭の提供があるにもかかわらずXが受領しないのであるから、Xの拒否は受領遅滞（413条）となり、その効果としてXに危険が移転する、すなわち、Xは、代金全額をYに支払わなければならないと解される。

## 4 結　論

本件は、最高裁の論理によれば次のようになるであろう。

① Xの債権は制限種類債権である。

② 本件債務は取立債務であり、その特定のためには、⑦目的物の分離（引渡のためのタールをため池から取り分ける）と②その通知（口頭の提供〔言語上の提供〕）が必要である。しかし、本件では、②はあるが①はない。それゆえ、タールが滅失した段階では、未だ特定していない。

③ 目的物が特定していないため、Yはその保管につき善管注意義務を負わない。そうだとすれば、本件タールの滅失は、Yの責めに帰すべき事由による履行不能ではなく、Yは給付義務を免れ、かつ、損害賠償責任も負わない。

④ しかも、制限種類債権については、通常、その品質が問題とならない。それゆえ、Yの口頭の提供（493条ただし書）があるにもかかわらず引取りを拒んだXの行為は、受領遅滞（413条）となる。そうだとすれば、受領遅滞の効果として、危険がXに移転し、XはYに代金全額を支払わなければならない。

以上のように考えると、口頭の提供と種類債権の特定とは異なり、口頭の提供（弁済）として充分であっても、種類債権の特定は生じないという場合があることになる。しかし、債務者が債務不履行責任を免れる（492条）ための口頭の提供と、目的物を限定するための種類債権の特定とは、制度の趣旨が異なることに注意すべきである。

# II 債権の効力

## §1 総　説

### 1　債権の各種の効力

　債権は，債務者に対して一定の行為を要求する権利である。債務者が債務の内容通りに自ら進んで履行してくれれば，通常「債権の効力」は問題にならないが，その場合でも，当然ながら債権者は受領することができるという意味で，債権には①「受領力」という（「給付保持力」ともいう）。この効力によって，債権者の受領が正当化され，不当利得にならないのである。したがって，いったん受け取った物を返せとは言われない。しかし，債務者が履行してくれないときには，別の効力が必要になる。そこで，まず，債権者は債務者に履行を請求できる（これを②「請求力」という）。もっとも，履行しない相手に裁判外で請求してもあまり意味はない。次に，債権者は裁判所に訴えることができる（これを③「訴求力」という）。そして裁判所に判決を出してもらって，履行を命じてもらうことができるのである。しかし，判決が出されてもなお，債務者が履行しないことがある。そこで，債務者に強制的に履行させるという効力が必要になる。それが，④「執行力」である。執行力のうち，特に金銭債権について，強制執行により債権の内容を実現する効力を「摑取力（かくしゅりょく）」という。

　以上は，債務者に対する権利であったが，債権は，第三者に対しても効力を有することがある（債権者代位権，詐害行為取消権）。債権の効力としては例外的であり，債権の対外的効力と呼ばれる。これについてはIIIで扱う。

Ⅱ　債権の効力

## 2　自 然 債 務

### 2－1　意　　義

　自然債務とは，「債権の効力」のうち，①受領力だけしかない債務である（債権者からみれば債権だが，「自然債権」とは呼ばない）。旧民法に存在していた「自然債務」は追認や更改によって完全な債務となるという効果を認めていたのに対して，現在ではそのような効果はないので「自然債務」でなく端的に「訴求力を欠く債務」（訴求力がなければ当然執行力もない）というべきであるが，便宜的に広く用いられている「自然債務」を用いておく。

### 2－2　自然債務の例

　自然債務は，次のような場合に問題となるが，多くの場合は，「自然債務」ではない。

　①　**消滅時効が援用された債務**　　時効で消滅した債務は，履行を強制されることはないから，訴求力はないが，これを相殺に用いることが出来る（508条。Ⅵ§4・3－1(2)参照）。AのBに対する債権が時効にかかっても，AはBのAに対する債権と相殺することができるのである。これを自然債務とみる説が有力であるが，あくまでも法による特別の政策的考慮によるものであって債務が有効というわけではない。

　②　**利息制限法違反の債務**　　利息制限法の制限を超える利息は，超過部分が無効であるが（利息制限法1条1項・4条1項），債務者が任意に支払ったときは返還請求ができない（同法1条2項・4条2項）。これも有効な弁済だから取り戻せないのではなく，特別の法政策的考慮によるものであるから，自然債務というべきではない。

　③　**不法原因に基づく債務**　　公序良俗に反する契約は無効であるが，履行すると返還請求できない（708条）。たとえば殺人契約を依頼して報酬を支払った場合，契約は無効だが，報酬の返還請求はできない。これを自然債務ということがあるが，そもそも契約は無効で債権がないのであって，返還請求できないのは，法の特別な政策である。

　④　**不起訴の合意をした債務**　　この場合は，まさに「自然債務」と考えられる。

　⑤　**徳義上の債務**　　自然債務の例としてよく挙げられる，有名なカフェー

丸玉事件（大判昭和10・4・25新聞3835-5）は，「カフェー丸玉」という名前のバー（喫茶店ではなく，今でいうキャバレー）のホステスに対して客が大金を贈与することを約束したという事案であった。大審院は，確実に贈与の意思ありと認めるべき特段の事情がない限り，履行を強制できない特殊な債務であるとした（差戻審では，確実な贈与意思があったとされた）が，「自然債務」という概念は使っていない。確実な意思があれば問題ないし，なければ心裡留保とみられるので，自然債務という必要はない。

### 2-3 責任なき債務

執行力のない債務を「責任なき債務」という。すなわち，債務者が履行しなければ債務者の財産に強制執行できるのが通常であり，それを「責任」を負っているという。しかし，たとえば不執行の特約が結ばれていれば，公序良俗違反でない限り有効な契約であるので，責任なき債務になる。判例には，給付訴訟で不執行の合意が主張された場合は，給付判決を命じたうえで，判決主文で「強制執行をすることができない」旨を明示すべきとしたものがある（最判平成5・11・11民集47-9-5255）。

債務者でない者が自己の不動産に抵当権を設定させた場合（物上保証人）は，債務者が履行しなければ自己の不動産を競売されてしまう。この場合は，「債務なき責任」である。

## 3 第三者の債権侵害
### 3-1 不法行為の成立

【事例 Ⅱ-1】

AはBから骨董品の壺を買い，代金支払と所有権移転は引渡時と合意した。ところが引渡前にCがその壺を壊してしまった。Aは，もはや骨董品を手に入れることができなくなった。この事例では，Aはまだ所有権を得ていないので，単にBに対する債権を有するにすぎない。AはCに対して損害賠償請求できるだろうか。

Ⅱ　債権の効力

### (1) 不法行為の成立

　第三者が債権を侵害した場合，古くは不法行為（709条）が成立しないとされた。債権は債務者に対する権利だから，債務者以外の第三者には何も請求できないというのである。しかし，判例は，立木売買において買主の代理人が売主の代理人と共謀して代金の着服をした場合に，債権も権利であるから対世的効力があるとして，不法行為の成立を認めた（大判大正4・3・10刑録21-279）。そして，学説も現在では，不法行為の成立を認め，どのような場合に成立するかを論じている。

### (2) 債権の特性

　前提として，債権の特性を理解しておく必要がある。第1に，債権には公示性がない。債権者債務者以外の第三者は債権の存在を知らないことも多い。したがって，「故意」がなければ不法行為が成立しないといわれるのである。第2に，債権が成立する主たる場面は契約であり，契約社会における自由競争も考慮する必要がある。したがって，違法性が強い場合に限るとされる。このように，確かに物権とは異なる面がある。

### (3) 通説の類型

　伝統的通説は，債権の特質を考慮しつつ，不法行為が成立する場合を次のように類型化した。①債権の帰属自体を侵害した場合は，一般的に不法行為が成立する。たとえば，債権者でない者が弁済を受けても，債権の準占有者への弁済や受取証書の持参人へ弁済として有効になることがある（478条・480条。Ⅵ§2・6参照）。泥棒が通帳と印鑑を盗んで預金を下ろしても，弁済自体は有効になって，預金者である債権者は預金債権を失うが，泥棒に対して不法行為責任を追及できるのである。もっとも実際に賠償金を受け取れる可能性は低いであろう。②債権の目的である給付の侵害によって債権が消滅する場合も不法行為となる。たとえば，第三者が給付の目的である特定物を破壊すると，もはや目的物が存在せず，債権は消滅するので不法行為が成立する。**事例Ⅱ－1**はこれにあたる。③給付の侵害はあるが，債権が消滅しない場合は，債権は本来の内容を損害賠償債権に変えて存続するし，取引による場合は自由競争原理が働くので，自由競争をこえる公序良俗違反の態様で侵害されたとき，具体的には，教唆や共謀があったときのみ違法となる。

以上の内容が長く通説であったが，近時では批判が強い（→**応用学習2**）。
### 3－2　妨害排除請求

> 【事例　Ⅱ－2①】
> 
> 　AはBから土地を借り，賃借権の登記をした。ところが，Cが勝手に当該土地に家屋を建て居住している。Aは直接Cに対して家屋を壊して出て行けといえるか。

> 【事例　Ⅱ－2②】
> 
> 　AはBから土地を借りたが，賃借権の登記はしていない。次に，BはCに対しても同じ土地を貸し，Cも登記をしていないがその土地で駐車場の営業を始めた。AはCに対して，出て行けといえるか。

(1) 原　則

　CはAの賃借権という債権を侵害しているが，それが不法行為となっても，金銭賠償に過ぎないので，Aにとって十分な救済とはいえない。そこで，現になされている侵害を排除できないかという問題が発生する。しかし，物権的請求権が排他的な権利である物権にとって必然的なものであるのに対して，賃借権は債権であり，債権は対人権・相対権なので，債権者は債務者に対して債務内容の実現を請求できても，侵害する第三者に侵害の除去を直接請求できないはずである。これが原則であるが，不動産の賃借権については議論がある。不動産賃借権に限って妨害排除が実際に問題となっているのは，侵害が継続している場合だからであり，継続していなければ排除請求の意味がないからである。

(2) 判　例

　最判昭和28・12・18民集7-12-1515は，対抗力を有する賃借権は，物権的効力を有し，物権のみならず賃借権を取得した者にも対抗できるから，その後の賃借権取得者に対し建物収去土地明渡請求をすることができるとした。

(3) 学　説

　学説は分かれている。①妨害排除請求権否定説は，賃借権者の保護は，占有訴権によればいいとする。しかし，それでは，未占有の賃借権が一切保護され

ないことになる。②対抗力根拠説は，対抗力を備えた賃借権は妨害排除請求できるとし，対抗力がない賃借権は債権者代位権によるべきとする。しかし，対抗力は二重賃貸借の場合の優先関係は解決できるが，ただちに物権的請求権と結びつくものではない。③賃借権物権化説は，一定の要件を備えた不動産賃借権は，物権に準ずるものとして，妨害排除請求を認める。その要件の1つとして，対抗力を有していることが基準となる。そうなると，②説と変わりないように見えるが，対抗力は物権化の要件であって，それによって物権化したから妨害排除権が認められるのである。また，対抗力を有していなくても特別法によって物権化している賃借権には妨害排除権を認めてよい。さらに，④賃借権の物権化現象からみれば，対抗力を有していなくとも妨害排除請求を認めてよいということになる。不法占拠者に対しては対抗力がなくても妨害排除請求を認めるべきであり（**事例Ⅱ－2①**），この説が妥当である。ただし，二重賃貸借の場合は，賃借人同士の争いであるから対抗力で優先権を決めるべきである。したがって，対抗力のない賃借人は，妨害排除請求することができない（**事例Ⅱ－2②**）。

> **整理ノート**
>
> 1　債権の効力
>     ①　受領力
>     ②　請求力
>     ③　訴求力
>     ④　執行力
> 2　自然債務　　受領力だけしかない債務
>   自然債務が問題となる例
>     消滅時効が援用された債務　　利息制限法違反の債務
>     不法原因に基づく債務　　　　不起訴の合意をした債務
>     徳義上の債務
>     責任なき債務　　執行力のない債務
> 3　債権侵害による不法行為の成立
>   通説
>     ①　債権の帰属自体の侵害　→　過失による不法行為が成立する
>     ②　債権の目的である給付の侵害で債権が消滅する場合
>                 　　→　過失による不法行為が成立する
>     ③　債権の目的である給付の侵害で債権が消滅しない場合
>                 　　→　教唆か共謀が必要
> 4　債権侵害と妨害排除——判例（対抗力説）による解決
>
> |  | 占有取得前 | 占有取得後 |
> |---|---|---|
> | 対抗力ある賃借権 | 賃借権, 代位行使 | 占有訴権, 賃借権, 代位行使 |
> | 対抗力のない賃借権 | 代位行使 | 占有訴権, 代位行使 |

Ⅱ 債権の効力

## 応用学習 2　債権侵害と不法行為

### 1　従来の通説への批判

　近時の学説は，従来の通説に対して，とくに「給付の侵害はあるが債権が消滅しない場合」で不法行為成立の範囲が狭すぎること，いわゆる企業損害や引き抜きなどの類型を考慮していないことなどを強く批判する（吉田邦彦『債権侵害論再考』が学説をリードした）。さらに，従来の通説は，不法行為の成立要件である「違法性」を侵害行為の態様と侵害された利益の相関関係で決定するという考え方に基づいており，現在では，その相関関係論も批判の対象となっている（詳しくは，不法行為で学んでほしい）。

　しかし，従来の通説への批判については一致するところが多いものの，批判説が提唱する類型は一致しない。そこで，近時の学説から注目すべき説を紹介し，その後とくに問題となっている類型をみていくことにしたい。

### 2　新 学 説

　まず，原則として過失でも不法行為を成立させようとする説がある（前掲吉田説，平井説。ここでは平井宜雄『債権各論Ⅱ（第2版）』115頁以下による）。①故意の場合は，常に不法行為が成立する。②過失の場合は，債権の特質，契約の趣旨，行為債務か引渡債務か等を踏まえて次のようになる。②-ⅰ　第三者が債務者の生命・身体・自由等の人格的利益を侵害した結果，債務者が債権者に負う行為債務を侵害した場合，たとえば，交通事故で会社の社長が死亡して会社が損害を被ったような場合（いわゆる企業損害など）は，過失で足りる。②-ⅱ　②-ⅰ以外の方法で行為債務の侵害がもたらされる場合で，当該行為債務の発生原因たる契約が債権者に対してのみ弁済する趣旨の場合（いわゆる競業避止義務など）は，契約関係保護の要請から通常の不法行為と同じでよいし，それ以外の行為債務への侵害については，外部から認識できない債権の特質から契約関係の認識か予見可能性を要するが，教唆・幇助までは要しない。②-ⅲ　引渡債務の侵害の場合も②-ⅱと同様に契約関係の認識または予見可能性を要するが，教唆・幇助までは要しない。②-ⅳ　債務者の一般財産を減少させる場合は詐害行為取消権による。以上の類型は細かいが，総じて不法行為の成立を広く認める傾向にある。

　次に，事実行為と取引行為を区別するという視点を取り入れる，取引行為・事実行為峻別説である（前田達明『口述債権総論（第3版）』231頁以下）。①第三者に対する弁済が有効とされたため債権が消滅した場合（通説の帰属侵害類型）には通常の不法行為となるが，債権の存在は認識していることが必要である。②債権の目的である

給付の侵害の場合で，事実行為によるとき，たとえば，給付すべき特定物を第三者が損傷したときや，いわゆる企業損害の場合である。このような間接損害について過失不法行為を認めると賠償責任が広がりすぎるので，故意の場合にのみ不法行為が成立する。③債権の目的である給付の侵害の場合で，取引行為によるとき，たとえば二重売買事例で，債権法において他人に損害を与える自由はなく，不法行為が成立する。④債務者の一般財産を減少させる場合であり，これも事実行為と取引行為がある。事実行為の場合は，債務者の財産を壊す行為などである。取引行為の場合は，債務者の財産を格安で買うなどである。どちらも詐害行為取消権の場面と共通するので，債権侵害の故意が必要である。以上から分かるように，自由取引社会の保護という観点から，事実行為よりも取引行為について不法行為の要件を厳しくしている。

以上，近時の学説を紹介したが，従来の通説に比して，契約の趣旨，行為債務か引渡債務か，事実行為か取引行為かといった新たな視点を提供したことにその意義が認められる。しかし，上記2説だけをみても結論的には一致せず，具体的問題に則してより立ち入った検討が必要である。そこで，以下では，2つの具体的問題を取り上げる。

**3　具体例の検討**

まず，不動産の二重譲渡で第2買主が優先した場合に第1買主が不動産を取得できずに損害を受けた場合である。判例は悪意の第2取得者も不法行為とならないとする（最判昭和30・5・31民集9-6-774）。177条の解釈において背信的悪意でない限り保護されることや自由競争の原理に基づく。従来の通説でも，不法行為は成立しないし，前述の取引行為・事実行為峻別説でも同様である。これに対して，前述の過失原則説では，不法行為が成立する。これは，自由競争の余地を狭く考え，債権成立段階では妥当しても，既に契約の拘束力を受ける債務者にまで自由はなく，第2契約の締結自体を不法行為とみるものである。この考え方は，物権レベルでも177条における悪意者排除説につながりうるのであるが，少なくとも債権レベルでは不法行為を成立させるべきであろう。

労働者，役員等の引抜事例では，引抜側が不法行為責任を負うには，単に引抜きを認識するだけでなく，労働者らへの教唆や通謀，詐欺・強迫に類する手段に訴えたような場合にのみ不法行為となるというのが従来の通説である。これに対して前述の過失原則説はそのような限定なく不法行為を成立させる。この場合は，引き抜かれる側の保護の要請もあるが，労働者の転職の自由の重要性を考えると，ある程度の限定が必要であろう。そうしないと，労働者は長期にわたって拘束されてしまうことになる。

Ⅱ　債権の効力

## §2　履行の強制

### 1　総　　説

　契約や不法行為によって債権者は債権を取得し，その履行がなされれば債権は消滅する。しかし，債務者が任意に債務を履行してくれないときは，債権者はどうすればよいのか。損害賠償請求（§4参照）することもできるが，民法は，債権者は強制履行を請求できるとした（414条1項本文）。強制履行を請求できるのは当然に見えるが，限定的にしか認められない法制度もあるので，このように規定したのである。なお，裁判所に請求できるのであって，自分で債権を実現する自力救済は，もちろんできない。たとえば，債権者が債務者から金銭を取り上げることはできない。

　強制履行の種類としては，直接強制，間接強制，代替執行の3種類がある。直接強制は，国家機関（裁判所や執行官）が直接に債務の内容を実現する方法である。間接強制は，債務者に対して，履行しなければ一定額の金銭を支払えと命じることによって，間接的に履行を促す方法である（民執172条）。従来は，間接強制は債務者に心理的圧迫を加えるものだからできるだけ避けるべきだと言われていたが，近時の学説は，それとは逆に，間接強制は心理的強制にとどまり債務者の自由意思を尊重するものだからこちらが原則だと主張していた。平成15年の民事執行法改正により，近時の学説の立場が取り入れられ，直接強制が可能であっても，債権者は間接強制を選択できることになった（民執173条1項）。代替執行は，債務者以外の他人に債務の履行をさせて，その費用を債務者から取り立てる方法である（414条2項）。

　これらの3種の方法があるが，債務者の意思に反して履行を強制させるのであるから，債権の種類によっては制限もある。具体的には，後述する（**3**）。なお，「強制履行」は，実体法の効力として債権の効力の面から見たものであり，強制的実現の方法の手続きから見ると「強制執行」というが，厳密に区別されずに用いられている。

## 2 要　件

強制履行の要件は，①債権が存在すること，②債務の本旨に従った履行のないこと，③給付請求権の存在が，勝訴判決を得るなど確定していること，である。

## 3 具体的方法

具体的方法は民事執行法に定められているが，債務の種類によって異なる。

### 3-1 引渡債務

(ア) 直接強制の方法として，①金銭債権の場合，債権者はまず債務者の一般財産（抵当権などによって担保の目的となっていない財産）を差し押さえる。それによって，債務者はその財産を処分できなくなる。次に競売手続きに入り，売却代金から配当を受けて債権に充当する。②特定物債権，種類債権など金銭債権以外の場合は，不動産であれば，執行官が債務者の占有を解いて，債権者に占有させ，動産であれば，執行官が債務者から目的物を取り上げて債権者に引き渡す。

(イ) 債権者は，間接強制を選ぶこともできる。裁判所に「履行しなければ1日に1万円支払え」といった命令を出してもらうのである。支払われた金銭は債権者が受け取ることができる。もし債務者がその支払命令も履行しなければ，債権者はその額の金銭債権者として，さらに直接強制などの方法をとることになろう。

### 3-2 作為債務・不作為債務

(ア) 作為債務（行為債務）の場合，直接強制（強制的に行為させる）は人権尊重の観点からできないとされており，代替執行か間接強制による。代替執行は，他人が代わりに行為できるときに用いられる。たとえば，建築物を取り壊す債務は，解体工事業者にさせてその費用を債務者から取り立てる。その場合でも，間接強制を選択することはできる（民執173条）。他人が代わりに行為できないときは，間接強制しかない。なお，引渡債務も広い意味では作為債務の一種であるが（Ⅰ§2・2参照），債務者の人格と切り離されているので，この類型に入らない。

(イ) 不作為債務の場合，それに違反した結果が残っていれば，代替執行によ

Ⅱ 債権の効力

る（413条3項）。たとえば，家屋を建てない債務に違反して建てた家屋が残っている場合に用いる。有形的でないが継続的な不履行の場合は，間接強制による。たとえば，夜9時以降にピアノを弾かない債務に違反して毎日夜10時に弾いている場合である。継続的でなく1回不履行してしまえば終わりという場合は，もはや強制は不可能なので，損害賠償しかない。たとえば，ある密約文書を公表しないという債務に違反した場合である

(ｳ) 作為債務のうち，意思表示をする債務の場合，意思表示をする債務を履行してくれないときは，裁判所の判決によって意思表示に代えることができる（414条2項但書）。これを「判決代用」といい，代替執行の一種である。この「意思表示」は広く解され，厳密には「観念の通知」とされる債権譲渡通知も含む。債権譲渡人が通知してくれないと，譲受人は対抗力を得られなくて困るので（467条。Ⅴ§2・2参照），裁判所に訴えて債権譲渡通知があったことにしてもらえる。

## 4　強制履行のできない債務

　債務の性質が許さない場合は，3つのいずれの強制もできないと考えられる。たとえば夫婦の同居義務（752条）や芸術家が作品を制作する義務は，強制的に履行させることはできないと考えられる。

　次に，当事者間で強制執行しないと合意した場合は，公序良俗に反しない限り，有効であるから，強制執行できない（前述の責任なき債務，§1・2-3）。そもそも訴訟を行わないという合意がなされた場合も，有効である（前述の自然債務，§1 2-2）。

§2 履行の強制

> **整理ノート**
>
> 1　3種の強制方法
>   ① 直接強制　国家機関（裁判所や執行官）が直接に債務の内容を実現する方法
>   ② 間接強制　債務者に対して，履行しなければ一定額の金銭を支払えと命じることによって，間接的に履行を促す方法
>   ③ 代替執行　債務者以外の他人に債務の履行をさせて，その費用を債務者から取り立てる方法
> 2　要　件
>   ① 債権が存在すること
>   ② 債務の本旨に従った履行のないこと
>   ③ 給付請求権の存在が，勝訴判決を得るなど確定していること
> 3　具体的方法
>   ① 引渡債務
>       直接強制　間接強制
>   ② 行為債務・不作為債務
>       間接強制　代替執行
>   ③ 意思表示をする債務
>       判決代用
> 4　強制履行のできない債務
>   ① 債務の性質が許さない場合
>   ② 合意による場合

II 債権の効力

## §3 債務不履行

### 1 債務不履行総説
#### 1-1 債務不履行の意義

　債務不履行とは，債務者が，正当な事由がないのに債務の本旨に従った給付をしないことである（415条）。「給付」というと物の引渡債務が想定されそうだが，物の引渡しに限らず，行為する債務において行為することも「給付」である。債務者が任意に履行しないときは，§2でみたように，原則として強制的に履行させることができるが，債務の性質からこの請求ができないとき，または，給付の実現を請求することが不可能になったときは，給付に代わる損害賠償（填補賠償）を請求するしかない。また，本来の給付がなされても，それが遅延したときは，その遅延によって被った損害の賠償（遅延賠償）も請求できなければならない。そこで民法は415条によって，債務不履行による損害賠償を認めている。また契約に基づく債権の場合には，契約を解除することができる（540条以下）。契約に基づかない債権の場合には解除権は問題にならない。契約の解除とは，契約の一方当事者の意思表示によって，すでに有効に成立した契約の効力を解消させて，その契約が発生しなかった状態にすることである（詳しくは，債権各論で学んでほしい）。

　たとえば，売買契約において，売主が目的物を引き渡さないときは，まず，強制的に履行させることができる。また，強制的に履行させる代わりに損害賠償を請求することもできる。しかし，それらの場合，買主は自分の債務を免れるわけではないので，むしろ，契約を解除して代金支払義務を免れ，同じような目的物を他から買う方が適切な場合もあるだろう。

　この節では，どのような場合に債務不履行となるかを中心に債務不履行の要件・効果について述べる。

#### 1-2 債務不履行の類型

　債務不履行は，その態様によって，履行遅滞，履行不能，不完全履行に分けるのが従来からの通説である。これに対して，近時は，そのような類型は不要であるという学説も有力である。すなわち，沿革と規定の文言上，履行不能だ

けは一類型として取り出すとしても,「債務の本旨に従わない履行」と一元化すればよいという。この見解は正当であるが,少なくとも整理のうえでは意味を持つので,以下では,この三類型に従って述べていく (→**応用学習4**)。

履行遅滞は,履行が可能であるのに期限を過ぎた場合である (415条前段)。

履行不能は,履行が不可能になったために履行しない場合である (415条後段)。

不完全履行は,単に履行をしないという消極的な場合ではなく,不完全な給付をするか,または給付行為をなすにあたって不注意で損害を与えた場合などである。これは,民法に明文で規定されている場合ではないが,不完全な給付をしたことは,履行遅滞にも履行不能にも該当せず,従来から第三の類型とされている。また,415条は,「債務の本旨に従った履行をしないとき」と一般的に規定しているので,債務不履行は履行遅滞と履行不能に限定されることなく,不完全履行も債務不履行の一態様として認められる。

### 1-3　債務者の義務からの分析

債権とは債務者に一定の給付を要求する権利であり,債務はそれに対応して債権者に対して一定の給付をなすべき義務である。これを「給付義務」という。この義務が中心的な義務であることは当然だが,債務者は給付義務以外の義務も負っているのである。たとえば,売買契約についてみれば,目的物引渡義務は給付義務であるが,目的物を損傷しないよう保管し,引渡しに際しても損傷しないよう注意する義務や,目的物の使用方法を買主に教える義務も,信義則上債務者が負う義務と考えられる。これらを「付随義務」(あるいは付随的義務,付随的注意義務) という。不動産売買契約等において,相手方当事者に十分な情報を提供したり助言したりする義務が問題にされることが多い。また,付随義務は,契約履行段階だけではなく,契約締結前や契約終了後にも問題になる。契約締結前,交渉段階では契約を締結するかどうかは自由であるが,信義則上,契約交渉を不当に破棄してはならないという義務がある (最判昭和59・9・18判時1137-51)。また,給付義務の履行によって契約が終了した後にも,信義則上の付随義務がある。このように,契約終了後も義務があることを余後効という。たとえば,マンションの売主は,引渡後も周辺環境を保持すべき義務を負うことがある。給付義務と付随義務の差違は,給付義務違反の場合は,債権者

Ⅱ　債権の効力

は強制履行，損害賠償，契約解除のいずれも可能であるが，付随義務違反の場合は，あらかじめ内容を確定できないので強制履行はなく，給付義務のように対価的関係にないので，原則として契約解除もできず，損害賠償請求のみ認められる。

さらに，給付義務，付随義務のほかに，これと並んで，債権者・債務者間において相互に相手方の生命・身体・所有権その他財産的利益を侵害しないよう配慮する義務が存在し，これを「保護義務」という（この義務も付随義務という場合もある）。

これらの義務の分類や細かい内容については各種の学説が存在し，またこのような分析は不要とする学説もあるが，判例にも付随義務という言葉がみられ（安全配慮義務に関する最判昭和50・2・25民集29-2-143参照），上記の限度では理解しておくことが有益である。債務不履行の三類型との関係では，履行遅滞，履行不能が給付義務の違反を念頭に置いているのに対して，不完全履行では，給付義務が不完全な場合に加え，付随義務，保護義務の違反も問題になっている（→**応用学習4**）。

以下では，三類型に従い，債務不履行の要件効果を見ていこう。

## 2　履行遅滞
### 2-1　要　件

> 【事例　Ⅱ-3】
>
> 　AがBに中古の自動車を100万円で売ったが，Aは期日に引き渡さず，結局1カ月遅れて引き渡した。その間，Bはレンタカーを借りたが，その費用をAに請求できるか。

履行遅滞の要件は，①債務が履行期にあり，②履行が可能であるにもかかわらず，③債務者の責めに帰すべき事由によって，④違法に，履行がなされないことである。以下，詳しく述べる。

(1)　**債務を履行すべき時点（履行期）を過ぎたこと**
　(ｱ)　**確定期限のある債務の場合**　　4月10日に支払うというように明確な期

限の場合には，期限の到来した時点以後（412条1項）遅滞となる。ただし，証券債権の場合には期限が到来した後に所持人がその証券を提示してはじめて遅滞の責任を負う（商517条）。また，取立債務その他債務の履行についてまず債権者の協力を必要とする場合，たとえば，登記手続は債権者と債務者が共同で申請することになっており（不登60条），債務者だけでは履行できないので，債権者がまず協力をしなければ，期限の到来だけでは遅滞にはならない。

　(イ)　**不確定期限のある債務の場合**　たとえば，ある人が死亡したときに履行するというように，到来することは確実だが，いつ到来するか不確定の期限のある債務は，期限が到来し，かつ債務者がこれを知った時（412条2項）が履行期である。この場合も，期限の定めのない債務とのバランスから，債務者が到来したことを知らなくても，債権者が催告をすれば催告のときから遅滞に陥ると解すべきである。

　(ウ)　**期限の定めのない債務の場合**　債権者はいつでも請求できるのが原則であり，履行の請求を受けた時，すなわち催告を受けた時（412条3項）が履行期である。たとえば，安全配慮義務ないし安全保証義務違反を理由とする債務不履行に基づく損害賠償債務は，期限の定めのない債務であり，履行請求を受けたときに遅滞に陥るとされている（最判昭和55・12・18民集34-7-888）。催告は，債務者に対して，債務を履行してもらいたいという意思の通知であるから，債務の同一性が分かればよく，数量や金額に過不足があってもよい。

(2)　**履行が可能であること**

　履行遅滞と評価されるためには，履行が可能でなければならない。履行期に履行が不可能なときには，履行不能の問題となる。

(3)　**債務者に責めに帰すべき事由があること**

　(ア)　履行遅滞の場合，条文上からは明確でないが，責めに帰すべき事由（帰責事由）が要求される。過失責任主義が民法の原則であり，履行不能に帰責事由を必要としながら（415条後段），履行遅滞に必要としないことは合理的根拠を欠くからである。しかし，419条3項によれば金銭債務を負担する者は，不可抗力（地震などの天災や戦争など，無過失よりも狭い）をもって抗弁となすことができないと定めているから，その反対解釈として金銭債務以外の債務を負担する者は，不可抗力をもって抗弁となすことができる，つまり帰責事由がな

## II 債権の効力

くても不可抗力でなければ責任を負うとも読め，結果債務（I §2・2-5(1)参照）の場合にそのように解する説もある。

　帰責事由とは，債務者の故意・過失または信義則上これと同視すべき事由である。故意とは，債務不履行を生じることを知って，あえて何かをすること，または何もしないことである。不履行になると認識しながら，債務の目的物を持参しなかったり，債務の目的物を破壊したりすると，故意があることになる。過失とは，善良な管理者の注意を欠いたために，債務不履行を生ずべきことを認識しないことである。すなわち，債務者の職業，その属する社会的・経済的地位にあるものとして一般に要求される程度の注意を欠いたことを意味する。以上の通説に対して，履行遅滞の場合は，引渡しがなければ特段の事情がない限り帰責事由が認められるという見解もある。

　信義則上，故意・過失と同視すべき事情として挙げられるのは，履行補助者の過失であるが，これについては後述する（5）。

　(イ)　帰責事由に基づくか否かの立証責任は債務者にある。つまり，債権者が期限到来の要件を立証して履行の請求をすれば，債務者は遅滞が自己の責めに帰すべき事由に基づかないことを立証しない限り責任を免れない。**事例II-3**でいうと，自動車の引渡しの遅れが自己の責めに帰すべき事由によらないことを債務者が立証しない限り，責任を負うのである。

(4)　遅滞が違法であること

　留置権（295条）や同時履行の抗弁権があるときは，履行しなくても違法でない。たとえば，売買契約においては，売主は代金支払まで目的物の引渡しを拒絶でき，買主は目的物引渡しまで代金支払を拒絶できる（533条参照）。ただし，違法性は消極的要件であって，債権者の側で主張・立証する必要はない。むしろ，債務者の側で違法性がないことを主張・立証しなければならない。この違法性を要件とするのが従来からの判例通説であったが，近時では，留置権などを違法性と言い換える必要はないとする学説も有力である。

### 2-2　効　果

(1)　遅　延　賠　償

　履行期を過ぎても，債権者は履行が可能な限り，本来の債務の履行を請求できる。しかし，債務者の責めに帰すべき事由による遅滞によって損害が生じた

場合には，本来の債務に加えて，履行期に遅れたことによる賠償すなわち遅延賠償を請求できる（415条前段）。金銭債務の場合における遅延利息はその典型例である（419条1項）。**事例Ⅱ－3**では，買主がレンタカーを借りざるを得なかったとしたら，その費用の損害賠償請求ができる。

(2) 填補賠償

(ア) 契約から生じた債務については，履行遅滞を理由に契約を解除することができる（後述(3)）。債権者は契約を解除したうえで，履行に代わる損害賠償を請求できる（545条3項）。これを填補賠償という。ただし，反対債務（対価）を控除した賠償である。

(イ) 契約を解除しないで，本来の給付の受領を拒絶して，填補賠償を求めることができるかどうかについては，認めるべきである。まず，遅延と同時に履行不能となるか，遅延後に履行しても債権者にとってほとんど利益がない場合は，解除しないで填補賠償を請求できる。たとえば，結婚披露宴の引き出物の注文のように，契約の性質上，一定の時期に履行しなければ意味を失ってしまう契約の場合である（これを定期行為という）。その他の一般的債務の場合について，判例は，相当期間を定めて履行を催告し，その期間内に履行がなされない場合には，履行を拒絶して填補賠償を請求できるとする（大判昭和8・6・13民集12-1437）。これに対して，遅れた履行を拒絶するためなら解除すればよく，そのうえで填補賠償を求めればよいという反対説があるが，契約に基づかない債務，たとえば遺贈による債務においては解除の余地がなく，履行拒絶プラス損害賠償という方法を認めないと債権者の保護に欠けるし，債権者のなす反対給付が物または労務のときは債権者が反対給付をすることに利益があるから判例の立場であり，解除してしまえば，債権者は自己の給付ができない，つまり労働などができないのである。

なお，損害賠償については，§4で詳しく述べる。

(3) 解除権

契約から生じた債務の場合は，債権者は相当の期間を定めて履行を催告し，債務者が期間内に履行しない場合は，契約を解除することができる（541条）。ただし，定期行為の場合は，履行期を過ぎれば給付を受領しても意味がないので，催告なしに直ちに契約を解除できる（542条）。

### (4) 責任加重

履行遅滞後は，債務者はその責めに帰すべからざる損害についても賠償しなければならない。なぜなら，履行期に履行していたら，そのような損害は生じなかったとみられるからである。

### (5) 履行の強制

履行遅滞の場合は，原則として履行は可能であるから，履行を強制することができる（§2参照）。

## 2-3 履行遅滞の終了

債権が消滅したときは履行遅滞も終了する。債権者が遅滞の責任を免除したときも，履行遅滞は終了する。債務者の側からは，遅延賠償とともに，債務の本旨に従った履行の提供をしたときはこれによって遅滞は終了する。

## 3 履行不能

### 3-1 要　件

履行不能の要件は，①債権の成立後，履行が物理的または社会通念上，不可能になったこと，②有責，③違法である。

---
【事例　Ⅱ-4】

AはBからその所有する土地を買ったが，BはCにも当該土地を売り，Cへの移転登記がなされた。AはBに対して土地に代わる損害賠償を請求できるか。

---

### (1) 履行の不能なこと

債権成立時には可能であって，その後に不能になったこと（後発的不能）を要する。その前から不能なとき（原始的不能）は，債権が成立していないので，債務不履行の問題ではない。

不能であるかどうかは，必ずしも物理的不能を意味するものではなく，社会の取引通念によって定められる。たとえば，太平洋のどこかで落としたダイヤの指輪を探すというように社会通念から当然不能の場合はもちろん，履行のために不相当な努力・費用がかかる場合も法律上は不能と考えられる。**事例Ⅱ-**

4のように不動産の二重売買において一方の買主が登記を得たときは，177条によってそちらが勝つので，他方の買主に対する売主の債務は，原則として履行不能となる（大判大正2・5・12民録19-327）。同様に，賃貸借の目的たる土地を売却し登記を備えた場合の，賃貸人の引渡債務，請負建物につき請負人が第三者に譲渡し登記を備えた場合の請負債務も履行不能となる。ただし，当初の買主が仮登記等を有する場合，買戻しの特約があり，当初の売主が第三者から所有権を回復できる特別の事情がある場合（前掲大判大正2・5・12）には，履行不能とならない。

**(2) 債務者に責めに帰すべき事由があること**

履行不能の場合は，415条後段によって明確に要件とされている。条文上は積極的要件のように見えるが，債権者が立証する必要はなく，立証責任は債務者が負う（通説・判例）。債務者が既に具体的義務を負っており，その不履行をしておきながら帰責事由の立証がないために責任を免れるのは信義に反するからである。

**(3) 不能の原因が違法であること**

履行遅滞と同じである。

### 3-2 効　果

**(1) 填補賠償**

債務者は，本来の給付に代わる填補賠償を請求できる（415条後段）。給付の一部が不能になった場合は，給付が不可分か，可分であっても一部の不能によって債権の目的が達成できないときに，全部の給付に代わる填補賠償を請求できる。解除との関係は，履行遅滞の場合と同様に解除せずに填補賠償を請求できる（最判昭和30・4・19民集9-5-556）。

**(2) 解　除　権**

契約によって生じた債務の場合は，催告せずに解除できる（543条）。

**(3) 代償請求権**

代償請求権とは，履行不能を発生させたのと同一の原因によって，債務者が履行の目的物に代わる利益を取得した場合，債権者はその引渡しまたは譲渡を請求できるという権利である。民法には直接の規定がないが，公平から認められる。危険負担に関する536条2項ただし書の規定も，代償請求権の法理を示

している（最判昭和41・12・23民集20-10-2211）。たとえば，債務者Ｂが保管している債権の目的物を第三者Ｃが過失によって破壊した場合，その破壊はＢの責めに帰すべき事由によるのでないから，債権者ＡからＢに対する損害賠償請求はできず，他方ＢからＣに対する不法行為による損害賠償請求権が発生するので，それをＡに取得させるのが公平と考えられるのである。この例のように，代償とは，賠償として受け取った物でも，賠償請求権でもよい。目的物に債務者が保険をかけていた場合の保険金請求権についても，担保物権における物上代位と同じく，代位を認めるべきとされている（前掲最判昭和41・12・23）。

## 4　不完全履行

### 4-1　意　義

　不完全履行とは，債務の履行として履行がなされながら，それが債務の本旨に従ったものではない場合をいう。履行遅滞や履行不能が給付義務の不履行であるのに対して，不完全履行は給付義務の不完全な履行か，その他の義務（付随義務，保護義務）の違反である。不完全な履行によって給付の利益が害されただけでなく拡大損害が発生した場合を，とくに積極的債権侵害あるいは積極的契約侵害という。ただし，不完全履行自体を積極的債権侵害ということもある。学説による位置付けにおいては，不完全履行の概念を不要とする見解や，不完全履行の射程を限定してさらに他の類型を示す見解など多種多様である。しかし，少なくとも，給付の不完全の場合とその他の場合の区別は多くの学説が認めるところであるので，上記のような区別に従っておく（詳しくは，→**応用学習4**）。

### 4-2　要　件

　不完全履行の要件は，①不完全な履行があったこと，②有責，③違法，である。

(1)　**不完全な履行**

―――【事例　Ⅱ－5①】―――

　りんご10箱の売買で，売主Ｂは約束の日に5箱を引き渡したが，残りは引き渡さなかったので，買主ＡはＢに催告した。その後，残り5箱を引き渡したが，今度は1箱のりんごが腐っていた。ＡはＢに何か請求できるか。

> **【事例 Ⅱ－5②】**
>
> 　機械の売買で，使用方法が難しいにもかかわらず，売主Ｂは買主Ａに使用方法を説明しなかったため，Ａは使用方法を誤り，機械を壊してしまった。Ａは機械の損傷分の損害賠償を請求できるか。

> **【事例 Ⅱ－5③】**
>
> 　買主Ａは，1頭の牛を買ったが，病気だったのでＡがもとから飼っていた牛5頭にも病気が移り，Ａの牛は全頭死んでしまった。ＡはＢに対してもとから飼っていた5頭についても損害賠償請求できるか。

　㋐　**給付義務の不完全履行**　　引渡債務においては，給付された不特定物の内容に瑕疵（欠陥）があった場合，たとえば，**事例Ⅱ－5①**のような場合などである。なお，特定物の引渡しを目的とするときは，引渡しの時の現状において引渡しをすれば足りる（483条）。だから，特定物に瑕疵があっても，その現状で引き渡せば不完全履行とならず，瑕疵担保責任（売買の目的物に瑕疵（欠陥）があり，それが通常の注意をしても気づかないものであるとき，買主は契約を解除し，損害賠償を請求できるという制度。570条）の問題とするのが通説である。しかし，この場合でも瑕疵のない物を引き渡す債務の不履行と考えることもできる（有力説）。

　行為債務においては，運送人の運送債務，医師の診療契約上の債務などで，債務者が不完全にしか義務を果たさなかった場合がこれに当たる。たとえば，運送方法が乱暴であったため，貨物・旅客に損傷を与えた場合や，医師が最善の処置を行わなかった場合などである。この場合は，不法行為行為との関係が問題になる。

　㋑　**給付義務以外の義務違反**　　付随義務に違反して相手方に損害を与えたり，保護義務に違反して拡大損害を招いたような場合である。付随義務違反としては，不動産仲介業者が情報提供義務に違反して情報を与えなかったために，債権者が価値の低い不動産を買ってしまった場合等が考えられる。**事例Ⅱ－5②**もこれにあたる。保護義務違反としては，引渡債務においては，**事例Ⅱ－5**

③の場合（これは給付義務の不完全履行でもある）や給付目的物を債権者の家に搬入する際に家の壁を損傷したような場合であり，行為債務においては，壁の塗装中に注文者の家具を壊したような場合である。ただし，行為債務の場合は，給付義務と保護義務の区別が難しい。たとえば，旅客の運送において交通事故により乗客の生命・身体が害されたときは，乗客の安全を図ることが給付内容とみれば給付義務違反となるが，給付義務を運送することに限定すれば保護義務違反となる。損害賠償という面からはどちらと捉えてもよい。保護義務違反の場合にも，不法行為との競合が問題となる。判例・学説において議論された安全配慮義務もこの類型に入る。

　従来の通説は，不完全履行についてこのような分類をせず，「不完全履行によって生じた損害の賠償」として因果関係の問題に解消してすべての事例を取り込んでいた。しかし，給付義務違反とまったく関係しない**事例**②のような場合を考えると，別に扱うのが妥当であろう。

(2) **債務者の責めに帰すべき事由に基づくこと**

　原則的には，履行遅滞・履行不能と同様である。債務者が帰責事由がないことの立証責任を負う。ただし，履行の不完全はなんらかの義務違反と捉えられるので注意義務違反である過失と交錯し，履行不完全があれば通常は過失があるとされるだろう。

(3) **不完全な履行が違法であること**

　この要件は，他の債務不履行と同様である。

## 4−3　効　果

(1) **完全履行が可能な場合**

(ア)　完全履行が可能な場合には，債権者は完全な履行を請求することができる。引渡債務の場合は，修補か代物給付の請求ができる。どちらかは当該取引を支配する信義則による。行為債務であれば改めて行為を請求できる。たとえば，買ったビールが腐っていたなら新しいビールを，医師が不完全な手術をしたならあらためて完全な手術を請求できる。ただし，医師の債務は手段債務であり，手術の結果患者が死亡しても必ずしも不完全履行とはいえない。不完全履行は債務の本旨に従った履行ではないため，債権者がいったんこれを受領したとしても，それによって債権は消滅することなく，債権者は完全履行の請求

権を失わないのである。しかし，この請求がいつまでもできるとすれば，債務者が既に履行が終えたと信じていた場合に，債務者から完全履行の請求を受け，不当な結果が生じる。たとえば，英和辞典を購入し，数年使用した後に落丁を発見したときにも新しい辞典との交換を請求できることになる。10年経過すると債権の消滅時効（167条）にかかるので，10年間の限定はあるとしても長すぎる。そこで，売買の場合には，瑕疵担保の規定を類推し，570条によって1年に期間制限すべきである。

　(イ)　履行が不完全なことから生じる損害賠償を請求できる。

　(ウ)　履行遅滞に準じて解除できる（541条）。

(2)　**完全履行が不可能な場合**

　(ア)　債務者が改めて完全な履行をしても債権の目的を達成できないときは，本来の給付を請求しても無意味であるから，履行不能と同じく，塡補賠償を請求できる。たとえば，供給された食料品が粗悪なために顧客を失ったとか，多数の中毒患者を発生させたときなどである。このような場合，拡大損害が発生しているので，それについても賠償請求できる。

　(イ)　履行不能に準じて解除できる（543条）。

## 5　履行補助者

### 5−1　履行補助者の意義

> 【事例　II−6】
>
> 　デパートが客から商品の配送を依頼され，運送業者に配送を委託したが，運送業者の過失によって，商品が損傷した。デパートは損傷について責任を負うか。

　債務の履行は本人が自らなすよりは，補助者によってなされるほうが多い。債務者が債務の履行のために使用する者を履行補助者という。履行補助者の行為によって債務不履行が発生した場合，債務者は責任を負うのだろうか。これについて商法には規定があるが民法にはないので，古くは，債務者が責任を負わないという考え方もあった。しかし，債務者は補助者を用いることによって

Ⅱ 債権の効力

利益を挙げており、債務者が責任を負うべきことに現在では争いがない。その法律構成としては、415条の帰責事由において、履行補助者の故意・過失を債務者の故意・過失と信義則上同視するというのが通説である。しかし、履行補助者の行為によって債務者が責任を負うという問題は、単なる帰責事由の問題ではない。不法行為における使用者責任（715条）において、被用者の行為によって使用者が責任を負う場合に、被用者の故意・過失を使用者の故意・過失と同視するとは言わないことを見てもそのことは理解されるだろう。

### 5－2 類　型

従来の通説は、履行補助者を次のように類型化した。まず、履行補助者は「真の意味の履行補助者」と「履行代行者・履行代用者」とに分けられる。債務者の責任はこの類型によって異なる。

① 真の意味の履行補助者とは、債務者の手足として使用する者である。債務の目的が債務者個人でなすべきものであっても、債務者はなおこれを使用することができる。たとえば、有名な画家が絵を描く債務でも、機械的な作業には補助者を使用してよい。この場合、補助者の行為が債務者の行為に吸収されると考えてよいから、債務者は、補助者の故意・過失について常に責任を負う。

② 履行代行者・履行代用者とは、債務者に代わって履行の全部を引き受けるものである。この場合は、さらに次のように分けられる。

第1に、明文上、履行代行者を使用できないときである。たとえば、任意代理人の復代理（104条）、労務者（625条）、受寄者の保管義務（658条1項）、遺言執行者（1016条1項）などである。この場合は、代行者を使用すること自体が既に債務不履行であるから、履行代行者の故意・過失を問うまでもなく、債務者は責任を負う。

第2に、明文上使用が許されるとき、たとえば、法定代理人にやむを得ない事由があるとき（106条）、受任者が委任者の承諾を得たときまたはやむを得ない事由があるとき（104条）、労務者が使用者の承諾を得（625条）、また受寄者が寄託者の承諾を得たとき（658条1項）、遺言執行者にやむを得ない事由があるか遺言に履行代行者を許す趣旨が示されたとき（1016条1項）などである。これらの場合は、債務者は履行代行者の選任監督に過失があったときだけ責任を負う。

第3に，明文上も特約でも，履行代行者の使用が禁止も許可もされていないときは，真の意味の履行補助者と同様である。**事例Ⅱ-6**はこれに該当するのでデパートは責任を負うことになろう。

　③　債務者の法定代理人は，履行補助者と同視すべきものとされている。法定代理人は債務者の私的自治の補充または拡張をする制度であって，債務者がこの制度によって債務の履行をする場合には，自分でする場合と同様の責任を負うことが信義則に適するからである。

　以上の伝統的通説に対して，学説は強く批判した。すなわち，通説は，履行補助者と履行代行者の区別が不明確であること，履行代行者を使用してはいけないのに使用した場合は，債務者自身の故意・過失が帰責事由であるのだから，履行補助者の過失で説明する必要がないこと等に問題があった。そこで，批判説は，履行補助者の故意，過失についての責任を単に帰責事由の問題として捉えるのではなく，補助者という他人の行為について債務者が債務不履行責任を負うかどうかという視点から，使用者責任との対比で把握すべきとする。そして，「被用者的補助者」と「独立的補助者」に分け，後者の場合は，使用者責任と異なり，選任監督上の過失の有無を問わず，債務者が責任を負い，これが使用者責任と異なる履行補助者責任の独自性であるという。なぜ，そのような重い責任を負うかという根拠は，報償責任，危険責任である。この説でも事例Ⅱ-6では，デパートが責任を負う。

　この批判説もまた近時の新説によって批判された。すなわち，批判説が根拠とする報償責任，危険責任は使用者責任の根拠としても挙げられるものであって，履行補助者責任がなぜ重いのかという根拠を示していないのである。また，従来の議論には，契約において債務者以外の第三者の行為が債務の履行行為として評価されるかどうかという視点が欠けていた。そこで，新説は，債務の履行行為として補助者の行為がどのように評価されるかという視点から問題を捉えようとする。すなわち，補助者の利用についての責任は契約内容しだいというのである。確かに，**事例Ⅱ-6**のような場合を考えると，運送業者の過失があってもデパートが責任を負うべきであろうし，契約によっては責任を負わない場合もあろう。新説の指摘は鋭く，この方向で考えるべきである。

Ⅱ 債権の効力

### 5-3 賃借人,転借人の過失

　賃借人の家族,同居人,賃借人からの転借人は,賃借人の履行補助者にあたるか。まず,賃借人は主たる義務として賃料支払債務を負うが,賃借権に基づく目的物の利用権の反面として,善良な管理者の注意をもってする保管義務を負う。そして,従来の判例通説は次のように解した。第1に,家族,同居人は賃借人の履行補助者としてよい。これらの者は賃借権の効果として賃借物の使用を許容されていることから,その反面として,彼らは賃借人の義務の履行を補助する関係にあるところ,賃借物返還義務がこれらの者の過失により履行不能となったのであり,この履行不能は賃借人の責めに帰すべきものだからである。第2に,転借人の過失の場合にも賃借人が責任を負う。賃貸人の承諾は,転借人の使用を適法なものとするだけであって,債務者の免責を意味するものではなく,承諾が債務者の責任を軽減するものとすれば,債務者の免責範囲が増すのみならず,承諾に特別の意味が加えられることは,債権者側からみれば取引上問題だからである。これに対して,賃貸人が承諾したのだから,賃借人は転借人の選任・監督につき自らに過失がある場合にのみ責任を負えばいいという説も有力である。この問題も前述の新説からみるならば,転貸借を承諾しても賃借人を免責する趣旨とは思われないので,判例通説を支持すべきである。

## 6　債務不履行による損害賠償請求権の要件と立証責任

　ここで,訴訟において損害賠償請求権が発生するための要件をまとめると,次のようになる。

① 債務の発生原因　　たとえば,売買契約によって代金債務が発生したこと等である。

② 債務の不履行の事実　　前述したように,履行遅滞,履行不能,不完全履行によって内容は異なる。

③ 損害の発生　　各債務不履行の要件には挙げていなかったが,損害賠償請求のためには必要である。もちろん,債務不履行による解除の要件ではない。

④ 債務不履行と損害に因果関係があること

⑤ 債務者に責めに帰すべき事由があること

⑥ 債務不履行が違法であること

　これらの要件のうち，①②③④は債権者が債権者が主張立証することを要し，⑤⑥は債務者が主張立証しなければならないというのが一般的な学説である。⑤⑥は債務者が負担するのであるから，⑤は，債務者が自分に免責事由があることを主張立証し，⑥は不履行が違法でないことを主張立証することになる。

　しかし，これらについて多くの点で争いがある。

　②の主張立証責任について，学説と判例が異なっている。学説は，415条に「債務の本旨に従った履行をしないこと」と明記しているし，損害賠償請求権は履行請求権とは異なるから，債権者が損害賠償責任の発生要件事実として主張立証責任を負うとする。これに対して，作為債務に関する判例によれば，債権者は①を主張立証すればよく，②は債務者が債務の「履行」を主張立証すべきとされている。判例は，履行請求の場合に，債権者が「履行がないこと」を主張立証する必要がなく，債務者が「履行したこと」を主張立証しなければならないこととパラレルに見ているようである。

　③について判例・通説は，損害の数額まで主張立証しなければならないとする。学説では，数額の立証は不要で裁判官の裁量によるというものがある（§4・3－2）。

　④については，このように表現されることが多いが，学説では，「因果関係」の要件を3つに分けるものが多い。これについては§4・3で詳しく学ぶ。

　⑤について，前述のように一部の学説は異論を唱えている。

　⑥は，前述のように，要件自体不要という説が有力である。

## 7　金銭債務の不履行に関する特則

　金銭債務については，次の特則がある。

　第1に，債務者は，履行の遅滞が不可抗力によることを証明しても責任を免れない（419条2項後段）。金銭は利息を払えば容易に入手でき履行不能はないからとされる。しかし，現実には借りられないこともあるし，立法論としては疑問である。

　第2に，債権者は損害の立証の必要がない（419条2項前段）。金銭については，通常，運用すれば利息を得られるからである。

Ⅱ 債権の効力

> **整理ノート**
>
> 1 債務不履行
>  (1) 債務不履行　　債務者が，正当な事由がないのに債務の本旨にしたがった給付をしないこと
>    効果　強制履行，損害賠償，解除（契約の場合）
>  (2) 債務不履行の類型
>    履行遅滞，履行不能，不完全履行
>  (3) 義務の分析
>    給付義務，付随義務，保護義務
> 2 履行遅滞
>  要件　① 債務が履行期にあり
>    ② 履行が可能であるにもかかわらず
>    ③ 債務者の責めに帰すべき事由によって
>    ④ 違法に，履行がなされないこと
>  効果　① 遅延賠償
>    ② 塡補賠償
>    ③ 解除
>    ④ 履行強制
> 3 履行不能
>  要件　① 債権の成立後，履行が物理的または社会通念上，不可能になったこと
>    ② 有責
>    ③ 違法
>  効果　① 塡補賠償
>    ② 解除
>    ③ 代償請求権
> 4 不完全履行
>  要件　① 不完全な履行があったこと
>    ② 有責

　　　　③　違法
　　　　a．給付義務の不完全履行
　　　　b．給付義務以外の不完全履行
　　効果　①　完全履行が可能な場合
　　　　②　完全履行が不可能な場合
　5　履行補助者
　(1)　通説の類型
　　　①　真の意味の履行補助者　債務者の手足として使用する者
　　　　債務者は，補助者の故意・過失について常に責任を負う。
　　　②　履行代行者・履行代用者とは，債務者に代わって履行の全部を引き受けるもの
　　　　a．明文上，履行代行者を使用できないとき→履行代行者の故意・過失を問うまでもなく，債務者は責任を負う。
　　　　b．明文上使用が許されるとき
　　　　c．明文上も特約でも，履行代行者の使用が禁止も許可もされていないとき→債務者は履行代行者の選任監督に過失があった場合だけ責任を負う。
　　　③　債務者の法定代理人は，履行補助者と同視すべき
　(2)　批判説　　使用者責任と対比
　　　新説　契約内容を重視
　6　損害賠償請求権の要件と立証責任
　7　金銭債務の特則

## Ⅱ 債権の効力

### 応用学習 3　安全配慮義務

#### 1　安全配慮義務の承認

最判昭和50・2・25民集29-2-143は，安全配慮義務を認めた。この事件は，不法行為責任では時効期間（724条）が過ぎていたので，債務不履行責任（167条1項）を追及したものである。不法行為責任と債務不履行責任の両方を追及できる場合，他にも，債務不履行責任のほうが帰責事由の立証責任の点で被害者に有利ということや不法行為である使用者責任追及だと免責主張（715条1項ただし書）がありうるが，債務不履行責任ではそれがない。

そこで，債務不履行構成によって被害者救済を図る目的で主張されたのが安全配慮義務である。当初このような安全配慮義務は主として公務員，労働者の雇用・労働関係上の災害に主張されていた。本判決の後，この種の判決が相次いで現れ，適用範囲も拡大されている。

最判昭和55・12・18民集34-7-888は，安全配慮義務違反を債務不履行とみてその賠償責任は履行請求の時から遅滞に陥るとし，最判昭和56・2・16民集35-1-56も，債務不履行とみて義務違反に該当する事実を主張立証する責任を原告の負担とする。

さらに第三者が惹起した事故についても，雇用主の安全配慮義務を認めているもの（最判昭和59・4・10民集38-6-557。ただし，これについては学説の批判が強い），指揮監督・使従関係にある下請・元請関係およびこれに類似する船舶運行委託契約につき安全配慮義務を肯定したもの（最判平成2・11・8判時1370-52，最判平成3・4・11判時1391-3）がある。下級審判決ではさらに広く，学校事故，欠陥商品の売買などにも認められている。

#### 2　安全配慮義務の性質

この義務の性質について，不完全履行が問題となる場面の保護義務と同性質と見るのが一般であるが，雇用・労働関係の特殊性に基づいた，一般的な契約上の保護義務以上の厳格な義務とみる見解，給付義務とみる見解などが主張されている。この性質付けの違いによって安全配慮義務の適用範囲や効果が異なってくることに注意しなければならない。

たとえば，給付義務となっている場合には，危険の存在する場合に危険を除去してほしいという，安全配慮義務の履行請求権が認められることになる。なお，安全配慮義務の内容は，危険防止のための適切な人的・物的設備を編成し，安全教育を

施すことであるが,それ以上に,たとえば運転者において道路交通法その他の法令に基づいて当然に負うべきものとされる通常の注意義務（運転上の注意義務）は,安全配慮義務に含まれないというのが判例である（最判昭和58・5・27民集37-4-477）。

このように一連の判例が示した安全配慮義務に対して学説の対応はさまざまである。

積極的意義を認める説は,雇用労働関係上の安全配慮義務は不法行為ではカバーされないとか,前述のように給付請求権がある場合があるという。一方,安全配慮義務の存在意義に対する疑問も提起されている。すなわち,債務不履行と構成しても,本旨に従った履行がないというためには,どのような履行義務があるかを債権者が主張しなければならず（前掲最判昭和56年）,その特定はかなり困難であるから,不法行為における過失の立証と異ならないというものである。また,債務不履行であるが,従来の保護義務と同質のものであり,保護義務に解消されるというものである。

これらの対立は,安全配慮義務の適用をどこまで広げるかということともかかわるが,適用範囲を広く認める観点から最後の説を支持したい。問題が残るのは履行請求権を認めるかであるが,それは労働契約等において契約から導かれる特殊なものであり,ここでいう安全配慮義務には含まれないと解すれば足りる。

Ⅱ　債権の効力

**応用学習 4　債務不履行の体系，不完全履行・積極的債権侵害の位置付け**

## 1　三分体系

　債務不履行を履行不能，履行遅滞，不完全履行の3つに分けるのが従来の通説であった。これは三分体系と呼ばれている。ところが，近時の教科書では，3つではなくもっと多くの類型に分けるとか，また反対に分けるのではなく1つにまとめるといったさまざまな立場で書かれており，債務不履行の理解を難しくしている。そこで，ここでは，それらを整理しておきたい（北川善太郎『注釈民法10巻』305頁以下参照）。なお，ここでは近時の有力な見解である，結果債務・手段債務分別論には触れていない（簡単にはⅠ§2・2-5参照。詳しくは，森田宏樹『契約責任の帰責構造』1頁以下）。

　415条の文言では，前段に「本旨に従った履行をしないとき」について定め，「債務者の責めに帰すべき事由によって履行をすることができなくなったとき」も同様としている。この条文からして分かりにくい。後者が履行不能なのは明瞭としても，前段の，「本旨に従った履行をしない」という文言からは後段を含む全体のように読めるし，後段の「同様とする」という文言からは，前段とは別の場合を挙げているようにも見える。さらに，「履行遅滞」は415条には出て来ず，412条に定められており，「不完全履行」はどこにも出てこない。

　民法典の条文と学説が異なる主たる原因は，実は立法当時に遡り，立法当時参考にしたドイツ法とフランス法の違いからきている。当時のドイツ民法（草案）は，履行遅滞と履行不能の2つに分けていたが，フランス民法は，1つにまとめており，フランス法に近く作られたのが415条である。ではなぜ後段の「履行不能」をわざわざ明記したかというと，前段の「本旨に従った履行をしないとき」に後段の「履行をすることができなくなったとき」が含まれるかどうか疑義が生じないように，後段を明示したというのである。

　ドイツ民法は，履行遅滞と履行不能の2つしか明記しなかったため，学説は，それらに含まれない場合について，不完全履行という新たな類型を立て，それがすぐに日本に導入された。その当時は，ドイツ法全盛時代で，日本の民法も何でもドイツ流に解釈していたのである。ところが，415条は，「本旨に従った履行をしないとき」と定めているのだから，「不完全履行」の場合もそこに含める解釈はできるのである。

　もうひとつ問題を難しくしているのは，債務不履行の拡大現象である。すなわち，

「安全配慮義務」といった従来にはない義務が論じられるようになって、その位置付けも争われている（→**応用学習3**）。さらに、不完全履行と並んで「積極的債権侵害」という概念が出てくるがこれも定義がはっきりしない。

　以上を踏まえて、学説を整理してみよう。

　まず、近時の学説を大きく分けると、分類説と統一説に分かれる。統一説は、415条の「本旨に従った履行をしないとき」にすべての債務不履行が含まれるので、分類は必要ないという。一方、分類説は、従来の三分説が捉えていなかった第4、第5の場合を挙げたり、細分化しようとする。

　まず、統一説は、三分体系を不要かつ無意味とし、明文の履行不能のほかは債務の本旨に従わない履行として一括する（平井）。この主張は次の類型説にも影響を与え、最近では、統一説を支持しつつその中での類型として述べるものが増えつつあるようである。法典上は、統一説に立つべきことが明らかであるが、少なくとも、事実の類型として分類することは意味があるので、この方向が妥当である。したがって、債務不履行の要件は「本旨不履行」につきるが、その下位の類型としてこれまでの議論が役に立つ。

　そこで次に類型化の諸説に移る。履行遅滞、履行不能はどの学説も挙げているので、問題は、それら以外である。確認しておくべきことは、給付義務の違反の中に、履行不能、履行遅滞のほかに不完全な給付の類型があることである。学説にはつぎのようなものがある。

　①　履行遅滞、履行不能、不完全履行の三分を維持しつつ、不完全履行に各種の類型を盛り込むもの（林・近江など）。本文は従来の通説との乖離が少ないこの立場によって述べている。もっとも、「不完全履行」がごった煮状態であることは否めない。

　②　三分類では尽くせないとして、履行遅滞、履行不能、不完全履行のほかに、付随義務違反、保護義務違反、安全配慮義務違反などをあげるもの（奥田・下森）。それらを並列に扱うべきかは疑問もある。

　③　履行遅滞、履行不能、その他の債務不履行に分けるもの（前田・川井など）。その他の債務不履行の中に含めるものは論者によって異なるが、たとえば、不完全履行のほかに、契約締結前の契約締結上の過失責任、契約締結後の責任（付随義務、保護義務の違反）、契約終了後の責任（付随義務、保護義務の違反）を含む。

　④　給付義務、付随義務、（安全）保護義務の違反に分け、給付義務の違反の中に、履行遅滞、履行不能のほか、不完全履行、履行期前の履行拒絶、継続的契約の個別債務の不履行などを含むもの（北川）。

　④説の指摘する「履行期前の履行拒絶」は、かつて不完全履行の中で取り上げら

Ⅱ 債権の効力

れたこともあったが，近時再び脚光を浴びているものである。それらを給付義務違反に位置付けるなら④説のようになるが，なお検討を要する。①説と他説の大きな違いは，「不完全履行」に取り込む内容の差である。①説が，履行遅滞，履行不能以外のすべてを取り込むのに対して，②③④説はかなり限定的である。③説と④説の違いは，履行遅滞・履行不能を上位に置くか，給付義務・付随義務といった義務の分類を上位に置くかである。

## 2 不完全履行

そこで，不完全履行の位置付けに関する学説に移る。以下では，付随義務・保護義務といった分析をしない説も含んでいるので，注意されたい。なお，その前提として「不完全履行」と「積極的債権侵害」の関係に触れておく。これらは同じことを別の側面から見ただけとも考えられるが，積極的侵害というと拡大損害を思い浮かべやすい。したがって，用語の問題ではあるが，2つの概念を分けて，積極的債権侵害は，拡大損害事例だけを指す概念にすべきであろう。

① まず，不完全履行を拡大損害が生じるような不完全な給付がなされた場合に限定する説である（拡大損害限定説・鈴木）。給付結果の不完全は履行不能か履行遅滞に帰着するという。

② 次に，給付結果の不完全に限定する説である（給付結果限定説・北川など）。拡大損害の場合は，積極的債権侵害と呼ぶ。前出類型説②もこのように限定的に見ている。

③ 給付結果の不完全である場合と給付義務に付随する注意義務・保護義務の違反（拡大損害事例）の2つを挙げる説である（給付結果＋拡大損害二元説・多数）。前出類型説①とつながる。

④ 給付結果の不完全の場合，拡大損害に加え，不完全な給付行為を加える説である（多元説・我妻など）。

まず，給付結果の不完全の場合をとりこむべきであり，①説は妥当でない。拡大損害を含むかどうかで②説と③説に分かれ，用語の問題ともいえる。さらに給付行為の不完全性を挙げる④説が従来の通説であったが，給付結果が実現されていれば給付行為の不完全性を取り上げる必要がないし，もし給付結果以外の利益が害されているなら，拡大損害の事例であろうから，④説のいう「給付行為の不完全性」をあげるべきではない。したがって，②説か③説によるのが妥当である。②説と③説は，不完全履行概念を純化し限定的に捉えるか，広く解したうえで，その中で分類するかの違いである。

## §4 損害賠償

### 1 損害賠償の方法

　損害賠償の方法として，損害の生じなかった原状を復旧すること（原状回復）と損害を金銭的に評価して賠償すること（金銭賠償）がある。たとえば，賃借人が借家を焼いたような場合，賃借人に元通りの家屋を造らせるという方法（原状回復）がまず考えられる。しかし，損害賠償として家屋に代わるだけの金銭を得て，その金銭で元通りの家屋を造るか，あるいは自分の金銭を加えて以前とは違ったもっと上等の家屋を造るかの自由があるほうが有利である。また，生命が侵害された場合のように原状回復が不可能なこともある。そこで，民法は金銭賠償を原則としている（417条）。

### 2 損害の意義・種類

#### 2-1 損害の意義

　従来の通説である差額説は，損害を「債務の履行がなされたとしたらあるべき利益状態と，不履行された利益状態との差額」とする。しかし，精神的損害については差額はありえないことや実務で採られておらず計算不可能であるといった批判がなされた。次に，具体的損害説は，損害は債務不履行によって債権者が特定の法益に被った損失であるとする。さらに，損害事実説は，債務不履行という事実，そのために代物を購入したという事実などの事実を損害とみる。損害事実説は，損害を債務不履行自体と考える。たとえば，家屋の売買で売主の不履行があれば，家屋を渡さないこと自体が損害であり，その家屋がいくらかというのは金銭的評価の問題と考える。また，その家屋を転売して転売利益を稼ぐ予定であったとすれば，その転売自体が損害である。

　以上の学説において，まず，損害が金額か事実かの違いを理解しておく必要がある。従来から差額説は，損害を金銭（金額）と考えてきたし，具体的損害説でも自明ではないが損害額も損害とみる傾向にある。これに対して損害事実説は，金銭に置き換える前の事実だけを損害と考えるのである。たとえば，家屋の売買で売主の不履行があれば，家屋を渡さないこと自体が損害であり，そ

Ⅱ 債権の効力

の家屋がいくらかというのは金銭的評価の問題と考える。また、その家屋を転売して転売利益を稼ぐ予定であったとすれば、その転売自体が損害となる。そして、金銭的評価を経た後を「損害額」という。損害事実説は、「債務不履行」という損害の「原因事実」そのものも損害ということに注意が必要である。これに対して、個別損害説は、債務不履行から発生した、取得できなかった目的物の価値、転売利益の喪失などを捉えている。物の引渡債務の不履行であれば、不履行自体を損害といっても、それによって取得できなかった目的物の価値を損害といってもあまり差違はないようだが、原因事実である不履行自体と損害は分けるべきであり、具体的損害説に立つべきである。

### 2-2 損害の種類

#### (1) 財産的損害と非財産的損害

財産的損害とは、財産に対して加えられた損害であり、非財産的損害（または精神的損害）とは、身体・自由または名誉に対して加えられた損害である。債務不履行によって賠償される損害には両者を含む。

#### (2) 積極的損害と消極的損害

財産的損害は、さらに積極的損害と消極的損害に分類される。積極的損害とは、既存の利益の消滅または減少であり、消極的損害とは、将来の利益の獲得を妨げられたことによる損失である。たとえば、1,000万円の壺を運送中に運送業者が運送の途中で落としてしまったとする。壺が割れて価値がなくなったことによる損害が積極的損害であり。その壺を1,500万円で他人に売る契約をしていたときは、500万円儲け損なったことになり、この500万円が消極的損害である。

#### (3) 履行利益と信頼利益

損害賠償の範囲を決定するのに、損害の性質によって分けるという方法があり、履行利益・信頼利益という概念が用いられている。履行利益は、契約の内容どおりに債務が履行されていれば、債権者が得たであろう利益のことである。信頼利益は、契約が無効な契約を有効だと信じたことによって被った損害である。債務不履行によって生じた損害の賠償は、原則として、履行利益の賠償である。この区別は民法典にないので、用いないほうがよいという見解もあるが、既に判例学説上確固としたものであるし、契約交渉の不当破棄などの事例で信

§4 損害賠償

頼利益に限定した賠償を認めるべき場合があるので、区別は有用である。

## 3 損害賠償の範囲

> **【事例 Ⅱ－7】**
>
> BはAから建物を1,000万円で買う契約を結び、その後、近くに新駅ができることが発表され、Cに2,000万円で転売する契約を結んだ。ところが、AはBに履行期に引き渡さず、Dに2,000万円で売り、登記名義をDに移した。BはAにいくらの損害賠償を請求できるか。

### 3－1 相当因果関係説

賠償すべき損害の範囲は、従来の通説によれば、債務不履行と相当因果関係に立つ損害である。従来の通説は次のように主張した。相当因果関係に立つ損害とは、当該債務不履行によって現実に生じた損害のうち、当該の場合に特有な損害を除き、そのような損害があれば一般に生ずるであろうという損害である。因果関係は無限に進展するのであるから——風が吹けば桶屋が儲かるというように——、債務不履行を原因として損害は意外に広がることがある。損害賠償は、一方の被った損害を他方に塡補させることによって当事者の公平をはかろうとする制度であるから、それらの損害をすべて賠償させるのではなく、通常の場合に生ずべき損害を塡補させることが制度の目的に合致する。そこで、416条は相当因果関係について定めている、すなわち、1項は、相当因果関係の原則を、2項は、その基礎とすべき特別の事情の範囲を示している。**事例Ⅱ－7**では、Aが転売できずに失った利益1,000万円は、新駅の発表という特別事情によるものと思われるが、相当因果関係に入るであろう。

この説が長く通説であり、判例においてもしばしば相当因果関係という言葉が用いられる。しかし、判例は必ずしも明確ではなく、学説においても現在の有力説によって強い批判がなされた。すなわち、相当因果関係説は、損害賠償範囲についての規定を持たないドイツ法特有の事情から生まれたのであり、イギリスの判例（ハドレー対バクセンデール事件）を受けついだ416条は、賠償範囲を制限する規定であって、ドイツ法的な解釈をする必要はないというのであ

る。そして，批判と同時に次の保護範囲説といわれる説を提唱した。

### 3-2 保護範囲説

保護範囲説は，相当因果関係といわれてきたものを，事実的因果関係，保護範囲，金銭的評価の3つに分け，416条は，そのうちの保護範囲を定めたものだとして，以下のように論じる。すなわち，債務不履行と損害との間に事実的因果関係のあることが第1の要件であるが，事実的因果関係は「あれなければこれなし」という条件関係によって決定される。しかし，これのみでは無限の広がりを持つから，事実的因果関係に立つ損害のうちどこまでを賠償させるのが妥当かという政策的価値判断が必要となる。これが第2の要件，保護範囲であり，416条を適用することによって決まる。そして，416条は，1項2項合わせて予見可能性による制限を定めている。なお，この説は，損害概念における損害事実説と結びついており，事実的因果関係，保護範囲の段階では，損害の事実のみ対象にしている。第3に，保護範囲内にあるとされた損害について，金銭に置き換えるという手続き，金銭的評価を行うが，それは全額評価の原則に従い，裁判官の裁量によって判断される。**事例Ⅱ-7**を分析すると，転売利益の喪失という事実的因果関係ある損害が保護範囲内かどうかを決定し，範囲内であれば金銭評価することになる。

現在の学説では，相当因果関係を三分するこの説の考え方が基本になっており，事実的因果関係，保護範囲といった概念はしばしば用いられる。しかし，保護範囲説の内容すべてが支持されているわけではなく，416条の解釈や金銭的評価を裁量とする点には異論も多い。

### 3-3 予見可能性（416条2項）の判断

#### (1) 予見時期

大判大正7・8・27民録24-1658は，不履行時説をとった。従来の相当因果関係説も，債務不履行時とする。相当因果関係説は，行為時（債務不履行時）における相当因果関係を判断するからである。これに対して，有力説は，契約時の予見によるべきとする。前述の保護範囲説はこの立場である。これは，契約責任においては，契約利益の保護という観点から，当事者が契約時に予見されえた事情に基づく損害のみが契約に組み込まれ，当事者の契約リスク計算に入るという根拠による。さらに近時では，相当因果関係説を捨て，有力説の契

約利益説を基本に置きながらも，立法時においてハドレー事件のルールが変更されたことやとくに故意の不履行の場合を考えると，契約時に予見された賠償額を支払ってでも故意に目的物を債権者に渡さずに第三者に売って儲けることができてしまうのは妥当でないとして，不履行時説を支持する説も現れている。

(2) 予見の当事者

従来の通説である相当因果関係説は，債務者を予見の当事者とした。これは論理必然なものではなく，相当因果関係を判断するにあたって，客観的に判断するだけでなく，債務者の認識を加えて判断するという，相当因果関係説の中の折衷説（行為者標準説）によるからである。これに対して，有力説（契約利益説）からは，契約が基礎になるのだから当然両当事者の予見という。もっとも，賠償責任を負う債務者の予見が重要なのであり，また現実の予見ではなく予見可能性なのであるから，両当事者の予見といっても債務者の予見と大差ないであろう。

(3) 予見の対象

予見の対象は，条文からは，特別「事情」の予見である。前述の相当因果関係説の枠組みからすると，2項の特別事情を加えて1項の通常損害を判断するので，当然「事情」の予見となる。これに対して，有力説は「損害」が予見の対象であるとする。損害事実に立ったうえで，予見の対象を「損害」とすれば，たとえば転売利益の喪失という事実の予見があれば賠償範囲に入り，あとは金銭的評価の問題ということになる。しかし，「転売利益」だけでなく，その金額も予見の対象とすべきである。そうだとすれば，特別「事情」の予見としておけばよい。ただし，特別事情によって通常生ずべき損害という操作は相当因果関係説によるものだから不要であり，特別事情による損害について，特別「事情」の予見か特別事情による「損害」の予見かによって違いは生じないであろう。

(4) 具体例

具体的にどのような損害が通常損害か特別損害かは，契約類型，当事者，目的物，契約の内容などの諸事情によって決まってくるので一概には言えない。売買事例で判例に現れたものからいくつかを挙げる。売主の履行がない場合は，目的物の市場価格が通常損害である。その場合にいつの時点の価格かという基

準時の問題が生ずるが，後述する。買主が第三者と転売契約を結んでいたときは，その転売利益の喪失が通常損害となる。ただし，転売価格が異常に高い場合は特別損害となろう。第三者に不履行の損害賠償金を払った場合は，それも通常損害である。履行遅滞では，目的物を利用できずに他から借りた費用や買主が転売契約を結んでいたのに得られなかった転売利益は通常損害となる。

## 4 損害賠償額の算定
### 4－1 金銭評価

**【事例 Ⅱ－8】**

Aはいずれ自分が家を建てて住むための土地をBから5,000万円で買う契約を結んだが，土地の価格は値上がりを続け，履行期には時価1億円になったので，Bは惜しくなって土地を引き渡さなかった。Aはいくら損害賠償請求できるか。

損害は金銭に置き換えられる。そこで，損害を金銭的に評価するという作業が必要になる。損害が金銭の支出という形で現われる場合は，その金額が賠償される。たとえば，売買の目的物の履行が不能となったので，買主が同じ物を他から買ったり，買った物が不完全だったので他の人に修繕させたりした費用は，まずその金額が賠償額となる。この場合，債権者の具体的事情を考慮して算定するので，具体的損害計算という。しかし，目的物に代わる損害の賠償を請求する場合には，その価格をどのように判断するかという作業が必要となる。これは，債権者の具体的事情から離れて客観的方法で調整・確定する方法であり，抽象的損害計算と呼ばれる。債務不履行においては，債権者の具体的な契約上の利益を保障すべきであるから，具体的損害計算が原則であるが，それを確定できないときは，抽象的損害計算も補助的に用いられる。

### 4－2 損害賠償額決定の基準時
(1) 判例における基準時

債権の目的物に代わる賠償額を算定する際には，どの時点における時価によるべきかが問題となる。債務の不履行から訴訟が終了するまで長期間を要し，

§4 損害賠償

目的物の時価が上昇したり下落したりすることも多いからである。
　判例は，次のような判断を示している。
① 履行不能となった場合には，その時点での目的物の価格による。履行期前であっても履行不能になった時である。ただし，目的物の価格が騰貴している場合には，不履行時に予見可能性があれば口頭弁論終結時が基準となる。なお，口頭弁論終結時を基準とするのは，それが訴訟において確認可能な，最も現在に近い時点だからである。
② 履行不能により解除がなされたときは，解除の時，履行遅滞により解除されたときは解除の時，ただし，遅滞後に履行がなされたときは履行の時である。
③ 強制執行の不能に代えて損害賠償を請求した場合には，事実審の口頭弁論終結時である。
④ 中間最高価格の問題，すなわち，債務不履行後に目的物の価格がいったん上昇したのち，再度下落した場合，債権者はその間の中間最高価格を基準として損害賠償を請求できるかという問題がある。この場合は，債権者が転売等によって騰貴価格で確実に利益を得られたであろうことが予想されたことが必要である。この問題は後述する（4－3）。

　判例を統一的に理解することは困難であるが，相当因果関係説は次のように説明した。すなわち，損害賠償請求権発生の時を標準とし，その後の損害は相当因果関係の範囲内の損害を加算すべきである。なぜなら，損害賠償債権は原則として金銭債権であり，その内容は債権発生の時，すなわち損害発生の時に定まるべきものだからである。また損害賠償債権は，債権成立と同時に履行期となり，履行遅滞を生じるものであるから，債務不履行の時以後に生じた損害についてもそれが相当因果関係の範囲内にあるかぎり，それを加算すべきことは当然だからである。だから，責任原因発生後に価格の変動があった場合には，これによる損害は，特別事情によって生じた損害として，当事者の予見可能性を要件として賠償を認められる。また，契約を解除した場合には，解除時に本来の給付請求権が損害賠償請求権に転化すると考えられるので，解除時が基準となる。

Ⅱ 債権の効力

### (2) 学説の展開

　従来の通説は，基準時を相当因果関係の問題と見ていたが，近時の見解によれば，基準時の問題は416条とは別の問題とする。すなわち，416条によって決定されるのは賠償すべき損害の範囲の問題であり，賠償すべきとされた損害を金銭的に評価するという問題，ここでいう基準時の決定は，その次の段階だというのである。

　基準時の問題を賠償すべき損害の範囲とは分離して扱うという学説においても，さらに意見は分かれている。まず，第1に実体法の問題と見るべきか，訴訟上の問題と考えるかである。まず，基準時を実体法の問題から切り離して裁判官による自由裁量にゆだねるべきという訴訟法説がある。民訴法248条は，損害額の立証が困難なときは，裁判所が相当な損害額を認定できると定めており，訴訟法説の根拠に挙げられる。しかし，この説に対しては，裁量の基準が明確でないとか，民事訴訟における当事者主義との関係で問題があるという批判がある。また民訴法248条は，立証困難な場合に限定されているのであり逆にそれ以外では立証が前提とされている。第2に，基準時を実体法の問題とみたときに一元的に決まるのか，多元的かである。口頭弁論終結時説などの一元説も唱えられたが，現在では，賠償請求権はその発生後もその額については変動しているとして一義的には決められないとする，多元的実体法説が有力である。この説は賠償債権行使の法定条件（不能や解除など）と関連する時点（通説によれば損害賠償請求権発生時），訴訟手続に関連する時点（訴え提起時や口頭弁論終結時），債権者のなした填補行為時（転売契約や代品購入，再売却の時）などが選択可能な複数の基準であり，複数の時点の中から債権者は1つの時点を選択して主張することができるとする。もっとも多元的実体法説といっても，実体法上理由のある時点のどれでも選択できるという説と具体的事情から選択可能な時点が決まり，そこから選択するというものがある。さらに近時に至って，損害軽減義務を用いる説も有力となっている。たとえば，種類物の売主が不履行の場合，買主は同じ物を市場で買うことによって損害の発生や拡大を防止する義務があるという。債権者としても損害の拡大を放置することは許されず，このような義務を負うと考えるべきであろう。この義務を認めれば，多元的実体法説の示す時点のなかから適切な基準時を示すことができると思われる。

## 4-3 中間最高価格

【事例 Ⅱ-9】

AはBから1億円で中古の船舶を買ったが，Bの過失によって船が沈没し履行不能になった。社会情勢によって船舶の時価は，一時2億円に値上がり，不能時にはまた1億円になっていた。Aはいくらの損害賠償を請求できるか。

この問題に関して，富喜丸事件という著名な判決がある（大連判大正15・5・22民集5-386）。不法行為事件であるが，判例は不法行為にも416条を類推するので債務不履行と共通性がある。この判決では，物の滅失・損傷による損害について，原則として滅失・損傷した当時の交換価格によって定まるとし，騰貴価格に相当する利益を確実に取得し得るような「特別の事情」が存在し，かつそれが不履行時に予見可能であればその賠償を認めるとした。その後，履行不能に関する判例（最判昭和37・11・16民集16-11-2280，最判昭和47・4・20民集26-3-520）は，次のような準則を示している。①原則は処分当時の目的物の価格である。②目的物の価格が騰貴しつつあるという特別の事情があり，かつ，予見可能性があれば騰貴した現在の価格である。③ただし，債権者が右価格まで騰貴する前に目的物を他に処分したであろうと予想された場合は，②の例外となる。④目的物の価格がいったん騰貴し，さらに下落した場合は，騰貴した価格により損害賠償を求めるには，その騰貴した時に転売その他の方法により騰貴価格による利益を確実に取得したであろうと予想されたことが必要である。⑤ただし，目的物が現在なお騰貴している場合においては，あたかも現在において債権者がこれを他に処分するであろうと予想されたことは必ずしも必要でない。

これらの判例は，価格変動を含む基準時の問題も予見可能性（416条）の適用によっている。しかし，前述のように基準時は金銭的評価の問題であって416条適用によるべきではない。では，中間最高価格はどう考えるべきかというと，判例の④準則が示しているように，基準時の問題ではなく転売利益が賠償範囲に入るか否かの問題とみればよい。すなわち，中間最高価格による転売

利益を確実に取得できるような場合においてのみその価格分の賠償が認められるのである。そうでなければ中間最高価格時という時点を基準時としての評価時点として採用できる合理性はない。したがって，**事例Ⅱ-9**では具体的な転売契約でもない限り，2億円を請求することは難しい。

## 4-4 過失相殺
### (1) 意　義
債務の不履行に関して債権者にも過失があった場合に，損害賠償の責任およびその金額を軽減する制度を過失相殺という（418条）。自己の不注意によって生じた損害を他人に転嫁することは許されないし，債権者が履行に協力することは信義則の要求するところだからである。

### (2) 要　件
①債務の不履行に関して，②債権者に過失あることが必要である。

(ア)　債務の不履行に「関して」とは，債務不履行自体に関して過失がある場合（大判大正12・10・20民集2-596。売主の不当な履行態様が，買主の代金不払を誘発した場合）と，損害の発生について過失がある場合（大判昭和16・9・9民集20-1137。更地として土地を買った者が地上建物所有者に不相当な移転料を売主に代わって支払った場合），損害の拡大に過失がある場合（たとえば，債務者の責めに帰すべき事由によって目的物が滅失した後に，債権者が損害を軽減するための通常の処置をとることを怠った場合）を含む。

(イ)　債権者の「過失」は，帰責事由としての過失とは異なり，債権関係における信義則に反する義務違反があればよい。

### (3) 効　果
418条は「考慮して……定める」としているので，債権者の過失を認定したときは，責任の有無およびその額を定める際に必ず考慮しなければならない。条文上，責任を全面的に否定することもできる。責任の否定や減額の程度について基準はなく，裁判官の裁量に委ねられる。

## 4-5 損益相殺
### (1) 意　義
賠償権利者が，損害を被ったと同時に同一原因によって利益を受けた場合に，損害から利益を差し引き，その残額をもって賠償すべき損害額とすることを，

§4 損害賠償

損益相殺という。民法上規定はないが，損害賠償法は債権者を利得させることを目的とするものではない，という理由により，当然のこととして認められている。「相殺」といっても，対立する2つの債権を消滅させるという本来の意味の相殺ではない。

(2) 具 体 例

たとえば，国の安全配慮義務違反で自衛隊員が負傷や死亡したとき隊員の受ける賠償額は，国家公務員災害補償法による補償があれば，それだけ減額されるし，私企業の従業員の負傷や死亡の場合は，労働者災害補償保険法の保険給付を受けるとその額だけ減額される。

債務不履行以外の原因により債権者が得た利益に関しては控除されない。たとえば，建物賃借人が建物を焼失させた場合に，賃貸人が受領した火災保険金（最判昭和50・1・31民集29-1-68）は，保険料と対価関係にあるのだから，減額すべきでない。

4－6 金銭債務の特則

(1) 意 義

金銭債務については，履行不能はなく，不履行は常に履行遅滞だけであり，不可抗力でさえも免責事由とならないとされていたが（§3・7参照），それとのバランスで，効果についても特則がある。

(2) 損害賠償の特則

第1に，金銭債務の遅滞による賠償額は法定利率を原則とし，約定利息がそれを超える場合は，それによる（419条1項）。遅延利息と呼ばれるが利息ではなくあくまで損害賠償の一種である。現実の損害が419条に定められた額以上の場合，一部の学説は，その超過額の賠償を認めるべきとしているが，判例は認めていない（最判昭和48・10・11判時723-44）。ただし，法律に特別の定めがある場合や当事者が実損害の賠償を合意していた場合はそれらによる。

4－7 損害賠償額の予定

(1) 意 義

損害賠償額の予定とは，当事者があらかじめ契約によって，債務不履行の場合に賠償すべき金額を定めることである。債務不履行があった場合にどれだけの賠償額を得られるかは，前述のようにして決定されるが，その立証が困難な

こともあり，紛争が起きることもある。そこで，そのような面倒を避けるために，広く賠償額の予定がなされている。

(2) 要　　件

契約自由の原則により，当事者は，法律の規定や公序良俗に反しない限り，自由に損害賠償額の予定の契約をすることができる。これを制限する代表的な法律の規定として，消費者契約法が代表的だが，ほかにも，利息制限法4条，労働基準法16条，特定商取引法10条などがある。さらに規定がなくとも，民法90条違反で無効になることもある。

法文上，「賠償額」の予定としているが，「損害の発生」自体についても争いになることが少なくないから，これを含めて一切の紛争を避ける趣旨である。「予定」の方法は，確定金額のみでなく，利息と同一の方法によっても可能である。

(3) 効　　果

損害賠償額の予定があった場合には，債権者は，債務不履行の事実を証明すれば，損害の発生および損害額を証明しないで，予定賠償額を請求できる。裁判所はその額を増減できない（420条1項）。もっとも，不当に過大な予定額に対しては，公序良俗違反による賠償額の一部無効として実損害にまで減額すべきという見解もある。債権者にも過失があった場合，過失相殺はなされるか。最判平成6・4・21裁判集民事172-379は，これを認めた。通説も，自己の過失を債務者に転嫁するのは許されないとして，過失相殺を認めている。

賠償額の予定があっても，履行の請求や解除をすることができる。

(4) 違　約　金

違約金とは，債務不履行の場合に，債務者が債権者に支払うことを約束した金銭である。金銭以外のものを渡すことを約束した場合には，違約金に関する規定が準用される（421条）。違約金には，損害は別に立証して賠償させるという趣旨の違約罰の場合と賠償額の予定の場合とがあるが，民法は違約金を損害賠償額の予定と推定している（420条3項）。

(5) 消費者契約法

消費者契約法は，事業者の責任を免除する条項を一定の場合に無効にするとともに，消費者が支払う損害賠償額を予定する条項についても一部無効として

いる（8条・9条）。

### 4-8　賠償者代位

#### (1) 意　義

賠償者代位とは，債権者が損害賠償としてその債権の目的である物または権利の価額の全部を受けたときに，債務者がその物または権利につき，当然に，債権者の地位にとって代わること（代位）である（422条）。たとえば，宝石を預かっていた者が宝石を盗まれ，預けた者に対してその価額を賠償したときは，宝石の所有権は当然に預かっていた者に移転する。この制度は，債権者が塡補賠償を受けながら，なお債権の目的である物または権利を保有することによる債権者の二重利得を防ぐものである。

#### (2) 要　件

債権者が債権の目的である物または権利の価額の全部を受けたことである。一部の賠償がなされても一部の代位は生じない。

#### (3) 効　果

債権の目的である物または権利が，法律上当然に債権者から賠償者に移転する。とくに譲渡行為や対抗要件は必要ない。前例で，賠償者代位が生じた後に宝石が発見された場合には，宝石を預けた前所有者が受け取った賠償金を返還して，宝石の所有権を取り戻すことを認めてよい。賠償者代位は二重利得を許さないという趣旨であって，目的物の本来の所有者から所有権を奪うことを目的とするものではないからである。

## 5　損害賠償請求権の性質

債務不履行による損害賠償請求権は，本来の債権の拡張（遅延賠償の場合）または内容の変更（塡補賠償の場合）であって，本来の債権と同一性を有するとされている。したがって次のような性質を有する。

① 本来の債権の担保は，損害賠償請求権にも及ぶ。
② 時効期間は，本来の債権の性質によって決まる。履行不能による損害賠償請求権の消滅時効は，本来の債務の履行を請求できる時から進行する（最判平成10・4・24判時1661-66）。
③ 本来の債権が時効で消滅した後に，その債権について債務不履行による

Ⅱ 債権の効力

　損害賠償請求権は発生しない。
④　本来の債権が譲渡される場合には，既に生じている遅延賠償債務も原則として移転する。

> **整理ノート**

1　債務不履行の効果の中心　　損害賠償請求権
2　損害賠償の方法
　　　原状回復　損害の発生しなかった状態に復旧すること
　　　金銭賠償　損害を金銭に評価して賠償すること→民法の原則
3　(1)　損害の意義
　　　　　差額説
　　　　　損害事実説
　　　　　個別損害説
　　(2)　損害の種類
　　　　　財産的損害・非財産的損害
　　　　　積極的損害・消極的損害
　　　　　履行利益・信頼利益
4　損害賠償の範囲
　(1)　相当因果関係説
　(2)　保護範囲説
　　　　事実的因果関係・保護範囲・金銭評価の3つに分ける
　(3)　予見可能性の判断
　　　　予見時期　　契約時説・債務不履行時説
　　　　予見当事者　両当事者説・債務者説
　　　　予見の対象　損害説・事情説
5　損害賠償額の算定
　(1)　具体的損害計算・抽象的損害計算
　(2)　損害賠償額決定の基準時
　　　　　判例における基準時　　損害の発生時が原則
　　　　　学説　訴訟法説
　　　　　　　実体法説　　多元説
　(3)　過失相殺
　(4)　損益相殺

Ⅱ　債権の効力

　　(5)　金銭債務の特則
　　(6)　損害賠償額の予定
　　(7)　賠償者代位
　6　損害賠償請求権の性質　　株の債権と同一

## §5 受領遅滞

### 1 意　義

【事例 Ⅱ－10】

AはBに業務用のエアコンを10台売る契約を結び，履行期に配送したが，Bが受領しない。仕方なくAはエアコンを持ち帰ったが，保管のために余分な費用がかかった。Aはその費用を請求できるか。また，そのような不誠実なBとは，もはや関係を断ちたいと考えて，契約を解除することはできるか。

債権は弁済によって消滅する。もし，債務者が弁済しようとしているのに（弁済の提供。これについてはⅥ§2・2参照），債権者が受け取ってくれない場合には，弁済できず，債務者は困ることになる。そこで，413条は，その場合は，債権者が「遅滞の責任を負う」と定めている。しかし，要件として「履行を受けることを拒み，又は受けることができないとき」は明確なようだが，債権者の帰責事由が必要かどうかは争いがあり，また，効果として「遅滞の責任」の具体的内容は条文からは明らかではない。そこで受領遅滞の法的性質を含め，その責任の要件・効果が論じられている。

### 2 法的性質

まず，受領遅滞の法的性質について議論がある（詳しくは**応用学習5**参照）。「法定責任説」は，債権を行使することは債権者の権利であって義務ではないから債権者に受領義務はないが，公平の観念からとくに法が認めた責任が受領遅滞であるという。これに対して，「債務不履行責任説」は，債権債務関係は債権者・債務者の協力による社会目的の実現であるから，債権者が給付を受けることは権利であると同時に義務でもあるという。折衷説は，法的責任説を基礎とするが，契約や信義則から受領義務を認める。この性質の捉え方の違いが，要件・効果にも差異をもたらしている。

Ⅱ　債権の効力

## 3　要件・効果
### 3－1　要　件
①債務の本旨に従った弁済の提供があること，②債権者が弁済の提供を受領することを拒むまたは受領することができないこと，が必要である。受領不能か履行不能か問題となる場合については後述する（4－3）。なお，受領遅滞を債務不履行責任と捉える説からは，③債権者の受領拒絶または受領不能がその責めに帰すべき事由に基づくことも要件となる。

### 3－2　効　果
法的性質についてどの説に立っても認められる効果（提供の効果である）は以下である。

①　**債務不履行責任の不発生**　　債務を免れるわけでないが，債務不履行から生じる不利益はすべて免れる。すなわち，債権者から債務者に対する損害賠償請求（415条），違約金・遅延利息，契約解除権は発生せず，担保権は実行されない。

②　**約定利息の停止**　　たとえば，債務者Bが期限（5月1日）より前の4月1日に弁済提供したとする。債務者は期限の利益を放棄できるから（136条），これも本旨に従った提供である。この場合に提供があるにもかかわらず弁済期までの利息を支払わせるのは，履行遅滞による賠償を支払わせるのと同じであるから，利息の発生は止めなければならない。なお，金銭消費貸借の場合は，債権者は利息について期限の利益を持つから，弁済期までの利息も支払わなければならない。

③　**債権者の同時履行の抗弁権**（533条）**の喪失**

次に受領遅滞固有の効果として，次のものが挙げられる。

④　**注意義務の軽減**　　特定物の引渡債務についても，提供した後は注意義務は軽減され，自己の物に対するのと同一の注意をもって保管すればよい。この場合には，報酬もないのに債権者のために保管していることになり，無償の受寄者（659条）と同様だからである。

⑤　**供託**（494条），**自助売却権**（497条）**の発生**　　債権の目的物が供託できる物であれば，債務者は債権者のために目的物を供託して債務を免れることができる。

⑥ **債権者による弁済費用の負担**　遅滞のために，債務の履行や目的物の保管費用が増加したときは，これを債権者に対して請求できる（485条ただし書）。これらは遅滞による直接の不利益であるから，債権者の負担とされるのである。

⑦ **危険の移転**　双務契約における対価危険が債権者に移転し，受領遅滞後の履行不能が債権者の責めに帰すべき事由となる。

法的責任説は以上の効果を認めている。それに対して，債務不履行責任説によれば，次の効果も認められる。

⑧ **損害賠償請求権の発生**　受領遅滞が，債権者の債務不履行だとすれば，債務者から債権者に対して遅滞によって生じた損害の賠償請求（415条）ができる。

⑨ **解除権の発生**　契約による債務の場合に限るが，債務者は，受領可能であるときは相当期間を定めて受領を催告したうえで，また，受領不能の場合は直ちに契約を解除することができる。

## 4　受領遅滞と危険負担

### 4−1　不特定物の場合

不特定物では，特定を生じたときから危険は債権者に移る。そして特定は提供によって生じるから，提供により受領遅滞を生じたときはその時から危険が移転する。

### 4−2　特定物の場合

双務契約上の債務で特定物に関する物権の設定移転を目的とする場合は，原則として債権者が危険を負担するが（534条1項。ただし，同条の適用を制限するのが通説），これと異なる特約ある場合には，受領遅滞によって危険が移転する。債権者が受領してさえいれば債務者は履行を完了できたのであり，したがってその時点以後の滅失等の損失は債権者が負ったであろうからである。

### 4−3　雇用・労働契約の場合

債権者の工場が焼失したような場合，受領不能（受領遅滞）か，履行不能かという問題がある。受領不能とすれば，債務者は反対給付請求権を失わないが，履行不能だと，危険負担における債務者主義（536条1項）により，反対給付請

## Ⅱ 債権の効力

求権を失うことになる。

このような履行不能と受領不能の区別については、障害の原因となった事実が債権者の支配する領域に基づく事由によるものであれば受領不能になるし、それが債務者の支配する領域内に属する事由によるのであれば、履行不能になる（領域説・通説）。

債権者が受領遅滞に陥っている間に履行不能となった場合の履行請求権の問題も生じる。たとえば、雇用契約において、使用者の受領遅滞の後に労働者が就労不能になったような場合である。536条2項は、債権者の責めに帰すべき事由により履行不能になった場合であるから、受領遅滞後の履行不能には直接適用することはできないが、受領遅滞によって危険が移転すると考えられるので、536条を類推適用し、債務者の反対給付請求権（労働者の賃金請求権）を認めるべきである。

---

**整理ノート**

法的性質
　　法定責任説　公平の観念からとくに法が認めた責任
　　債務不履行責任説
受領遅滞と危険負担
　　特定物　原則　債権者が危険を負担する
　　　　　　　　　債務者が危険を負担するという特約があっても、受領遅滞なら危険移転
　　不特定物　特定によって危険が移転する

---

## 応用学習 5　債権者の受領義務

### 1　法定責任説

　学説において，古くから通説とされたのは，法定責任説である（於保ほか）。この説は債権者は権利を有するが義務はないという立場から，受領しなくても義務違反（債務不履行）の責任を負うものではないが，債務者を不履行責任から免除するとともに，公平の観念から，履行遅延に伴って生ずる不利益を債務者ではなく債権者に負わせるために，特に法が認めた責任であるとする。この説の根拠としては，民法修正案理由書に「過失」を要しないとしていたこと，受領義務を認めることによる結果の不当性，ドイツ民法も債権者の帰責事由を予定していないという比較法的理由等が挙げられている。そして，要件としては，債権者の帰責事由は必要ないとし，効果としては，弁済提供の効果とほぼ同様という。義務違反ではないのだから，債務不履行のような効果を認めることはできないからである。法的責任説に対しては，受領遅滞の効果が弁済提供の効果とほとんど同じでは，413条の意味がなくなるとの批判がある。

### 2　債務不履行責任説

　有力説は，債務不履行責任説である（我妻ほか）。信義則に支配される債権関係では，信義則上債権者も給付の実現に協力すべき義務があるとし，受領遅滞責任を債務不履行責任とするのである。根拠としては，413条が弁済提供とは別に規定され，債務不履行の節の中に位置し債務者の履行遅滞（412条）の次に置かれていること等があげられる。債権者に受領義務があるのだから，その不履行であるためには，要件として債権者の帰責事由が必要であるとし，効果としては，債務者からの損害賠償請求，契約解除も認めるべきとする。債務不履行説への批判としては受領義務が一般的に義務として認められるのであれば，一般の債務不履行の規定で足り，413条の規定は不要であること，受領義務を認めるとしても，その効果として解除まで認めるのは行き過ぎであること，信義則からただちに受領義務を認めることはできないこと，受領遅滞の要件として債権者に帰責事由を要求するとかえって債務者に不利になること，等が指摘されている。

### 3　折衷説

　その中間に，法定責任説を基本としながらも，場合によって受領義務を認めるという説（折衷説）もあり，近時有力になっている（遠田ほか）。折衷説もバリエーショ

ンがあり，折衷説の第1は，ドイツ民法を参考にして，「受領」と「引取」を区別し，売買，請負，寄託について信義則に基づく引取義務を認め，効果としては損害賠償（事情によっては解除も）認める説である。第2は，そのような区別からではなく，明示・黙示の引取契約の認定や，特約を認定できなくとも，事情によっては信義則上の受領義務を認め，損害賠償または解除を認めるという説である。折衷説の中では第2説に近いものが多い。ここで注意しておくべきことは，受領義務の根拠として，たんに契約の解釈によればいいというものと，信義則上の義務とするもの，契約の解釈と信義則の両方を挙げるものがあることである。これは義務の性質論について，給付義務か付随義務かという議論にも関係してくる。一般的に受領義務を認める債務不履行責任説には前述の批判が妥当するし，昭和46年判決の事案のような場合に認めないのも不合理と思われるので，折衷説によるべきだろう。そして契約解釈の外延にも関係するが，契約解釈で認められない場合に備え，信義則も根拠とすべきだろう。

### 4　近時の見解

さらに，近時の見解として，492条を債務者の責任軽減としての受領遅滞制度と捉え，413条については，債務者の債務解放制度としての引取遅滞制度と捉えるというものがある（北居功）。すなわち，起草趣旨を尊重すれば，413条は法定責任説のいうような単なる債務者の責任軽減制度ではなく（それは492条の機能），債務不履行責任説の主張するような，一般的な受領義務を認めたものでもないとし，同条はあくまで引取義務を定めた規定と解すべきである（物の保管から解放される債務者の利益保護の制度だから物の引取についての義務とみればよい）という主張である。ただし，今日の実情から見ると，本来492条が負うべきであった機能である，責任軽減制度としての受領遅滞の効果も413条に仮託されている（2つの制度が413条に仮託されている）とする。これに対して，同様に，責任軽減制度としての受領遅滞と引取義務の問題とを区別すべきとしながらも，起草者が引取義務の拡張を意図し，これを受領遅滞制度によって実現しようとしたのは適切でなかったと評価し，引取義務の問題は，412条に位置づけるべきという主張もなされている（奥富晃）。この説は，債権者が引取義務を負うのは「債務者」として負うのであるから，通常の債務不履行の規定である412条によればよいとし，受領遅滞（413条）は注意義務の軽減等だけの効果を導くものだというのである。これらの見解は，いずれも詳細な比較法研究や立法趣旨の検討に裏打ちされており，今後重視されるべき見解である。

# Ⅲ 責任財産の保全

## §1 総　　説

### 1 責任財産（共同担保）
#### 1-1 責任財産（共同担保）の意義
　債権は債務者の財産を拠り所としている。すなわち債務が弁済されない場合，債権者は民事執行法の定める執行手続に従って，債務者の財産につき強制執行を行い換価代金等から満足を得ることができる。ローマ法においては，債権は法鎖であるとされ，厳格な人格執行（債務奴隷としての拘束，労働，売却）が行われていたが，しだいに緩和され，近代法以降は財産執行のみが認められるようになった。

　「責任財産」とは，債権の強制執行の対象となる債務者の財産を指す。また「特別担保」（先取特権や抵当権などの優先弁済効を有する担保物権）を持たない債権者を「一般債権者」と呼ぶが，債務者の財産はその一般債権者（総債権者）の担保となるという意味で「一般担保」（共同担保）を構成するともいう。

　債務者の財産は「総債権者」の「共同担保」であるとの説明には，「債権者平等の原則」が含意されている。強制執行手続きにおいて，債権者平等の原則は，すべての債権者に強制執行の申立てまたは配当要求をなす機会が与えられる点，その手続きを踏んだ債権者は債権額に応じて按分額の配当を受け得る点に現れる。なお債権者間の平等をどの程度実現するかは立法政策の問題であり，できる限り総債権者間の平等を貫徹すべきだとする「平等主義」と権利行使のイニシアティブを取った債権者（差押債権者等）を優先すべきだとする「優先主義」の対立が存する。

　なお以上は主として金銭債権を念頭においた説明であるが，金銭以外の物の引渡，作為・不作為を目的とする債権も，究極的には損害賠償債権に転化し得

## Ⅲ 責任財産の保全

るものであるから（415条），金銭債権と同様に，債務者の一般財産によって担保されなければならない。

### 1-2 責任財産（共同担保）の範囲

不動産，動産，債権その他の財産権を含んだ債務者の総財産が，原則として債権者の責任財産（共同担保）となる。ただし金銭債権の強制執行においては，以下の制限が存する。①性質上金銭評価になじまない物または権利，たとえば金銭に換価できない不融通物，人格権，身分権（一身専属権である扶養料請求権（881条）なども含む）は責任財産を構成しない。独立して財産的価値を有しない取消権・解除権などの形成権も同様であるが，形成権が行使され不当利得返還請求権などの債権が発生すれば責任財産となる。②債務者の生活保障など政策上の理由から差押が禁止される動産および債権（民執131条～132条・152～153条，労基83条2項，生活保護58条など）も責任財産を構成しない。

特定の債権について，法律上，その強制執行の対象が，債務者の財産のうち一定の範囲または特定の物に限定される場合がある（922条，商607条・812条など）。またある債権について執行しない旨の合意（不執行契約），責任財産の範囲を制限する合意（責任制限契約）も公序良俗に反しない限り有効である。

抵当権などの特別担保（担保物権）が設定された財産については，担保目的物の価格から被担保債権額を差し引いた残額の部分のみが一般債権者の責任財産を構成すると解するのが，判例・通説の立場である。よって抵当権付不動産の譲渡・代物弁済が詐害行為として取り消される場合（424条），原則としてその残額の部分についてのみ取消しがなされる（最大判昭和36・7・19民集15-7-1875など）。

## 2 責任財産への摑取

### 2-1 強制執行と債務名義

責任は，責任財産への強制執行によって実現される。これを責任財産への「摑取」と呼び，債権の効力の1つとして「摑取力」が認められる。

強制執行とは，判決等によって確定された請求権を国家の手により強制的に実現することである。民事執行法の強制執行の体系は，金銭執行すなわち金銭の支払を目的とする債権についての強制執行（民執43条以下）と，非金銭執行

すなわち金銭の支払を目的としない請求権についての強制執行（民執168条以下）に大別される。後者の非金銭執行は，物の引渡し・明渡しの強制執行（同168条～170条・173条），作為・不作為の強制執行（同171条～173条），意思表示の強制執行（同174条）からなる。すなわち民事執行法上の強制執行は，責任財産への摑取だけではなく，民法上の履行の強制あるいは強制履行（414条）をも司る手続きなのである。

責任財産への摑取については，主として金銭執行の手続きである不動産執行（民執43条以下），船舶執行（同112条以下），動産執行（同122条以下），債権執行（同143条以下）が用いられる。

ちなみに民事執行法は，強制執行手続き（民執22条以下）とともに，担保権実行手続き（同180条以下）を規定する。後者の手続きには前者の規定がほぼ準用されるが（同188条・192条・193条・194条など），以下の点が大きく異なる。すなわち強制執行手続きを開始するには，強制執行によって実現されるべき給付請求権の存在と内容を表示した文書である「債務名義」，具体的には確定判決，執行証書（執行受諾文言が記載された公正証書）など（民執22条）が必要となる。すなわち債権によって強制執行を行うためには，まずは給付訴訟を提起して確定判決を取得しておくことが必要となる。これに対して抵当権などの担保権を実行するためには，債務名義は不要であり，たとえば登記事項証明書（かつての登記簿謄本）などを提出すれば手続きが開始される（民執181条1項）。

金銭執行については，概ね，差押え→換価（売却等）→配当の順で手続きが進行する。ここでは実務上重要な不動産執行および債権執行の手続きを略説しておこう。

## 2－2　不動産執行の手続き

不動産執行は，主として強制競売（不動産を換価してその換価代金から債権を回収する方法。民執45条以下）によって行われる。具体的には，①強制競売申立て（同2条），②強制競売開始決定（同45条），③売却の準備（不動産現況調査，不動産評価，最低売却価額の決定，物件明細書の作成など。同57条～62条以下），④売却（売却方法の公告，売却許可決定，代金納付。同64条・69条・78条など），⑤配当（同84条以下）と手続きが進行する。強制競売開始決定の債務者への送達により差押えの効力が生じた後に（同46条1項），配当要求の終期が決定され（同

49条1項),それまでの間に差押債権者以外の一般債権者も配当要求を行い配当に加わることができるが,配当要求には債務名義が必要である(同51条)。

なお強制競売と並んで,強制管理による執行方法(不動産を賃貸等に供してその収益金から債権を回収する方法)も認められている(同93条以下)。

### 2-3 債権執行の手続き

債権執行については,差押命令において債務者に対して債権の取立てその他の処分を禁止するとともに,第三債務者に対して債務者への弁済の禁止が命じられる(同145条1項)。換価の手続きとしては,取立て(同155条1項)と転付命令(同159条)が中心となる。

差押命令送達後1週間を経過すると差押債権者に取立権が発生し,第三債務者の支払がなされたならば,支払額の限度で差押債権者の債権の弁済の効果が生じる(同155条)。第三債務者は供託をなすこともでき,また二重差押えや配当要求があった場合には,供託をしなければならない(同156条)。第三債務者が支払をなさない場合,差押債権者は第三債務者を被告として取立訴訟を提起できる(同157条1項)。取立訴訟において原告の請求を認容する場合には供託が命じられる(同157条4項)。

転付命令は支払に代えて券面額で差し押さえられた金銭債権を差押債権者に転付する命令であり(同159条1項),代物弁済としてなされる債権譲渡と同様の効果を有する(同160条)。これにより差押債権者は第三債務者の無資力のリスクを負担しつつ,転付債権によって独占的な満足を得ることになる。よって,二重差押えや配当要求があった場合には,転付命令は効力を生じない(同159条3項)。

## 3 責任財産の保全

### 3-1 債務者の財産処分の自由と責任財産の変動

債権は債務者の責任財産への強制執行によって満足を得ることが予定されているが,責任財産はたえず変動する。すなわち債務者は,自己所有の財産である責任財産について自由な管理処分権限を有しており,差押えによって処分禁止の効力が生じる前であれば,当該財産を適法に第三者に処分することが可能であるから,それによって当該財産は責任財産の範囲から逸出し,債権者はも

はや当該財産につき強制執行を行うことができなくなってしまう。特別担保（抵当権などの担保物権）を有しない一般債権者は，原則としてこの責任財産の変動を甘受しなければならない地位にある。

しかしそれでは強制執行制度が十分に機能し得ないおそれがあるので，法は民事保全手続きおよび責任財産保全の制度を用意し，債権者が将来の強制執行に備えることができるとした。

### 3－2　民事保全手続き

強制執行を行うためには確定判決等の債務名義が必要となるところ，確定判決等の取得には時間がかかるため，債務名義が得られるまでの時間の経過によって民事訴訟の本案の権利の実現が不可能または困難になるおそれがある。その危険から権利者を保護するために，裁判所は債権者の申立により暫定的な措置（保全命令）を命じることができる。民事保全法によって規律される民事保全手続きである。たとえば金銭債権について強制執行をすることができなくなるおそれがあるとき，または強制執行をするのに著しい困難を生じるおそれがあるときには，債権者の申立てにより仮差押命令が発せられる（民保20条）。

### 3－3　責任財産保全の制度

民法は，責任財産を保全するために，債権者代位権（423条）および詐害行為取消権（424条）の2つの権利を債権者に与えて，一定の要件の下，債務者の財産管理および処分の自由を制限し，債権者がそれに干渉できるとした。

債権者代位権は，債務者が自分に属する権利の行使をしない場合に，債権者が自己の名で債務者に代わって債務者の権利を行使する権利である。たとえば債務者が詐欺にあって自己所有の不動産につき贈与契約を締結させられたにもかかわらず取消権の行使を行わない場合には，債権者は債務者に代位して取消権を行使することができる。それによって債務者名義に回復された不動産につき，債権者は強制執行（不動産執行）を行うことが可能となる。

詐害行為取消権は，債務者が債権者を害することを知りながら詐害行為すなわち責任財産を減少させる行為をなした場合に，債権者がその行為を取り消して，責任財産の回復を図る権利である。たとえば債務者が債権者を害することを知りながら唯一の財産である不動産を第三者（受益者）に贈与した場合，債権者は贈与を取り消して，移転登記の抹消を請求することができる。これによ

Ⅲ 責任財産の保全

り債権者は当該不動産につき強制執行（不動産執行）を行うことが可能となる。

このように債権者は，債権者代位権または詐害行為取消権を行使することによって，責任財産を保全し，将来の強制執行に備えることができるのである。

### 3－4 無資力要件

債権者代位権・詐害行為取消権は，いずれも原則として自由であるはずの債務者の財産管理および処分に対して，債権者が干渉することを認める例外的な権利である。そこで判例・通説は，債務者が「無資力」であることを，これらの権利行使の共通の要件とする。

無資力とは，債務者が債権を弁済するに足りる資力を有しないことをいう。無資力が要件とされる点は，債権者代位制度，詐害行為取消制度の制度趣旨から帰結される。すなわち両制度はともに責任財産保全を目的とするから，債務者が資力を有する限りは，仮に債務者がある権利の行使を怠っていても，あるいはある財産を譲渡しても，債権者は責任財産を構成する他の財産について強制執行を行い債権の満足を図ることができる。債務者が資力を有する限り，責任財産の保全を図る必要がないのである。条文上は，「自己の債権を保全するため」（423条），「債権者を害すること」（424条）が，債務者の無資力を前提としていると解釈されている。

無資力は，「債務超過」すなわち消極財産（負債）の評価額の総計が積極財産（資産）の評価額の総計を超過している状態によって形式的に判断される。この点については，破産手続開始の原因である「支払不能」（破15条1項）が，債務者が支払能力を欠くために，その債務のうち弁済期にあるものにつき，一般的かつ継続的に弁済をすることができない状態を指し（同2条11号），財産だけではなく信用または労務による収入も含めて実質的に判断されるのと対照的である。もっとも破産法においても，「支払停止」（手形不渡など，弁済能力の欠乏のために弁済期が到来した債務を一般的かつ継続的に弁済できない旨を外部に表示する債務者の行為）によって「支払不能」が推定され（同15条2項），法人については，「債務超過」も破産手続開始の原因とされている（同16条1項）。

### 3－5 制度趣旨の見直しの必要性

以上のようにわが国の伝統的通説は，債権者代位制度，詐害行為取消制度を責任財産（共同担保）保全の制度もしくは強制執行準備のための制度として位

置づけてきた。しかしながら裁判実務においては，債権者代位権，詐害行為取消権のいずれについても，金銭については，原告債権者への直接の支払を命じており，事実上の債権回収機能が容認されている。さらに債権者代位権については，金銭債権（共同担保）の保全以外の領域で無資力を要件としないいわゆる転用例が判例によって広く承認されており，また詐害行為取消権についても，少数説ではあるが，同制度を特定債権の保全のためにも用いるべきだとの転用論が有力に主張されている。債権者代位権および詐害行為取消権は，そもそも「第三者に対する債権者の権利」として規定されたものであり，本来の立法趣旨からも，両制度は，責任財産の保全を中心としつつもそれに限定されない機能を発揮し得る制度として制度設計されているのである。

---

**整理ノート**　責任財産の保全

1　責任財産（共同担保）の意義
　・責任財産＝債権の強制執行の対象となる債務者の財産
　・共同担保「債務者の財産は債権者の共同担保である」
　・一般担保　　cf. 特別担保
　・債権者平等の原則　　cf. 平等主義・優先主義

2　責任財産への掴取
　・強制執行
　・債務名義＝強制執行によって実現されるべき給付請求権の存在と内
　　　　　　　容を示した文書　　ex. 確定判決，執行証書
　・不動産執行　a．強制競売（①差押え→②売却→③配当）
　　　　　　　　b．強制管理（不動産の収益から債権を回収する方法）
　・債権執行　　差押命令，取立て，転付命令

3　責任財産の保全
　・債務者の財産処分の自由
　・債権者代位権（423条），詐害行為取消権（424-426条）

Ⅲ　責任財産の保全

## §2　債権者代位権

### 1　債権者代位制度の趣旨
#### 1−1　債権（責任財産）の保全

　債権者代位権は，債権者が債務者に対する債権（被保全債権）を保全するために，債務者に属する権利を，自己の名で債務者に代わって行使する権利である。たとえば次のような事例が想定される。

> 【事例　Ⅲ−1】
>
> 　AはBに対して融資を行い100万円の貸金債権を有しているが，その後Bは債務超過の状態に陥った。
> ①　BはCに200万円の報酬債権を有しているが，同債権は来月には消滅時効が完成しそうである。債務者が何もしない場合には，AはBに代位して訴えを提起し時効の中断をなすことができるか。
> ②　BはCの詐欺にあって自己所有の甲不動産（2,000万円相当）につきCへの贈与契約を締結させられ，移転登記が経由された。にもかかわらず，Bは取消権を行使しようとしない。この場合，AはBに代位して甲不動産の贈与契約につき取消権を行使することができるか。

　事例①では代位権行使の結果，時効が中断され消滅を免れた200万円の報酬債権につき，事例②では代位権行使の結果B名義に回復された甲不動産につき，Aは強制執行を行い債権の回収を図ることが可能となる。このように債権者代位権の制度本来の趣旨は，責任財産（共同担保）を保全し，将来の債権回収，強制執行に備えることにあるとされている。しかしながら判例によって，以下の2点の機能が付加されている。

#### 1−2　債権回収機能（債権者の事実上の優先弁済権）

> 【事例　Ⅲ−2】
>
> 　AはBに対して融資を行い100万円の貸金債権を有しているが，その後

> Bは債務超過の状態に陥った。
> ③ BはCに120万円の代金債権を有している。この場合，AはBに代位してCへの代金債権を行使し，Cに対して自己の債権額100万円の範囲でAに金銭の引渡し（支払）をなすように請求できるか。

判例は，事案③のように代位の目的たる権利が金銭債権の場合，債権者Aは，第三債務者Cに対して自己への直接の引渡（支払）請求を認める。本来ならば，債権者Aが受領した金銭は，責任財産として債務者Bの手元に戻されるべきであるが，債権者Aは事実上，自己の債権に充当することが可能である。この点では，債権者代位権は，債権保全という制度目的を超えて，債権執行による取立と同様の債権回収機能を営んでいるといえよう。

債権者には，債務者が第三債務者に対して有する債権から自己の債権の回収を図る手段として，債権執行（取立訴訟）と，債権者代位権（代位訴訟）の2つの選択肢が与えられていることになる。もちろん前者は債務名義を要するが，後者は無資力の立証が必要であるので適用場面を異にする。よって債権者が未だ債務名義を取得していない場合には，債権者代位権は債権回収手段としてきわめて有効な手段となる。

### 1−3　特定債権の保全（債権者代位権の転用）

判例は，金銭債権の保全すなわち責任財産の保全という制度目的を超えて，広く特定債権の保全のために債権者代位権を行使することを許容している。たとえば不動産がCからB，BからAに転々譲渡された場合に，AがBへの登記請求権を保全するために，AがBを代位してBがCに対して有する登記請求権を行使することを認める。この場合は，金銭債権の保全，責任財産の保全のために債権者代位権が用いられているケースではないので，無資力要件は不要と解されている。これは債権者代位権の「転用」と呼ばれている。

## 2　債権者代位権の要件

### 2−1　総　説

債権者代位権の要件は，(i)自己の債権を保全するためであること（423条1項本文），(ii)債務者自ら権利を行使しないこと（解釈），(iii)一身専属権でないこ

と（423条1項ただし書），(iv)債権の履行期が到来していること（423条2項）の4つである。

なお訴訟では，原告が，①被保全債権の存在および債権保全の必要性，②代位の客体としての権利の存在を主張・立証し，被告の側で，抗弁として，②債務者が権利を行使していること，③一身専属権であること，④期限の存在の主張・立証を行う。なお④については，原告は，裁判上の代位，保存行為であることを再抗弁として主張することができる。

### 2－2　債権保全の必要性

金銭債権の保全のために代位権が行使される場合（本来型），債権保全の必要性は，債務者の無資力（債務超過）によって判断される。判例は古くから，債権者は，債務者の資力が当該債権を弁済するについて十分でない場合にかぎり，自己の金銭債権を保全するため，民法423条1項本文の規定により当該債務者に属する権利を行使しうると解すべきことは，同条の法意に照らし，明らかであり，右の場合に債務者の資力が十分でないことについては，債権者がこれを立証する責任を負うとしてきた（大判明治39・11・21民録12-1537，最判昭和40・10・12民集19-7-1777ほか多数）。学説の多数もこれを支持する。

判例は，金銭債権であれば，交通事故の被害者が加害者への損害賠償債権を被保全債権として，加害者の有する自動車対人賠償保険金請求権を代位行使するようなケースにおいても無資力を必要とする（最判昭和49・11・29民集28-8-1670）。これに対して近時の有力説は，金銭債権であっても被保全債権と被代位債権との間に後者が前者を担保するような関係がある場合には無資力要件を不要と解している。一部の学説には，金銭債権の保全であっても無資力要件が不要とされるケースを，「転用」事例と区別して「拡張」事例と呼ぶものがある。

なお債権者代位権一般について広く無資力要件を不要とする少数説が存する。同説は，債権者代位権を債務名義が不要な簡易の債権取立制度として独自の存在意義を与えようとするものであるが，債務者の財産管理の自由を過度に干渉し過ぎるとして支持が得られるには至っていない。

思うに，条文上要求されているのは債権保全の必要性であり，債権者代位権においては，債権保全の必要性と債務者の財産管理の自由との調整が図られるべきである。金銭債権については，債務者に資力があり，他の財産への強制執

行による満足の可能性がある限りは，原則として債権保全の必要性は存しない。換言すれば，責任財産（共同担保）の保全には，無資力要件は不可欠である。しかしながら例外的に保険金請求権の代行行使の事例のように，被保全債権と被代位債権との間に「密接な牽連性」（担保関係など）がある場合には，債務者の財産管理の自由を制限しても，債権保全を図ることに合理的な理由が見出されよう。そこでは責任財産（共同担保）の保全ではなく，金銭債権とはいえ特定債権の保全が問題となっている。債権者代位権の制度趣旨を責任財産（共同担保）の保全に限定しないとする立場においては，このような特定債権の保全のために債権者代位権の行使を認める余地が存しよう。その場合，債権保全の必要性は，資力の有無とは無関係に判断されるべきである。

### 2-3 債務者自ら権利を行使しないこと

債務者が自ら権利を行使している場合には，その行使の方法または結果の良いと否とにかかわらず，債権者は債務者を排除または債務者と重複して代位権を行使できない。よって債務者が既に訴えを提起している場合には債権者は代位訴訟を提起できなくなる（最判昭和28・12・14民集7-12-1386）。代位権行使を認めることは，債務者の財産管理の自由への不当な干渉となるからである。また債務者の権利行使の結果がでた場合，その結果の如何を問わず，債権者はさらに代位行使することはできない（大判明治41・2・27民録14-150など）。なお債権者は予め債務者に対して権利行使を催告する必要はない（大判昭和7・7・7民集11-1498）。

### 2-4 代位の客体となる債務者の権利

**(1) 責任財産を構成する権利および責任財産に変動をもたらす権利**

(ⅰ) 責任財産を構成する債権その他の権利は，代位の客体となる。ただし差押禁止財産は除かれる（民執152条）。

(ⅱ) 責任財産を直接構成する権利ではないが，その行使により責任財産に変動をもたらす権利や行為も代位の客体となる。

第1は，取消権，解除権，買戻権などの形成権である。なお錯誤無効については，無効主張の代位行使ではなく，無効主張権者の範囲の問題とされる。①債権保全の必要性と，②表意者自らが意思表示の瑕疵を認めていることが要件とされている（最判昭和45・3・26民集24-3-151）。

第2は，時効の援用（最判昭和43・9・26民集22-9-2002），時効の中断などである。

### (2) 一身専属権でないこと

一身専属権とは，その主体との間に緊密な関係があるために，その主体のみが享有できる権利（帰属上の一身専属権）またはその主体のみが行使できる権利（行使上の一身専属権）をいう。前者は，相続・譲渡の対象とならず，後者は債権者代位権の対象とならない。

（i）身分関係そのものの変動を目的とする権利が一身専属権であることには争いは存しない。たとえば，婚姻・養子縁組の取消権（743条・803条），夫婦間の契約取消権（754条），嫡出否認権（775条），認知請求権（787条），親権（820条）などがそれである。

（ii）身分関係に伴う財産関係の変動を目的とする権利（いわゆる身分財産権）については，争いが存する。個々の権利ごとに検討する必要があるが，判例は原則として代位の客体にならないとする。たとえば，離婚に伴う財産分与請求権（768条）について，「離婚によって生ずることあるべき財産分与請求権は，一個の私権たる性格を有するものではあるが，協議あるいは審判等によって具体的内容が形成されるまでは，その範囲及び内容が不確定・不明確であるから，かかる財産分与請求権を保全するために債権者代位権を行使することはできない」とした（最判昭和55・7・11民集34-4-628）。さらに遺留分減殺請求権（1031条）についても，「遺留分減殺請求権は，遺留分権利者が，これを第三者に譲渡するなど，権利行使の確定的意思を有することを外部に表明したと認められる特段の事情がある場合を除き，債権者代位の目的とすることができない」とする（最判平成13・11・22民集55-6-1033）。

人格性と財産性のいずれを重視すべきかという問題であり，通説は，広く身分財産権（上記の他，相続回復請求権，遺産分割請求権，相続の承認・放棄の意思表示）について，権利行使・意思表示を権利者たる相続人等の自由な意思決定に委ねるべきとし，相続人等がこれらの権利を行使するとの確定的意思を外部に表明したと認められる特段の事情がある場合を除き，代位を否定する。これに対して，近時の有力説は，無資力のために自己の財産管理が機能不全に陥っている相続人等の身分行為意思に優位性を認めることには疑問だとするが，基本的

には通説の立場が是認されよう。すなわち原則としては，相続人の自由な意思決定が尊重されるべきである。ただし，相続人等がその債権者からの追及を免れる目的でのみ権利の行使を怠っているなど相続人の自由な意思決定を尊重する必要がないような特段の事情が存する場合には，例外的に代位行使を認めるべきであろう。

名誉毀損による慰謝料請求権についても，名誉という人格的価値を毀損された被害者が精神的苦痛を加害者に賠償させるかどうかは，被害者自身の意思によって決せられるべきである（傍論として，最判昭和58・10・6民集37-8-1041）。

### 2-5 履行期の到来

原則として，履行期が到来していることが必要であるが，例外的に期限前に代位権を行使できる場合がある。

(1) **裁判上の代位**（423条2項本文）

非訟事件手続法72条は，期限前に債務者の権利を行使しないと，その債権を保全することができず，または保全することが困難を生じるおそれがある場合には，期限到来前であっても，裁判上の代位という手続きによって，債務者の権利を代位行使することができるとする。実際にはほとんど用いられることはない（民事保全法上の仮差押・仮処分が用いられている）。

(2) **保存行為**（423条2項但書）

未登記建物の保存登記，時効の中断など，債務者の財産の現状を維持する行為（保存行為）については，期限到来前であっても代位権の行使が可能である。

## 3 債権者代位権の行使および効果

### 3-1 行使の方法

債権者代位権は，債権者が自己の名で行使する。債務者の代理人として行使するものではない。通説は，債権者が債務者の権利につき法定委任関係に基づく管理権を有すると説明する。よって行使をするのは債権者であり，代位訴訟の原告も債権者となるが，行使の対象は債務者の権利であるから，代位訴訟の訴訟物（審判対象）は債務者の権利となる。実体法上も，債権者が債務者に代位して債務者の権利を行使した効果は，直接，債務者に帰属する。

債権者代位権は，詐害行為取消権と異なり，裁判上または裁判外で行使できる。

Ⅲ　責任財産の保全

### 3－2　債権者への引渡（支払）請求

　債権者が債務者に代位して債務者の権利を行使した効果は，本来，直接的には債務者に帰属し，債権者は単にその効果（共同担保が保全されたこと）から間接的に利益を受けるに過ぎない。よって債権者には，自己の債権を行使し，第三債務者から直接に弁済を受けることが認められているわけではない。ところが判例は，古くから，代位の客体である債権が金銭の支払を目的とする場合，債務者ではなく，債権者に直接引き渡すように第三債務者に請求することができるとする（大判昭和10・3・12民集14-482など）。債務者が受領を拒絶すること，あるいは債務者が受領した金銭を費消してしまうことが想定されるので，債権者代位権の実効性を確保するためにはやむを得ない措置である。

　もちろん，代位債権者は自己の債権の弁済として受領することが認められるのではなく，いわば管理人の地位において債務者の債権の弁済として受け取るのであるから，本来ならば，代位債権者が受領した金銭は，債務者に返戻され，債権者の責任財産（共同担保）を構成しなければならない。しかしながら他の債権者がそれから満足を得る手続きが存しないので，代位権を行使した債権者が事実上自己の債権の弁済に充当し優先弁済を受ける結果となっている（敢えて法律構成するならば，自己の債権と受領金銭の返還債務とを相殺していることになろう）。この点では，債権者代位権は，責任財産（共同担保）の保全という制度目的を超えて，無資力は要件とされるものの債務名義なしで債権を回収する機能を営んでいることになる。

　従来は，この点はいわば制度の欠陥であり，立法論としては，責任財産（共同担保）の保全という制度趣旨を貫徹するために，第三債務者に金銭を供託させる方向で立法により解決を図ることが望ましいが，解釈論としては，やむを得ないとして判例法理を承認するものが多数であった。これに対して近時はむしろ，権利の保全に熱心であった代位債権者に優先弁済を認めることが妥当であるとして，判例の取扱いを積極的に評価し，代位権を，共同担保の保全ではなく，債権者の権利の保全・回収を目的とした制度と位置づける学説が有力になりつつある。

### 3－3　代位権行使の範囲

　代位権行使の範囲は，自己の債権の保全に必要な範囲に限られる。被保全債

権も被代位債権も金銭債権である場合には，被保全債権の債権額の範囲に限定されるべきである（最判昭和44・6・24民集23-7-1079）。たとえば冒頭の事例③（Bに対し100万円の債権を有しているAが，BのCに対する120万円の債権に代位するケース）では，Aは自己の債権額100万円の範囲でのみBに代位することになる。この点は，代位権を行使する債権者が事実上の優先弁済権を受ける結果と整合的である。

### 3-4　債務者の処分権の制限

判例・通説は，債権者が代位権を行使した場合には，債権者が債務者に代位権の行使に着手したこと（訴えの提起の事実）を通知するか，または債務者がその事実を了知したときから，債務者は，その権利を処分することができなくなるとする（最判昭和48・4・24民集27-3-596）。学説は，非訟事件手続法76条2項の法意を援用する。ただし債権者が通知義務を負うわけではない。

この点については，裁判所が介入しない私人の通知・了知にこのような一種の私的差押効果を認めることは不当であり，代位権が行使されても債務者は権利行使が可能とすべきだとする説，債権者が代位訴訟でその債権の回収を図るときは，債務者を共同被告とすべきだとする説が主張されている。

### 3-5　第三債務者の抗弁

債権者は，あくまでも債務者の権利を行使するのであるから，第三債務者は債務者に対して主張しうる抗弁をもって債権者に対抗できる。第三債務者は，債務者が権利を行使する場合と比べて不利に扱われるべき理由は存しないから当然であろう。具体的には，同時履行の抗弁権，弁済等による権利の消滅（買戻権の消滅につき大判明治43・7・6民録16-546），相殺（大判昭和11・3・23民集15-551）などを対抗できる。解除や虚偽表示など第三者保護規定が存する事由については，債権者に対抗できるか否かが問題となる。

【事例　Ⅲ-3】

CはBと通謀し自己所有の甲不動産をBに贈与する虚偽の契約書を作成したが，未だ移転登記はなされていない。
① Bに対して200万円の金銭債権を有しているAは，Bに代位して移転登記請求権を行使できるか。

② Dは契約書を信頼してBから甲不動産を購入する契約を締結した。DはBに代位して移転登記請求権を行使できるか。

事例②のDはBへの登記請求権を保全するために，BのCに対する移転登記請求権を代位行使することが可能である。Dは94条2項の善意の第三者にあたるので，Cは贈与契約の無効をDに対抗することはできない。これに対して事例①の一般債権者であるAは，差押債権者や抵当権者でない限り，第三者にはあたらず債務者Bの承継人の地位にとどまるので94条2項の保護は与えられない。よってAの代位権行使に対して，Cは虚偽表示による贈与の無効の抗弁を主張することが可能となる（大判昭和18・12・22民集22-1263）。解除についても同様に考えるべきであるが，545条1項ただし書の第三者として保護を受けるためには登記が必要であるので，未登記の第三者Dの代位権行使に対してもCは解除の抗弁を主張することが可能である（最判昭和33・6・14民集12-9-1449）。

なお抗弁対抗の基準時であるが，代位権行使を了知した後は債務者の処分権が制限されるとの判例・通説の立場においては，第三債務者は，了知前に生じた事由を債権者に対抗できるが，了知後に生じた事由は対抗できないと考えるべきであろう。

### 3-6 代位訴訟の判決の効力

債権者代位権は，債権者が自己の名で行使するものであるが，行使される権利は債務者の権利である。よって代位訴訟の訴訟物（審判対象）は，債務者の権利であり，既判力（再び争いを蒸し返し得ないという確定判決の効力）も訴訟物たる債務者の権利の存否について生じる（民訴114条1項）。他方，債権者代位権は，行使される権利は債務者の権利であるが，行使するのは債権者でありしかも債権者が自己の名で行使するのであるから，代位訴訟の当事者は債権者であり，判決の効力は訴訟当事者たる債権者について生じる（同115条1項1号）。それでは代位訴訟の効力は訴訟当事者でない債務者には及ばないのか。

判例・通説は，代位債権者は法定訴訟担当（同115条1項2号）すなわち他人（債務者）のために原告になった者であるから，既判力は，勝訴判決・敗訴判決を問わず他人（債務者）に及ぶとする（大判昭和15・3・15民集19-586）。これ

によると，代位債権者が請求棄却の判決を受け，その判決が確定した場合には，債務者は再び訴訟を提起することができなくなる。しかしこれでは債務者に訴訟関与の機会が与えられないまま，敗訴判決の効力が債務者に及ぶことになり手続き保障に欠ける面を否定できない。もっとも債務者が代位訴訟に補助参加（同42条）することは可能ではある。

そこで近時は，既判力が債務者に及ぶことを否定したり，勝訴判決に限定すべきだとする見解，代位債権者に債務者に対して訴訟告知をすることを義務づけるべきだとする見解が有力に主張されている。

### 4　いわゆる債権者代位権の転用例

判例は，責任財産（共同担保）の保全すなわち金銭債権の保全という制度目的を超えて，広く特定債権の保全のために債権者代位権を行使することを許容している。典型的なケースは，不動産が転々譲渡された場合の譲受人による登記請求権の代位行使のケース（大判明治43・7・6民録16-537）と賃借人による妨害排除請求権の代位行使のケース（大判昭和4・12・16民集8-944）である。一般には債権者代位権の「転用例」と呼ばれている。だが正確には判例が「転用」と述べているわけではない点に注意すべきである。判例はむしろこれらのケースについても423条の本来的な適用場面と考えていると分析すべきであろう。

近時はこれらに抵当権者による妨害排除請求権の代位行使のケース（最大判平成11・11・24民集53-8-1899）が加わった。ここに至ってはじめて判例は「民法423条の法意」という表現によって，423条の本来の適用領域を超えた範囲での代位権行使を認めたのである。この判決については，応用学習6で取り扱う。

### 4-1　特定債権の保全

#### (1) 登記請求権の保全

---
【事例　Ⅲ-4】

不動産がCからB，BからAに転々譲渡された場合に，AがBへの登記請求権を保全するために，AがBを代位してBがCに対して有する登記請求権を代位行使することができるか。

---

Ⅲ　責任財産の保全

　登記は物権変動の過程を如実に反映したものでなければならないとの登記制度の趣旨から，A→Cへの中間省略登記請求権は，BおよびCの同意がなければ認められない。特にB—C間におけるCの同時履行関係を保護する必要がある。次いでAはAがBに対して有する登記請求権を保全するためにBに代位してBがCに対して有する登記移転請求権を代位行使できるかが問題となる。明治43年判決（大判明治43・7・6民録16-537）は，「（423条には）単に債権者は自己の債権を保全する為め云々とあるのみにして其債権に付き別に制限を設けざるを以て，同条の適用を受くべき債権は，債務者の権利行使に依りて保全せらるべき性質を有すれば足りるものにして，……債務者の資力の有無に関係を有すると否とは必ずしも之を問うを要せず。」として，登記請求権を保全するために債権者代位権を行使することが可能であるとした。さらに無資力要件については，「保全せんとする債権の目的が債務者の資力の有無に関係を有する場合に於ては，……債務者の無資力なるときに非ざれば同条の適用を必要とせざるべしと雖も，債務者の資力の有無に関係を有せざる債権を保全せんとする場合に於ても，苟も債務者の権利行使が債権の保全に適切にして且必要なる限りは，同条の適用を妨げざるものと解するを相当とするを以て，……債務者の無資力なることは必ずしも同条適用の要件にあらず」として，債務者の資力に関係を有しない債権を保全する場合は，無資力要件は不要であると判示している。学説はこれを転用例と位置づけるが，それは423条の趣旨が責任財産（共同担保）の保全にあるとするからであって，上記説示からも明らかなように，判例は，必ずしもそのようには考えていない。すなわち債権者代位制度を広く債権保全の制度と理解し，登記請求権（ここでは債権的登記請求権）の保全のケースも423条の本来的な適用場面と位置づけつつ，保全の必要性の要件を柔軟に判断しているのである。この点は次の賃借人の妨害排除請求権の代位行使の判決においてより明確にされる。

(2)　**賃借権の保全——賃借人による妨害排除請求権の代位行使**

【事例　Ⅲ－5】

　土地賃借人Aが，賃借権を保全するために，賃貸人B所有の土地上に無断で建てられたバラックを所有し土地を占有するCに対して，土地所有者

> Bが有する妨害排除請求権を代位行使することができるか。

　昭和4年判決（大判昭和4・12・16民集8-944）は，登記請求権の代位行使に関する明治43年判決を先例として引用し，「……債務者の無資力たることを必要とせざるを以て，同条に所謂債権は必ずしも金銭上の債権たることを要せず，又所謂債務者の権利は一般債権者の共同担保となるべきものたるに限らず，或債権者の特定債権を保全する必要ある場合に於ても，同条の適用あるものと解するを相当とす」として，妨害排除請求権の代位行使を認めた。さらに土地所有者が給付を受領しない限り権利行使の結果は実現されないから，賃借人は直接自己への明渡を求めることも可能であるとする（大判昭和7・6・21民集11-1198）。最高裁も大審院判例を踏襲している（最判昭和29・9・24民集8-9-1658）。ここでも判例は，転用ではなく，本来の適用領域と位置づけていることが理解されよう。

　なお後に最高裁は，対抗力のある賃借権については，賃借権自体に基づく妨害排除請求を認めるようになったが（最判昭和30・4・5民集9-4-431），対抗力を有しない賃借権については，代位行使を認める意義が存する。

### 4-2　特定金銭債権の保全

> 【事例　Ⅲ-6】
>
> 　買主Bとの間で締結された甲不動産の売買契約の売主の地位をA$_1$～A$_5$およびCが共同相続した。残代金支払および登記移転が未履行のままである。そこでBが残代金を支払うので移転登記の申請に必要な委任状等を交付するようにA$_1$～A$_5$およびCに催告したところ，A$_1$～A$_5$は応じたが，Cはそれに応じなかった。その結果Bも残代金の支払を拒絶している。A$_1$～A$_5$は，Bに対する代金債権を被保全債権として，BのCに対する登記移転手続請求権を代位行使することができるか。

　売主の地位を共同相続した相続人の1人Cが登記移転に協力しないために，他の相続人A等が買主Bの同時履行の抗弁権を失わせてBに対するA等の代金

## Ⅲ 責任財産の保全

債権を保全するために，Bに代位して，BのCに対する登記移転手続請求権を代位行使したという特殊な事案である。最高裁は，債務者たる買主Bの資力の有無を問わず，債権者代位権の行使を認めた（最判昭和50・3・6民集29-3-203）。すなわち被保全債権が金銭債権であるにもかかわらず，無資力要件を不要とした点に本判決の特徴がある。金銭債権であっても，責任財産（共同担保）の保全が問題となるケースではないので，最高裁が資力の有無によって債権保全の必要性を判断しなかったのは正当だと評価できる。

学説には金銭債権の保全で無資力要件が必要とされる「本来」型，金銭債権以外の特定債権の保全が問題となる「転用」型と区別し，第3の類型として，金銭債権の保全だが無資力要件が不要である「拡張」型の一例として，本判例を位置づけるものも存する。

他方，最高裁は，交通事故の被害者が加害者に対する損害賠償請求権を保全するために，加害者の保険会社に対する任意保険金請求権を代位した事案につき，無資力要件を必要としたが（最判昭和49・11・29民集28-8-1670），同判決には批判的な学説が有力である。学説は，たとえば(a)被保全債権が被代位権利によって担保される関係が密接であるとき（昭和49年判決のケース），(b)被代位権利が保存行為に準じるとき（昭和50年判決のケース）は，無資力要件は不要と解するべきだと主張する。この点は応用学習で再度検討する。

**整理ノート　債権者代位権**

1. 債権者代位権の趣旨
    ① 債権（責任財産）保全機能
    ② 債権回収機能（直接請求権 → 事実上の優先弁済）
    ③ 特定債権の保全──いわゆる「転用」
2. 債権者代位権の要件
    ① 債権保全の必要性　　無資力要件
    ② 債務者自ら権利を行使しないこと
    ③ 代位の客体
        ・取消権などの形成権　　cf. 錯誤無効の主張
        ・一身専属権（行使上の一身専属性）
            ex. 離婚に伴う財産分与請求権, 遺留分減殺請求権
    ④ 履行期の到来
        ・裁判上の代位　　cf. 非訟事件手続法72条
        ・保存行為
3. 債権者代位権の行使および効果
    ・債権者が自己の名で行使する
    ・債権者への直接の引渡請求（金銭債権の場合）
    ・債権保全に必要な範囲──被保全債権の債権額の範囲
    ・債務者の処分権の制限──債務者の了知
    ・第三債務者の抗弁
    ・代位訴訟の判決の効力──法定訴訟担当（民訴115条1項2号）
4. 債権者代位権の転用
    ・無資力要件は不要
    ・特定債権の保全　ex. 登記請求権, 賃借権
    ・特定金銭債権の保全　a．「密接な関連性」,
    　　　　　　　　　　　b．保存行為に準じる権利行使
    ・抵当権の保全──「423条の法意」

## 応用学習6　債権者代位権の転用および直接請求権

### 1　立法趣旨

　わが国の伝統的通説は，債権者代位権，詐害行為取消権を責任財産（共同担保）の保全もしくは強制執行の準備のための制度として位置づけている。しかしながら古くから判例は，債権者代位権については，無資力を要件とせずに，賃借権や登記請求権など「特定債権」を被保全債権としてその行使を認めてきた。一般にこれらは債権者代位権の「転用」例と呼ばれている。だが「転用」という位置づけがなされるのは，通説が，債権者代位権の制度趣旨を責任財産（共同担保）の保全に置くからであるが，そもそも明治期の立法段階においては，債権者代位権，詐害行為取消権の立法趣旨を共同担保の保全に限定する意図はなかったことが明らかにされている（浦川①6～10頁）。

　現行民法の草案（甲号議案）においては，債権者代位権（「間接訴権」：418条）および詐害行為取消権（「廃罷訴権」：419条以下）は，債権の相対効の原則を規定する417条の例外規定として位置づけられ，「第三者に対する債権者の権利」と題する款に置かれていたのである。ちなみに草案417条は「債権は当事者及びその他包括承継人の間に非ざればその効力を有さず。但し別段の定めあるときはこの限りにあらず。」と規定されていた。「別段の定め」とは，同条に続く草案418条，419条である。よって立法趣旨としては，両権利の主要な機能が責任財産（共同担保）の保全にあることを否定するものではないが，決してそれに限られず，広く「債権」を保全するために両権利が行使されることが予定されていたといえよう。そのことは，現行規定における両権利の要件が，「自己の債権を保全するために」（423条），「債権者を害すること」（424条）となっており，「無資力」要件が明記されていない点にも現れている。

　以上の点は，少なくとも債権者代位権については，大審院以来，判例法理によって正しく理解されてきた。本文中にも引用したとおり，登記請求権の保全，賃借権の保全の事案につき，「同条に所謂債権は必ずしも金銭上の債権たるを要せず，又所謂債務者の権利は一般債権者の共同担保となるべきものたるに限らず，或債権者の特定債権を保全する必要ある場合に於ても，同条の適用あるものと解するを相当とす」（大判昭和4・12・16民集8-944）などとして，423条の制度趣旨が共同担保の保全に限定されないこと，それゆえに「特定債権」にも「適用」されることが繰り返し説示されている。これを「転用」例として説明するのは，423条の趣旨を責任財

産（共同担保）の保全に限定して理解する通説によるものであり，明らかに立法趣旨を歪曲しているといえよう。

これに対して詐害行為取消権については，判例も古くからその制度趣旨を共同担保の保全に限定し運用してきたが，立法趣旨としては，債権者代位権と同様に，責任財産の保全を中心としつつもそれに限定されない機能を発揮し得る制度として制度設計されている（片山「現行民法の買戻制度における賃貸借の保護と排除（2完）」法学研究72巻2号40～41頁）。一部の学説によってその必要性が有力に主張されているが（辻正美「詐害行為取消権の効力と機能」民商93巻4号488～489頁など），未だ一般的な承認を得るには至っていない。この点は今後の課題であろう。

## 2　抵当権者による妨害排除請求権の代位行使

債権者代位権については，近時，抵当権者による設定者（所有者）の妨害排除請求権の代位行使を認めた最高裁判決が現れた（最大判平成11・11・24民集53-8-1899）。ここに至って初めて最高裁は，「民法423条の法意」という表現によって，423条の本来の適用領域を超えた範囲での代位権行使を認めたのである。事案を簡略化すれば以下のようになる。

---

**【事例　Ⅲ－7】**

AはBに対する貸金債権を担保するためにB所有の土地建物に抵当権の設定を受けたが，Bが弁済を怠って不履行に陥ったので，抵当権の実行として競売を申し立てた。ところが同建物はCが権限なく不法に占有し，そのために買受人が現れず競売手続きの進行が阻害されている。Aは所有者Bの不法占有者Cに対する所有権に基づく妨害排除請求権を代位行使することができるか。

---

平成11年判決は，「抵当権の効力として，抵当権者は，抵当不動産の所有者に対し，その有する権利を適切に行使するなどして右状態を是正し抵当不動産を適切に維持又は保全するよう求める請求権を有するというべきである。そうすると，抵当権者は，右請求権を保全する必要があるときは，民法423条の法意に従い，所有者の不法占有者に対する妨害排除請求権を代位行使することができると解するのが相当である」とした。

本判決における被保全権利は，抵当権の効力として抵当権者が抵当不動産の所有者に対して有する侵害是正請求権または担保不動産維持保全請求権とされている。

すなわち抵当権に基づく物権的請求権であり、少なくとも債権（債権的請求権）ではない。それゆえ最高裁は、「債権」保全の制度である債権者代位権の本来の適用領域を超えた範囲で債権者代位権の行使を認めることになるという趣旨で、「423条の法意」との表現を用いたものと推測される（松岡②179頁など）。その意味では本判決が初めての転用例ということになる。逆にこの判決を契機に、賃借権保全、（債権的）登記請求権保全のケースは、正確に言えば「転用」例ではなく、「適用」例であったことを再認識すべきであろう。

なお同判決は、第三者が抵当不動産を不法占有することにより抵当不動産の交換価値の実現が妨げられ抵当権者の優先弁済権の行使が困難になるような状態があるときは、抵当権に基づく妨害排除請求として、抵当権者が右状態の排除を求めることも許されるとしている。よって債権者代位権の転用事例における「補充性」（他に適切な救済手段がないこと）が問題となるが、抵当権に基づく妨害排除請求権の要件および効果（請求権の内容）につき議論が尽くされていない現段階においては、代位請求のよる救済の道を閉ざすことは妥当ではなかろう（奥田裁判官の補足意見）。

### 3　直接訴権（直接請求権）

判例は、金銭債権であれば、交通事故の被害者が加害者への損害賠償債権を被保全債権として、加害者の有する自動車対人賠償保険金請求権を代位行使するようなケースにおいても無資力要件を必要とする（最判昭和49・11・29民集28-8-1670）。これに対して近時の学説には、金銭債権であっても被保全債権（AのBに対する債権）と被代位権利（BのCに対する債権）との間に後者が前者を担保するような関係が密接であるなど（平井宜雄③266頁）、両債権に「密接な関連性」（山田⑤(下)39頁）がある場合には無資力要件を不要と解すべきだと主張するものが有力である。

ところで判例・通説によれば、代位の客体である債権が金銭債権の場合には、債務者Bではなく、代位債権者Aへ直接引き渡すように第三債務者Cに請求でき、かつ受領した金銭から他の債権者を排して事実上の優先弁済を受けることができるので、有力説のように無資力要件が不要であるとするならば、AからCに対する直接請求権（フランスでは「直接訴権」という）を認めるのと同様の結果となっている（平井一雄④138～140頁引用の加賀山論文、鈴木論文参照）。

直接請求権は、法律の規定による場合（民613条、自動車損害賠償保障法16条1項など）を除いて、原則として認められない。理論的には、債権の相対効からの帰結であるが、実質的には、直接請求権を認めることが、債務者の財産管理の自由および債権者間の平等に反するからである。しかしながら実際には、社会生活関係の複雑化に伴い、特定の債権者に、第三者（第三債務者）への直接請求を認めることが妥当だ

と思われるケースが生じてくる。A―B―C間に同一種類の権利や同一利益の「連鎖」が見られる場合である（加藤⑥23頁以下）。たとえばC→B→Aと欠陥商品や贋作絵画が転売されることにより損害賠償請求権，不当利得請求権，担保責任などが連鎖する場合，またBの交通事故によりAのBに対する損害賠償請求権とBのCに対する保険金請求権が発生する場合などが想定されよう。

　有力説は，これらの場合に，法律の規定によって直接請求権が認められていなくても，債権者代位権によってその機能を代替すべきであると主張する（平井宜雄③261頁，平野裕之・プラクティスシリーズ債権総論（信山社）296頁など）。423条の「債権保全の必要性」の要件については，金銭債権の保全であれば通常は「無資力」が要求されるが，被代位債権が被担保債権を担保するような「密接な関連性」があれば，無資力でなくても債権保全の必要性を充たすと考えられる。今後は，「密接な関連性」を類型化する作業が求められよう（山田⑤39頁以下，加藤⑥23頁以下など）。

**（参考文献）**
　①浦川道太郎「債権者代位権に関する一考察」内山＝黒木＝石川先生還暦記念・現代民法学の基本問題中（第一法規・1983年）1頁，②松岡久和・別冊ジュリ民法判例百選Ⅰ【第5版】（2001年）178頁，③平井宜雄・債権総論【第2版】（弘文堂・1994年），④平井一雄「債権者代位権」星野編・民法講座4債権総論（有斐閣・1985年）105頁，⑤山田希「契約の第三者効（上）（下）」NBL777号34頁，779号37頁（2004年），⑥加藤雅信「新民法体系Ⅲ債権総論第14回」法教290号23頁（2004年）

Ⅲ　責任財産の保全

## §3　詐害行為取消権

### 1　詐害行為取消制度の趣旨
#### 1-1　責任財産の保全

　債務者の財産は，債権者の債権の引き当てとなる責任財産（共同担保）を構成するが，債務者は，所有者としてその財産について処分権限を有するので，法律行為によって自由に財産を第三者に処分することができ，それにより責任財産が減少して，債権者が責任財産から満足を受けられないおそれがある。そこで民法典は，債務者が債権者を害することを知りながらなした法律行為については，債権者がその法律行為を取り消して，逸出した財産を取り戻すことを認めた（424条）。すなわち詐害行為取消制度の制度趣旨は，責任財産を保全するために，詐害行為（責任財産減少行為）を取り消して，責任財産の回復を図る点にある。

　類似の制度として，破産法に規定されている否認権がある（破産法160条以下。会社更生法86条以下にも同様の制度がある）。詐害行為取消権と否認権は，沿革上はローマ法に遡る共通の起源を有し，責任財産の保全・破産財団の回復という制度趣旨も似通っている。しかし否認権が破産手続の中において，破産管財人によって行使される権利であるのに対して，詐害行為取消権は，倒産手続外において，債権者が個々に強制執行の準備として行使する権利であり，両者は独立した別個の権利である。よって相違点を明確にすることが，両制度の理解にとって有用であろう。

　なお判例は，債権者代位権と異なり詐害行為取消権については，「総債権者の共同担保の保全を目的とする制度」であるとし，特定物債権自体の保全（特定物による満足）を図ることに否定的である（最判昭和53・10・5民集32-7-1332）。しかしながら，同制度についても，そもそも「第三者に対する債権者の権利」として規定されたものであり，本来の立法趣旨からも，責任財産（共同担保）の保全に限定されずに，特定債権やその他の権利（抵当権や譲渡担保の受戻権など）の保全に広く活用されるべきであろう（いわゆる「転用論」）。

§3 詐害行為取消権

**1－2　詐害行為取消権における利害対立とその調整**

詐害行為取消権をめぐってはさまざまな利害関係人の利害対立があるが，以下の2つの場合を区別して，その調整を論じるべきである。

(a)　債務者が財産を債権者以外の第三者に処分した場合（「対第三者類型」）

────【事例　Ⅲ－8】────

　AはBに対して1,000万円の金銭債権を有しているが，その後Bは多くの債務を負担し債務超過の状態に陥った。BはAら債権者を害することを知りながら，唯一のめぼしい財産である甲不動産（3,000万円相当）をCに贈与し移転登記を了した。Aは贈与を取り消して甲不動産をBに取り戻すことができるか。またCが甲不動産を既にDに売却し登記を移転していた場合はどうか（Cを受益者，Dを転得者と呼ぶ）。

この類型においては，①債権者Aらの責任財産の確保，②債務者Bの財産処分の自由の確保（債務者の更生の機会の確保），③第三者（受益者Cおよび転得者D）の取引の安全の確保という3つの利害が対立し，その調整を図ることが必要となる。

(b)　債務者が特定の債権者に対して優先的な満足を与える行為（弁済，代物弁済，担保供与など）を行った場合（「対債権者類型」）

────【事例　Ⅲ－9】────

　Bは，AおよびCにそれぞれ100万円の金銭債務を負担していたが，その他多数の債権者に債務を負担し債務超過の状態に陥っていた。ところがBはAら他の債権者を害することを知りながら，1人の債権者Cと通謀し，Cに優先的な満足を得させる目的で唯一の資産であるDに対する100万円の売掛債権を代物弁済としてCに債権譲渡した。Aはこの債権譲渡を取り消すことができるか。

この類型における紛争の実体は，債権者間の債権回収をめぐる争いであり，①いち早く債権回収を図った債権者Cと一歩遅れた債権者A（取消債権者およ

び他の債権者）の利害をいかに調整するか，②債務者Bの財産処分の自由（更生の機会の確保）をいかに図るかが問題となる。

## 2 詐害行為取消権の法的性質論
### 2-1 取消しおよび取戻し

詐害行為取消権の法的性質については，①形成権説——債務者・受益者間の詐害行為を取り消し，その効力を絶対的に無効ならしめる形成権とみる説，②請求権説——取消しを要さず直接に受益者または転得者に対して，債務者の詐害行為の結果逸出した財産の取戻しを請求できる債権的請求権とみる説，③折衷説——その両説を組み合わせ，詐害行為を取り消し，逸出した財産の取戻しを請求する権利とみる説の対立が存するが，判例・通説は古くから③折衷説を一貫して採用している（大判明治39・9・28民録12-1154，大判明治41・11・14民録14-1171など多数）。具体的には，判決により債務者・受益者間の法律行為の取消しおよび逸出した財産の取戻し（原状回復）が命じられる。財産の取戻しは，現物返還（不動産譲渡の取消の場合登記名義の債務者への回復）を原則とするが，転売・滅失等によりそれが不可能な場合，金銭による回復（価格賠償）がなされる。

### 2-2 「相対的取消」理論

判例は，折衷説を前提としつつ，大連判明治44・3・24民録17-117以来，取消しの効力については，それが「相対的」であるとしている。すなわち取り消された法律行為は，訴訟の相手方（受益者または転得者）に対しては無効となるが，訴訟に関与しない債務者・受益者または転得者に対しては依然有効であるとする。このいわゆる「相対的取消」理論から，具体的には，①債務者を被告としなくてもよい点，②受益者・転得者のいずれを被告としてもよい点（前掲明治44年判決），③債務者自身の財産回復・不当利得または賠償の請求権を認めない点（大判大正8・4・11民録25-808，最判平成13・11・16判時1810-57），④詐害行為の目的が金銭または価格賠償の場合につき取消債権者に自己への直接の引渡請求を認める点（大判大正10・6・18民録27-1168）などが帰結されている。

**事例Ⅲ-8**（CがDに甲不動産を転売している場合）を想定して，具体的に説

明しておこう。B－C間の贈与契約がBの債権者を害することをC，Dが知っていた場合には，Aは受益者Cまたは転得者Dを被告として詐害行為取消訴訟を提起することができる。転得者Dを被告とする場合には，B－C間の贈与契約の取消しおよび取戻し（Bへの登記名義の回復）を訴求する。取消訴訟の結果，Bに登記名義が回復された後に，取消債権者Aを含めたBのすべての債権者は，甲不動産をBの責任財産として強制執行（債務名義が必要）を行い満足を受ける。受益者Cを被告とする場合には，B－C間の贈与契約の取消しおよび価格賠償を訴求する。価格賠償の範囲は，取消債権者Aの債権額（1,000万円）に限定されるが，Aへの直接の支払を請求でき，Aは受領した金銭を事実上他の債権者に優先して自己の債権の弁済に充当することができる。いずれの場合も債務者Bは被告とならず，債務者Bと受益者Cの間では，贈与行為は有効である。

　以上の判例法理（折衷説＋「相対的取消」理論）は，今日に至るまで「相当に強固な判例法を形成している」と評されているが，詐害行為取消制度の真の目的（共同担保の回復）を直視し，条文を無視することなく取消しの効力を必要な範囲内に局限しようとする合目的的・合理的な解釈運用であるとして，概ね学説によっても支持されてきた（判例法理に対する批判と，近時の学説の動向については，応用学習参照）。しかしながら④については，取消債権者に事実上の優先弁済権を認めることになり425条の趣旨に反するとしてその結論自体に対して批判が向けられている（**4－3**参照）。

## 3　詐害行為取消権の要件

### 3－1　総　　説

　詐害行為取消権の要件は，まず，①債権者が債務者に対して詐害行為前に発生した債権を有すること（被保全債権の存在），②債務者が財産権を目的とする法律行為をなしたこと（詐害行為），③その法律行為によって債権者が害されたこと，④債務者が債権者を害することを知っていること（債務者の悪意），⑤受益者または転得者が悪意であることの5つである。①～④は，原告である取消債権者が主張・立証しなければならない。これに対して，⑤受益者または転得者の善意は，被告が主張・立証しなければならない。

### 3－2　被保全債権の存在

#### (1)　詐害行為前に発生した債権

詐害行為取消権を行使するためには，保全されるべき債権（被保全債権）が存在しなければならないが，判例・通説は，取消債権者の債権は詐害行為前に成立したものでなければならないとする（大判大正6・1・22民録23-8，最判昭和33・2・21民集12-3-341）。詐害行為後に発生した債権については，債権者はすでに減少した債務者の財産を目的として債権関係を発生させたとみなすべきだから，予期した担保の利益を害されたということはできないからである。なお判例には例外として，厳密な意味では未だ債権が発生していなくても，近い将来債権が発生する蓋然性があることを見越して財産を処分し執行を免れるなどの場合に取消しを認めたものが存する（最判昭和46・9・21民集25-6-823）。なお債権が詐害行為前に成立していれば，その弁済期が到来している必要はない（大判大正9・12・27民録26-2096）。

#### (2)　対抗要件具備行為の取消しの可否

①法律行為（譲渡行為）の後に②対抗要件具備行為（移転登記，債権譲渡通知）がなされる場合，詐害行為の成否は，①を基準として判断される（判例・通説）。譲渡行為によって物権や債権の移転（責任財産の減少）の効果が生じるのであって，対抗要件具備行為よってその効果が生じるわけではないからである。よって，(a)債権発生後に対抗要件具備行為（登記）がなされた場合に債権発生前の譲渡行為を取り消すことはできず（最判昭和55・1・24民集34-1-110），(b)対抗要件具備行為（登記・債権譲渡の通知）を，譲渡行為自体と切り離して詐害行為取消権行使の対象とすることはできない（移転登記につき前掲最判昭和55・1・24（傍論），債権譲渡通知につき最判平成10・6・12民集52-4-1121）。ちなみに破産法上は対抗要件否認制度があり，対抗要件具備行為が権利の設定・移転・変更があった日から15日を経過した後になされた場合には，対抗要件具備行為を否認することを認められている（破産164条）。

#### (3)　特定物債権の保全

【事例　Ⅲ－10】

AはBからB所有の甲不動産を買い受ける契約を締結したが，移転登記

手続きはなされていなかった。ところが債務超過に陥り資金繰りに窮していたBは，後に甲不動産をCにも廉価で売却し，Cへの移転登記が経由された。CはB－A間の売買契約につき背信的悪意者であるとはいえない。
① AはB－C間の売買契約を詐害行為として取り消すことができるか。
② 取消しが認められる場合，AはBまたはCに対して，自己への登記移転を請求できるか。

　まずは特定物債権者はその債権の給付内容の実現それ自体を目的として取消権を行使することができるかが問題となる。従来から一部の学説によって，詐害行為取消権を共同担保の回復以外の領域でも，特定の権利を保全するために無資力を要件とせず幅広く機能させるべきだとの主張（転用論）が有力になされてきた。しかしながら，判例・通説は，詐害行為取消権は，あくまでの「総債権者の共同担保の保全を目的とする制度」として，債権者代位権（423条）のような「転用論」を認めるには至っていない。

　次いで，詐害行為取消権が総債権者の共同担保の回復を目的とする制度であることを前提とした上でなお，金銭債権以外の特定物債権の債権者に取消権の行使を認めるべきか否かが問題となる。最高裁（最大判昭36・7・19民集15-7-1875）は大審院判例を変更して，特定物債権といえどもその目的物を債務者が処分することにより無資力となった場合には，該特定物債権者は右処分行為を詐害行為として取り消すことができるものと解するとした。特定物債権も，窮極において損害賠償債権に変じうるのであるから，債務者の一般財産により担保されなければならないことは，金銭債権と同様だからである。

　上記事例（①）では，Aは，Bへの特定物債権を保全するために，取消権を行使することはできないが，共同担保を回復するために，一般債権者の地位において，取消権を行使することは認められる（②については，4－3参照）。

### (4) 担保付債権の保全

　詐害行為取消権の転用は認められないので，抵当権自体の保全のために詐害行為取消権を行使することはできない（一部有力説は抵当権保全のための転用を認めるべきだと主張する）。しかし物的担保や人的担保で担保されている債権であっても，一般債権として，一般財産により担保されていることは明らかであ

Ⅲ 責任財産の保全

るから，共同担保を保全するために詐害行為取消権を行使することまで否定されるいわれはない。ただしその範囲が問題である。

債務者の財産に担保の設定を受けていた場合，担保された範囲で優先弁済を受けることができるので，債権の一部（担保された部分を差し引いた残額部分）に限ってのみ詐害行為取消権の被保全債権となる（大判昭和7・6・3民集11-1163）。

物上保証の場合には，抵当債権者は被担保債権の全額の範囲で債務者の詐害行為つき詐害行為取消権を行使できる（大判昭和20・8・30民集24-60）。物上保証人が債務者への求償権を確保するために債権者に代位することを考慮すると，抵当権によって担保された部分についても一般債権としての保護が必要となるからである。

人的担保（保証）の場合には，保証人の資力と無関係に，債権全額の範囲で債務者の詐害行為につき詐害行為取消権を行使できる（大判大正7・9・26民録24-1730ほか）。

### 3-3 詐害行為の存在

#### (1) 2つの詐害性

詐害行為の類型は，①債務者が財産を債権者以外の第三者に処分した場合（「対第三者類型」）と，②債務者が特定の債権者に対して優先的な満足を与える行為（弁済，代物弁済，担保供与など）を行った場合（「対債権者類型」）とに2分される（**1-2**参照）。

| | 一元的把握 ①旧通説 | 一元的把握 ②判例 | 二元的把握 | 破産法 |
|---|---|---|---|---|
| ①責任財産減少行為 | 424条 | 424条 ⇧ | 424条第1類型 | 詐害行為（破160条） |
| ②優先的満足行為 | 709条 | 424条 | 424条第2類型 | 偏頗行為（破162条） |

破産法上の否認権においては，この2つの類型に応じて，否認の対象となる行為を，財産減少行為である「詐害行為」（破産160条）と，既存の債務についてなされた担保供与または債務消滅行為である「偏頗行為」（同162条）の2種類に分類する。すなわち，破産法上は債権者平等の理念が優先するので，危機

時期においてなされる担保供与，弁済・代物弁済などは，特定の債権者にのみ満足を与える不平等な行為として，責任財産の減少とは異なる視点から否認の対象とされるのである。

これに対して，詐害行為取消権については，詐害行為と偏頗行為の区別は存在しない。

旧通説は，積極財産と消極財産の計数上のプラス・マイナスで責任財産の減少があったか否かを判断するため，本旨弁済や相当価格の代物弁済については，債務者の総資産額（計数上のプラス・マイナス）に変動をもたらさないので，詐害行為となる余地はなく，債権額を超えた部分についてのみ責任財産の減少があったとして取消しの対象となるとした。さらに悪質な債権回収については，424条とは別個の規範（709条）によって例外的に対処し，詐害行為取消権を本来の詐害行為（責任財産減少行為）に純化すべきだと主張する。

他方，判例は，広く担保供与，弁済・代物弁済などの②優先的満足行為についても，まずは①責任財産減少行為として取消しの対象とし，さらに詐害行為に当たるか否かの実質的な判断をする際に，2つの類型の利益状況の差異を考慮しているのである。敢えて言えば判例は，実質的には二元的な詐害性の判断基準を用いながら，一元的な説明を行っていることになる。

**(2) 客観的要件と主観的要件**

民法424条は「債権者を害することを知ってした法律行為」（詐害行為）の取消しを請求することができるとあるので，一般的に，「詐害行為」の成立には，客観的要件（債務者の行為が債権者を害すること）と主観的要件（債務者の悪意）の2要件の充足が必要であると説明される。両要件の要件枠組み，すなわち客観的要件と主観的要件のいずれを重視するか，あるいは相互の関係をどのように位置づけるかについては，旧通説と判例との間で見解の対立が存する。

(ア) **旧通説の要件枠組み**　旧来の通説は，客観的要件につき，債務者の総資産（責任財産）の変動を計数上のプラス・マイナスによってその成否を形式的に判断する。これによると本旨弁済や相当価格の財産処分（売却・代物弁済）などは，積極財産の減少に対応した消極財産の減少または等価値の積極財産の増加があるので，形式的には責任財産の変動をもたらさず，詐害行為の客観的要件を充たす余地は存しない。なおこのように客観的要件で詐害性の判断に絞

りがかかるので，主観的要件である債務者の悪意は単なる「認識」があれば足りるとする。

このような通説の形式的判断の背後には，自由主義経済の下，詐害行為取消制度の適用範囲をなるべく狭く解して，債務者の財産処分の自由・更生の機会を確保するとともに，債権者間の平等な満足の実現は倒産手続きに委ねるべきであるとの基本的な制度観が横たわっている。

さらに通説の側からは，「弁済型行為」が詐害行為にあたるとすると，債権者の自由な債権回収行為を制約し，破産外で平等弁済を強いることになるばかりでなく，後述するように（5－1），目的物が金銭もしくは動産または価格賠償の場合に取消債権者に事実上の優先弁済を認めざるを得ない判例法理の下においては，結果的に「一歩遅れた債権者」を保護することになりかえって不平等であるとの指摘がなされている。

(イ) **判例の要件枠組み**　これに対して判例はより実質的に詐害性を判断し，比較的広く詐害行為の成立を認めてきた。判例法理の根幹部分は，相当価格の財産売却の詐害性をめぐって形成されてきたということができよう。そこでまずは相当価格の財産売却に関する判例法理を概観しておこう。

(a) **相当価格の財産売却の詐害性**

---

【事例　Ⅲ－11】

　AはBに対して1,000万円の金銭債権を有しているが，その後にBは多くの債務を負担し債務超過の状態に陥った。にもかかわらずBは唯一のめぼしい財産である甲不動産（1,000万円相当）をCに1,000万円で売却した。以下の各場合に，Aは当該売買契約を詐害行為として取り消すことができるか。
① 　Bが甲不動産を現金に換えて隠匿するつもりであった場合
② 　Bが売買代金1,000万円を債務の支払等にあてるつもりであり，実際に複数の債権者に支払われていた場合
③ 　Bが債権者の1人であるC（債権額1,000万円）と通謀し，Cに売却した後，売却代金債権とCの債権とを相殺した場合

---

判例は大審院以来一貫して，債務者がその代金を費消することを債権者にお

いて阻止することはほとんど不可能ゆえに，債権者の側からみて当該売却行為は実質的に担保価値の減少をもたらすものであるから，一定の要件の下，詐害行為になる余地を認めるべきだとの立場に立脚している。問題はその詐害性の判断基準であるが，大審院は，債務者の当該行為が「正当ナル処分権行使」の範囲内にあるか否かという視角から詐害性の有無を判断し，その判断を債務者の「詐害ノ意思」の認定（主観的要件）という形に取り込んでいると分析できよう。より具体的には，

① 債務超過の状態にある債務者のなした財産売却行為については，その価格が相当なものなると否とを問わず一律に詐害行為と推定する。

② 弁済その他有用の資を弁ずるために財産を売却しかつ現実に弁済をなした等，当該売却行為が「正当ナル処分権行使」の範囲内にあるとの主張・立証が相手方（受益者・転得者）からなされた場合，①の推定は覆される（「詐害ノ意思」なし）。

③ 債務者が特にある債権者と共謀して他の債権者を害してある債権者のみに対する弁済の資金を供する目的をもって自己の財産を売却したなど「特別ノ事情」（取消債権者に主張・立証責任）が存する場合には詐害行為とされる（「詐害ノ意思」あり）。

以上の要件枠組みは大審院判例の中でしだいに確立されてきたもので（大判明治44・10・3民録17-538など），大正13年判決（大判大正13・4・25民集3-157）はその集大成と評価することができよう。なお「詐害ノ意思」との関係は「意思（害意）説」に立つとされる昭和8年判決（大判昭和8・5・2民集12-1050）において詳細に論じられている。最高裁では昭和39年判決（最判昭和39・11・17民集18-9-1851）がこれを踏襲し，「判例の本流をなすもの」と評されている。

次いで，弁済の詐害性に関する判例法理を検討するが，これは基本的に相当価格の財産売却に関する判断枠組みの②，③に対応するものである。

(b) **弁済の詐害性**　判例は，大審院以来一貫して，弁済は原則として詐害行為にならないとしつつも（大判大正5・11・22民録22-2281など参照），債務者が特定の債権者と通謀し他の債権者を害する意思をもってしたような場合には例外的に詐害行為となる余地を少なくとも一般論としては認めている（大判大正6・6・7民録23-932など参照）。しかしながら大審院・最高裁レベルで正面

から弁済を詐害行為と認定した例は未だ存しないようである。最高裁では昭和33年判決（最判昭和33・9・26民集12-13-3022）が，債権者が弁済を強要し債務者がそれにやむなく応じたという事案につき，原審が，受益者である債権者の「害する意思」と債務者の「認識」を認定するという構成により，当該弁済行為の詐害性を肯定したのに対して，「債務超過の状況にあって一債権者に弁済することが，他の債権者の共同担保を減少する場合においても，右弁済は，原則として詐害行為とならず，唯，債務者が一債権者と通謀し，他の債権者を害する意思をもって弁済したような場合にのみ詐害行為となるに過ぎないと解するのを相当とする。……債務者が債権者から強く要求された結果，法律上当然弁済すべき債務をやむなく弁済したものと認められる以上，未だこれをもって債務者が一債権者と通謀し他の債権者を害する意思をもってなした詐害行為であると解することはできない」とし，原審判決を破棄している（併せて最判昭和52・7・12判時867-58参照）。

(c) **代物弁済の詐害性**　判例は古くから相当価格での代物弁済の詐害性を肯定する判断を下してきた。まずは，本旨弁済と対比して，履行期における弁済は法律上当然なさなければならない義務の実行であるのに対して，代物弁済については債務者が之を為すと否とはその自由であるから詐害行為となるとした先例が存した（不動産につき大判大正8・7・11民録25-1305，債権譲渡につき最判昭和29・4・2民集8-4-745）。そこでは主観的要件については必ずしも意識して論じられていなかった（おそらく認識で足りると考えられていたのであろう）。

だが，その後，動産の売却＋相殺事例に関して，一債権者との通謀（共謀）を要件として詐害性を認定した先述の判決（前掲最判昭和39・11・17）が現れた。これは実質的には代物弁済の事例であった。これを受けて，最高裁は，代物弁済としてなされた債権譲渡について，旧来の通説に立脚し相当価格の代物弁済の詐害性を否定した原審判決を破棄し，売却＋相殺事例も含めて大審院以来の一連の判決を引用し，それを統合する形で，「通謀」を要件として詐害性を肯定する判決を下したのである（最判昭和48・11・30民集27-10-1491）。

(d) **担保供与の詐害性**　担保供与がなされるケースには，(i)既存の一部の債権者に対して抵当権の設定その他の担保権を付与する場合と，(ii)資金調達の

§3　詐害行為取消権

ために新たに担保権を設定する場合とが想定される。

(i)については，判例は，大審院以来一貫して，一部の債権者のために抵当権その他の担保を供与することは，担保権者をして担保目的物から他の債権者に優先して自己の債権の弁済を得させ，他の債権者の共同担保を減少させることになるので，詐害行為にあたるとしている（大判明治40・9・21民録13-877，最判昭和32・11・1民集11-12-1832など）。なお，昭和35年判決（最判昭和35・4・26民集14-6-1046）は，その要件として「認識」は必要だが，必ずしも害することを意図しもしくは欲してこれをしたことを要しない（昭和8年判決の「意思（害意）」説は採用しない）としたが，あくまでの不動産への抵当権設定の類型における判断であり，詐害行為取消権一般の要件として「認識」で足りるとの趣旨を述べたものと考えるべきではない（この点は，昭和39年判決において確認されている）。

(ii)については，生計費および子女の教育費を借用するために唯一の動産を譲渡担保に供したという事案に関する昭和42年判決（最判昭和42・11・9民集21-9-2323），および牛乳小売業継続のために家屋・営業用動産等を譲渡担保に供したという事案に関する昭和44年判決（最判昭和44・12・19民集23-12-2518）がある。前者は担保物の価格が借入額を超過したりまたは借財が生活を営む以外の不必要な目的のためにする等特別の事情のない限り，詐害行為とならないとし，特別の事情の内容を具体的に列挙している。後者は，当時の諸般の事情に照らし，前記目的のために担保提供行為として合理的な限度を超えず，かつ他に適切な更生の道がなかったものと認められる限り，詐害行為とならないとし，「合理的な限度」という一つの基準を提示している。

(e)　**判例法理の特徴**　　(i)　**主観的要件説または総合的判断説**　　一部に，判例は，いわゆる「相関関係説」に立脚し，客観的に詐害性の高い行為（贈与など）については，主観的要件は認識で足りるとし，客観的に詐害性の低い行為（弁済など）については，主観的要件として害意を要求しているとの分析がなされているが，必ずしも正確な説明とはなっていない。むしろ実質的な判断を主観的要件で行ってきたという方が正確であろう（「主観的要件説」）。すなわち，判例法理の第1の特徴は，客観的要件を広くとり，主観的要件で絞りを掛けるという要件枠組みで詐害性を判断している点にある。これが「判例の本流

Ⅲ 責任財産の保全

をなすもの」と評価することができよう。

　もっとも，新規融資のための担保供与に関する最高裁判決（昭和42年判決，昭和44年判決）をみるならば，判例は，行為の客観的性質，行為の主観的要素（その行為をするにあたっての債務者の目的・動機の正当性を含む），債務者がとった手段の相当性を総合的に考慮して，当該行為が正当な処分権行使の範囲内か否かを総合的に判断しているという説明（「総合的判断説」）は可能であろう。

　両判決は，学説が総合的判断・相関的判断の必要性を主張しはじめた時期に対応しており，その学説の動向を受けて，従来の客観的要件・主観的要件という要件枠組みを採らず，当該行為の目的・動機の正当性，その手段・方法の妥当性を判断の基準として個々の事実を検討し，その上で総合判断して結論を導出するという法的構成がとられたと分析することができる。ただ，昭和44年判決が提示する「合理的な限度」という基準は，相当価格の財産売却に関する「正当ナル処分権行使」の範囲という基準と類似しており，従来の判例法理に照らして位置づけるならば，主観的要件に取り込んで判断することが可能であるように思われる。

　付言すれば，破産法上の否認権に関する要件論につき近時の判例・通説が，「有害性」要件とともに「不当性」要件を挙げ，当該行為が破産債権者の利益にとって有害であるときでも，その行為が不当性を欠けば（正当性を有すれば），なお否認の対象とならないとする点に注目すべきであろう。それによれば，生活費や事業資金調達のための財産売却・担保権設定はこの不当性を欠く（正当性を有する）行為の例として位置づけられることになる。

　なお破産法（平成16年）は，新規融資のための担保供与については，それを否認の対象とすると，債務者が再建をするための資金調達が困難になるとの理由から，一律に偏頗否認の対象から除外することとした（破産162条1項）。さらに相当価格の財産処分については，否認の対象を，「隠匿等の処分」をするおそれを現に生じさせるものに限定している（破産161条）。また代物弁済等の債務消滅行為は不相当部分についてのみ詐害行為否認の対象となるとしている（破産160条2項）。

　(ⅱ)　**「通謀」要件**　　第2の特徴は，弁済，代物弁済などの優先的満足行為についても，責任財産減少行為として一元的に把握し，大枠においては，同一

の判断枠組みで詐害性を判断する点にある。だがその類型では、主観的要件として、ある債権者との「通謀」要件が要求されており、実質的には二元的な判断基準となっていると分析することができよう。

これら諸判決における「通謀」要件は、そもそも相当価格の財産売却の詐害性に関する大審院判例の判断枠組みにおける「特別ノ事情」の一例であった。すなわち大審院は、①債務超過の状態にある債務者のなした財産売却行為については、その価格が相当なものなると否とを問わず一律に詐害行為と推定し、②弁済その他有用の資を弁ずるために財産を売却しかつ現実に弁済を為した等、当該売却行為が「正当ナル処分権行使」の範囲内にあるとの主張・立証が相手方（受益者・転得者）から為された場合、①の推定は覆されるが（「詐害ノ意思」なし）、③債務者が特にある債権者と共謀して他の債権者を害してある債権者のみに対する弁済の資金を供する目的をもって自己の財産を売却したなど「特別ノ事情」（取消債権者に主張・立証責任）が存する場合には詐害行為にあたる（「詐害ノ意思」あり）と判示していた。そしてこの③の部分が最高裁によって、本旨弁済、動産・債権譲渡による代物弁済（売却＋相殺も含む）など債権者の一人に対して詐害行為がなされる類型（対債権者類型）における詐害性判断の共通の枠組みとして位置づけられたのである（ただし、結果において弁済と代物弁済ではその詐害性認定に差があることは確かであり、その点は「詐害の意思」という主観的要件の判断において考慮されることになろう）。

しかしながらこの「通謀」要件には、判例法理の構造的な問題点が存するとの指摘がなされている。すなわち債務者の行為性を前提とする判例の要件枠組みは、基本的に受益者（債権者）の態様に対する規範的評価をなし得ない構造を有しており、紛争の実態が債権回収をめぐる債権者間の争いにある弁済型行為（弁済、代物弁済など）には相応しくないとの指摘である。それが昭和33年判決のごとく債権者が弁済を強要し債務者がそれにやむなく応じたという事案（強要事例）について詐害性を否定するという不合理な結果を招来することになっている。昭和33年判決（弁済強要事例）の原審のように、受益者である債権者の「害する意思」と債務者の「認識」を認定するという構成により、「通謀」要件において、柔軟に、受益者（債権者）の規範的評価を行うべきであろう。なおこの点に関しては逆に、旧来の通説が弁済型行為を詐害行為取消権の

対象からはずしつつ，別途，悪質な債権回収には不法行為による対処を予定しているのは示唆に富む。

### (3) 債務者の行為

詐害行為は債務者の行為でなければならない。よって，受益者の側からなす相殺，予約完結権の行使などは，責任財産を減少する行為ではあるが，債務者の行為ではないので，取消しの対象とならない。また債権譲渡の承諾は第三者債務の行為であるから，同様に取消の対象とならない。さらに停止条件の成就による責任財産の逸出もそれによって責任財産減少の効果が生じるが，それに対応した債務者の行為が観念できないので取消しの対象とはならない。

### (4) 財産権を目的としない法律行為

民法424条2項は「財産権を目的としない法律行為」につき取消権を行使し得ないと規定するので，相続や離婚などの身分行為に付随した財産処分が取消しの対象となるか否かが問題となる。

① **相続放棄** 最高裁は相続放棄については，それが責任財産の積極的な減少行為ではなく（消極的に財産増加を妨げる行為に過ぎず），また身分行為として他人の意思によって強制されるべきではないとの理由で，詐害行為取消権行使の対象とはならないと判示している（最判昭和49・9・20民集28-6-1202）。

② **遺産分割協議** 最高裁は，遺産分割協議については，詐害行為取消権行使の対象となり得るものと解する。けだし，遺産分割協議は，相続の開始によって共同相続人の共有となった相続財産について，その全部または一部を，各相続人の単独所有とし，または新たな共有関係に移行させることによって，相続財産の帰属を確定させるものであり，その性質上，財産権を目的とする法律行為であるということができるからである（最判平成11・6・11民集53-5-898）。

相続放棄と遺産分割協議とを厳格に峻別するこの最高裁の態度は，いわゆる相続と登記に関する判例理論（最判昭和42・1・20民集21-1-16（相続放棄に関してそれを相続資格の遡及的消滅と構成），最判昭和46・1・26民集25-1-90（遺産分割に関して相続人が相続によりいったん取得した権利につき分割時に新たな変更を生じると構成）と整合的である。平成11年判決の意義は，一般債権者との関係においても遺産分割の移転主義を貫徹することを明らかにした点にある。すな

わち個々の相続財産は債務者たる共同相続人の持分の範囲で債権者の責任財産を構成する。それゆえ相続人の債権者は遺産分割前にその持分を差し押さえることが実体法上可能となり，さらに持分の範囲を超えてなされた遺産分割協議を詐害行為（責任財産減少行為）として取り消す余地が認められるのである。学説も従前から肯定説が圧倒的多数であったが，近時はむしろ相続放棄も取消の対象となり得ることを前提としてその要件如何を債権者の態様（相続債権者か相続人の債権者かなど）に応じてきめ細やかに論じるべきとする立場が有力である。しかしながら相続放棄については，相続人の放棄の自由，期間の限定（915条）など法構造上の違いから遺産分割と同一基準で詐害性が判断されるべきではなく，原則として詐害行為とはならず，債務者たる相続人の債権者からの追及を免れる目的で共同相続人間で共謀し相続放棄に仮託してあるいは放棄を偽装して詐害的な財産処分がなされたというような場合にのみ例外的に取消しの対象となると解するべきであろう。

③ **離婚に伴う財産分与**　財産分与は間接的に財産上の利益に影響を及ぼすが，本来的に債務者の自由意思に委ねられるべき身分行為としての性質を有するゆえに，原則として詐害行為とならないが（民法424条2項），当該財産分与が民法768条3項所定の分与基準・趣旨に照らして不相当に過大な場合には詐害行為になるとする（最判昭和58・12・19民集37-10-1532）。

近時の学説は，その「相当性」の判断基準を財産分与の三要素（清算，扶養料，慰謝料）ごとに考察する傾向にある。

このうちもっとも重要であるのが清算部分であるが，清算的財産分与と債権者との関係については次の3つの考え方が主張されている。(i)債務超過の場合そもそも分与すべき財産がないとみる考え方，(ii)分与請求権者を一般債権者と同順位にみる考え方，(iii)清算的財産分与を実質的共有財産に対する潜在的持分の取戻しとみて，破産法上の取戻権と同様の優先的地位を配偶者に認める考え方がそれである。

次いで扶養・慰謝料部分については，分与請求権者と分与者の一般債権者との関係を，分与者をめぐる債権者同士の争いとみる見方が一般的であるが，そのうち扶養料部分については，離婚により経済上の困難に陥る配偶者の生活を維持するとの理由から，一般債権者に優先し，取消の対象とならないとするも

Ⅲ　責任財産の保全

のが多数である（ただし扶養料を財団債権とする旧破産法47条9号は新法では削除されている）。

### 3－4　受益者または転得者の悪意

424条1項ただし書は，受益者または転得者が詐害行為の当時に当該行為が債権者を害することを知らない場合には，詐害行為が成立しないとする。被告の側で主張・立証すべき抗弁事由である。第三者の取引の安全を考慮した要件である。これとは別に，対債権者類型（弁済，代物弁済など）においては，「通謀」要件において，柔軟に，受益者（債権者）の害意等を認定し規範的評価を行う余地があろう。

## 4　詐害行為取消権の行使

### 4－1　行使の方法

詐害行為取消権は，債権者代位権と異なり，必ず裁判上の行使によらなければならない。反訴での行使は可能であるが，抗弁によっては行使できない（最判昭和39・6・12民集18-5-764）。

債務者は被告適格を有しない。原告債権者は，被告として，受益者または転得者を選択することが可能である（前掲明治44年判決）。受益者・転得者がともに悪意の場合には問題はない。受益者が善意であるが，転得者が悪意の場合に，転得者を被告として取消訴訟を提起することが可能かが問題となる。学説には，善意者によって確定的に権利取得が認められるべきとする絶対的構成を主張するものも存する。これに対して判例は相対的構成を採用する（最判昭和49・12・12金法743-31）。悪意者は保護に値しないし，相対的取消理論を採る限り，取消債権者と転得者との関係で詐害行為が取り消されたとしても，受益者と転得者の関係では法律行為は依然として有効であり，善意受益者が悪意転得者から責任追及をされるおそれはないからである。

### 4－2　取消しの範囲および取戻方法（現物返還か価格賠償か）

判例・通説は，共同担保の回復という詐害行為取消権の目的から，可能な限り現物返還を原則とすべしとする（大判昭和9・11・30民集13-2191，最判昭和54・1・25民集33-1-12）。現物がすでに被告の手元にない場合には，価格賠償によらざるを得ないが，価格賠償（金銭給付）による場合，取消債権者に事実

上の優先弁済を認める結果となるので，共同担保の回復という制度の目的からできる限り現物返還を実現すべきだからである。

判例は，詐害行為により責任財産を逸出した財産の価値が，取消債権者の被保全債権の債権額を上回る場合でも，当該財産が不可分である限り，行為の全部を取り消して，現物返還を命じるべきとする（最判昭和30・10・11民集9-11-1626）。

他方，判例は，取消しとともに金銭支払（価格賠償も含む）を求める場合については，取消しの範囲を原則として取消債権者の債権額に限定する（大判大正9・12・24民録26-2024など多数）。

なお一部の学説には，取消債権者に積極的に優先弁済を認めるために，むしろ価格賠償を原則とすべしとするものも存するが，少数にとどまっている。

---

**【事例 Ⅲ-12】**

AはBに対して1,000万円の金銭債権を有しているが，その後にBは多くの債務を負担し債務超過の状態に陥った。Bは唯一のめぼしい財産として甲不動産（3,000万円相当）を有していたが，甲不動産にはDの2,000万円の債権を担保するために抵当権が設定されていた。後にBは甲不動産をCに贈与した，以下の場合，AがCへの贈与を詐害行為として取り消すに際して，AはCに対してどのような請求をなすことができるか。
① Dの抵当権登記が未だ抹消されていない場合
② CがDに被担保債権を全額弁済し抵当権登記が抹消された場合

---

問題となるのは，抵当権の目的とされた不動産の譲渡行為を詐害行為として取り消す場合である。債務者の財産に抵当権等の物的担保が設定されていた場合，その被担保債権額を控除した残額部分のみが一般債権者の共同担保を構成するとの判例・通説の立場によれば，抵当権付き不動産の譲渡行為は，少なくとも理論的には債務者の行為の一部のみが詐害行為にあたることになる。それでは実際に，いかなる範囲で取消しを命じ，いかなる取戻しの方法を認めるべきか。

判例は，①抵当権登記が抹消されていない場合など可能な限り，「全部取消

III　責任財産の保全

＋現物返還」を認めるべきだが（最判昭和54・1・25民集33-1-12），②目的不動産が不可分のものであって，抵当権の設定登記等が抹消されているようなときには，逸出した財産を原状のまま回復することが不可能もしくは著しく困難であり，また債務者・債権者に不当な利益を与える結果になるので，「一部取消＋価格賠償」によるしかないとする（最大判昭和36・7・19民集15-7-1875，最判昭和63・7・19判時1299-70）。共同抵当の目的とされた複数の不動産の譲渡が詐害行為となる場合においても，後の弁済により抵当権が消滅したときには，「売買の目的とされた不動産の価額から右不動産が負担すべき右抵当権の被担保債権の額を控除した残額の限度で右売買契約を取り消し，その価格による賠償を命ずるべきであり，一部の不動産自体の回復を認めるべきものではない」とした（最判平成4・2・27民集46-2-112）。

### 4-3　取消債権者への引渡（支払）請求

　詐害行為の目的が不動産の場合には，原則として現物返還がなされるが，現物返還は移転登記の抹消によって行われる。転得者のみが被告とされる場合には，移転登記となるが，いずれにせよ登記名義が債務者に回復され，取消債権者を含めたすべての債権者が回復された不動産につき強制執行を行い，満足を図る機会が与えられる。責任財産（共同担保）の保全を図り，強制執行の準備をなすとの詐害行為取消権の制度目的が達せられる。

　よって，特定物債権（特定物引渡請求権）も究極において損害賠償債権（金銭債権）に変わるので特定物債権者も詐害行為取消を行使することは可能であるが（最大判昭和36・7・19民集15-7-1875），詐害行為取消権は，窮極的には債務者の一般財産による価値的満足を受けるため総債権者の共同担保の保全を目的とするものであるから，このような制度の趣旨に照らし，特定物債権者は，目的物自体を自己の債権の弁済にあてることはできないものというべく，特定物の引渡請求権に基づいて直接自己に所有権移転登記を求めることは許されないとする（最判昭和53・10・5民集32-7-1332）。

　**3-2(3)の事例Ⅲ-10②**についてみると，Aは，取消訴訟においてCに対してBへの登記回復を請求できるが，Aへの登記移転を請求することはできない。また取消訴訟に勝訴しBへの登記回復がなされた後に，Bに対して特定物債権の履行（Aへの引渡し・登記移転）を求めることも許されない。

これに対して、取戻しとして金銭の支払（価格賠償の場合も含む）がなされる場合には、判例は、財産の取戻を実効あらしめるためにやむを得ず、取消債権者に自己への直接の支払請求を認めてきた（大判大正10・6・18民録27-1168など多数）。ところが取消債権者が受領した金銭からいかなる方法で満足を得るかについてそれを定める手続規定が存しないために、現実には取消債権者が相殺や弁済充当によって「事実上の優先弁済」を受ける結果となっている。債権者代位権と同様の制度運用上の難点である。

## 5 詐害行為取消権の効果

取消しの効果が「相対的」であることについては、「2 詐害行為取消権の法的性質論」で説明したとおりである。ここではその余の点を取り扱う。

### 5-1 取消債権者以外の債権者との関係

#### (1) 425条の趣旨

民法425条は、詐害行為取消の効果は総債権者の利益のためにその効力を生じると規定する。これは破産法などの集団債務処理手続きのように破産債権者の平等な弁済を保障するものではないが、取消しによって取り戻された財産は、債務者の責任財産すなわちすべての債権者の共同担保を構成するのであるから、すべての債権者に差押え・配当要求などの「法律上の手続き」を採ることによって満足を得る機会が与えられることを明記したものである。総債権者には、取消債権者の他、債務者のすべての債権者が含まれる。詐害行為の後に債権を取得した債権者は、詐害行為取消権を行使することはできないが、425条の総債権者には含まれる。

しかしながら、判例は、取消債権者が詐害行為の取消しとともに金銭の支払（価格賠償も含む）を求める場合については、先述したように、財産の取戻しを実効あらしめるためにやむを得ず、取消債権者に自己への直接の支払請求を認めてきた。ところが取消債権者が受領した金銭からいかなる方法で満足を得るかについてそれを定める手続規定が存しないために、現実には取消債権者が相殺や弁済充当によって「事実上の優先弁済」を受ける結果となっている。

Ⅲ　責任財産の保全

## (2) 取消債権者の事実上の優先弁済

【事例　Ⅲ－13】

Bは，$A_1$および$A_2$にそれぞれ100万円，Cに300万円の金銭債務を負担していたが，その他多数の債権者に債務を負担し債務超過の状態に陥っていた。ところがBはAら他の債権者を害することを知りながら，1人の債権者Cと通謀し，Cに優先的な満足を得させる目的で唯一の資産であるDに対する400万円の売掛債権を代物弁済としてCに債権譲渡した。その後DはCに400万円を支払った。$A_1$，$A_2$はCに対してどのような請求をなすことができるか。Cはこれに対してどのような主張をなすことができるか。

判例は一貫して，取消債権者以外の債権者が取消の結果から平等の割合で弁済を受けるのは，そのための「法律上の手続き」を採った場合に限られると判示してきた。具体的には①大判昭和8・2・3民集12-175は，受益者たる債権者（以下，受益債権者）の他15名の訴外債権者の債権の存在を認定し取消債権者の価格賠償の請求を按分額においてのみ認容した原審判決を上記理由から破棄した。②最判昭和37・10・9民集16-10-2070は，前訴において取消債権者の債権額の範囲で価格賠償を命じられた受益債権者が，取消債権者を被告として別訴を提起し債務者の総債権額に対する自己の債権額の割合で分配請求をなした事案につき，平等弁済は「法律上の手続き」を採った場合に限られるとの理由から，受益者（債権者）の分配請求を斥けている。③最判昭和46・11・19民集25-8-1321は，受益債権者が取消訴訟の被告の地位において唯一採りうる「法律上の手段」として「受益の意思表示」を行い，按分額の支払を拒絶したものであるが，最高裁は，実体法上の規定がないという形式的な理由と，抗弁を認めるといち早く弁済を受けた債権者を保護して，総債権者の利益を無視しひいては制度趣旨に反することになるとの実質的な理由を挙げて，受益債権者の主張を排斥した。

判例によると，第三者Dが既に受益者Cに弁済をした上記事例においては，$A_1$，$A_2$は価格賠償を請求することになるが，その額はBに対する債権額100万円を上限とする。これに対してCはそれぞれ按分額75万円の支払拒絶の抗弁

をなしてもそれは認められない。

　学説には，詐害行為取消制度が責任財産の回復のための制度であり清算手続きではないという点を重視し判例を支持するものも存するが，多くはより実質的に利益状況の分析を行う。すなわち弁済，代物弁済などの弁済型行為が取り消される類型（「対債権者類型」）においては，紛争の実態は債権者間の債権回収をめぐる争いであり，いち早く債権回収を行った債権者（受益債権者）と一歩遅れた債権者（取消債権者）との利害調整が中心問題となるとする。かかる視点から一部の学説は，判例によると，取消債権者に先んじて債権回収を図った「勤勉な債権者」である受益債権者の犠牲において一歩遅れた取消債権者のみを救済することになり妥当性を欠くと批判し，取消しの範囲を拡張した上で，受益債権者の抗弁を認め，詐害行為取消制度の中において債権回収に比較的熱心であった二債権者による一種の清算を認めるべきだと主張する。これに対して，悪質な債権回収（弁済型行為）のみを取消しの対象とし，他方で受益債権者を取消の結果の満足から排除すべきだと主張する有力説も存する。同説は効果における一連の判例の取扱いを尊重し，かつそれを要件論に反映させ正当化を図ろうと試みるものであるが，そのためには判例の詐害性の判断枠組み（特に「通謀」要件）の見直しが迫られよう。

### 5－2　受益者・転得者の地位

　①相当価格の財産売却行為などが取り消された場合に，受益者は反対給付の取戻しを図ることができるか。また②債権者の1人である受益者に対してなされた弁済・代物弁済などが取り消された場合に，受益者の債権は復活するのか。

　破産法は，特別の規定を置いて，相手方の地位を確保している。すなわち①については，反対給付が破産財団中に現存している場合は，取戻権者としての地位を，現存していない場合には，財団債権者または破産債権者としての地位を認める（破168条）。また②については，相手方が受けた給付の返還・価額の償還をなしたときに，債権が復活すると規定する（破169条）。

　これに対して民法上の詐害行為取消権に関しては，特別な規定は置かれていない。逆に取消しの効果は相対的ゆえに，取消権の行使にかかわらず当該行為は債務者と受益者の間では依然有効であるから，受益者から債務者に対する反対給付の返還請求権が生じることはなく，また消滅した債権が復活することも

ないと一般に理解されている。ただ取消債権者を含めた総債権者が債務者に回復された財産から満足を得たときには，債務者は他人（受益者）の損失において債務を免れ利得を得たことになるので，その時点で不当利得返還請求権が発生すると構成することは可能である。しかしながら，受益者が不当利得返還請求権を取得した時点では，債務者に回復された財産はすでに取消債権者を含めた総債権者の満足に充てられているので，受益者が実際にその回収を図ることは困難であろう。

この結論に対しては，取消しによって詐害行為前よりも責任財産が増大することになり，制度の目的を超えた過大な効果を認めることになるとの批判も可能であるが，受益者が債権者を害することを知りながら詐害行為の相手方となった点を考慮するならば，受益者にその不利益の負担を強いることは十分に是認されると思われる。ただ，相当価格の財産売却など詐害行為の成立を広く認める判例法理においては，要件と効果のバランスを欠くことになるので，要件面で詐害行為の成立に絞りをかけることにより，調整を図るべきであろう。

以上の点は，転得者が被告となる場合も同様である。

## 6　詐害行為取消権の期間制限

詐害行為取消権は，債権者が取消原因を知った時から2年間行使しないときは，時効によって消滅する（426条前段）。さらに行為の時から20年経過したときも消滅する（426条後段）。通説は，他の二重期間についてと同様に，20年の期間制限の性質を除斥期間と解する。時効と解する少数説が有力に主張されている。

**整理ノート** 詐害行為取消権

1 詐害行為取消制度の趣旨
 ・責任財産の保全
 ・詐害行為取消権における利害調整
   (a) 対第三者類型
     ① 責任財産の保全
     ② 債務者の財産処分の自由
     ③ 取引の安全
   (b) 対債権者類型
     ① 取消債権者と他の債権者の債権回収をめぐる争いの調整
     ② 債務者の財産処分の自由（更生の機会の確保）
2 詐害行為取消権の法的性質
 ・折衷説（取消し＋取戻し），「相対的取消」理論
3 詐害行為取消権の要件
 (1) 被保全債権の存在
  ・詐害行為前に発生した債権
  ・対抗要件具備行為（登記，通知）の取消しの可否
  ・特定物債権の保全
  ・担保付債権の保全
 (2) 詐害行為の存在
  ・客観的要件と主観的要件
  ・判例の要件枠組み
      主観的要件説，総合的判断説，「通謀」要件
  ・詐害行為の類型
      相当価格の財産売却，代物弁済，弁済，担保権設定
  ・債務者の行為
  ・財産権を目的としない法律行為
      相続放棄，遺産分割協議，離婚に伴う財産分与
 (3) 受益者または転得者の悪意

Ⅲ　責任財産の保全

```
4  詐害行為取消権の行使
    ・裁判上の行使
    ・現物返還か価格賠償か
    ・取消債権者への直接の引渡請求
5  詐害行為取消権の効果
    ・総債権者に効力が生じる（425条）
    ・受益者の按分額の支払拒絶の抗弁
6  期間制限　二重期間（426条）
```

## §3 詐害行為取消権

**応用学習 7**　詐害行為取消権の法的性質－「相対的取消」から「対抗不能」へ

### 1　はじめに

　本文で略説したように，詐害行為取消権の法的性質について，判例は，詐害行為を原告（債権者）と被告（受益者または転得者）の間でのみ相対的に取り消し，財産の取戻しを行う制度と位置づける（折衷説＋「相対的取消」理論）。この判例法理に対しては，制度の真の目的（共同担保の回復）を直視し，条文を無視することなく取消しの効力を必要な範囲に限定する合理的・合目的的な解釈運用をなすものとして，一定の評価が与えられてきた。判例法理の特徴は，一言でいうならば，制度の合理化を「相対効」（人的関係における相対化）によって実現しようとした点にある。しかしながら判例法理にも問題点は存する。判例法理に対して抜本的な批判をなしたのが，「責任説」である（下森①，中野②）。責任説は，ドイツの有力説に示唆を得て，発想を転換し，「財産帰属と責任の分離」という視点から制度の合理化を目指すべきだと主張する。だがフランス法を基礎とする権利変動システム（権利変動につき当事者間の効果と第三者に対する効果を峻別するシステム）を採用したわが民法典において，責任説は必ずしも整合的とはいえない。責任説の批判を受け止めつつ，「人的関係における相対化」の基本路線で判例法理をさらに発展させることを考えるべきであろう。

### 2　責任説

　責任説は，判例法理の理論上の難点として，①相対的といいながら不動産譲渡行為の取消しにおいては債務者名義への登記の回復を命じるので，実際的には絶対効を認めたのと同じ結果となっている点，②相対効として債務者に取消の効力が及ばないとする限り，債務者に回復された財産は理論的には債務者との関係では依然受益者の財産といわざるを得ず，債権者は債務者の責任財産として強制執行を行うことができないはずだという点の2点を指摘した。さらに実際上の問題点として，責任財産保全の制度としては，取消しによって，債権者が逸出財産を債務者の責任財産として強制執行を行うことができれば十分であって，現実に債務者の下に逸出財産を取り戻すことは過剰な効果であると批判した。

　その上で責任説は，詐害行為取消権を「責任法的無効」という効果を生じさせる形成権と構成すべきだと主張する。それによって，逸出財産が取消しの相手方（受益者または転得者）の所有のままひきつづき債権者の責任財産を構成する（相手方は債務者のための物上保証人的地位に立つ）ので，債権者は「責任判決（執行忍容判決）」を取

Ⅲ　責任財産の保全

得することにより強制執行が可能になるという。同説の特徴は，判例法理が制度の合理化・合目的的運用を「人的関係における相対化」により実現しようとしてきたのに対して，発想を転換しそれを「財産帰属と責任の分離」という面でとらえようとする点にある（奥田昌道・債権総論［増補版］（悠々社）284～285頁）。

　しかしながらわが国の訴訟法上，執行忍容形態が認められていない点，取消し（責任法的無効）による責任の公示が登記法上認められていない点など手続法上の難点から，責任説は必ずしも多数の支持を得るには至っていない。それ以上に責任説の弱点は，民法典との体系的な整合性に欠ける点にあろう。すなわち，フランス法を基礎とする権利変動システム（権利変動につき当事者間の効果と第三者に対する効果を峻別するシステム）を採用したわが民法典において，「財産帰属と責任の分離」を強調する責任説は必ずしも整合的とはいえないように思われる。

### 3　訴　権　説

　次いで，詐害行為取消権が沿革上「訴権＝アクチオ（実体法上の権利と訴訟法上の権利とが合体した権利）」と構成されてきたことを強調する「訴権説」（佐藤③）が有力に主張された。同説は「取消権の効果を論ずる際にはまずはその訴訟形態が何であるかを確定すべき」であり，比較法的・沿革法的考察の結果として，424条は執行忍容訴訟を規定していると分析する。そして判例法理が取消しの効力の相対性を判決効の相対性の原則から導き出したことは，取消権の訴権としての性質上，当然の帰結であり，「相対的取消」理論の実体は「判決効の相対性の原則」を言い換えたものに過ぎず，その実体法上の内容を考える必要は全くないと述べている（佐藤③338～339頁）。

　しかしながら「訴権」であることのみから同説の主張する訴訟形態・権利内容が必然的に導かれるわけではなく，むしろ同説の実体は端的に「賠償訴権説」だと見るべきであろう。事実，同説は，受益者は，実体法上，原告債権者・総債権者（詐害行為前の債権者に限定される）に対して「訴権法上の損害賠償義務」を負うと構成している（佐藤③314，327～328頁）。そう解することによってはじめて，民法424条はその勝訴判決が受益者に対する直接の債務名義となる執行忍容訴訟を規定しており（その限りで判決効の相対性の原則が妥当する），425条はその判決の効力を総債権者（詐害行為前の債権者に限定される）に拡張する規定であるとの同説の構成が正しく理解されると思われる。

　だが，賠償訴権説には，原告（取消債権者）が被告（受益者・転得者）の固有債権者との競合を余儀なくされるという弱点があり，フランスにおいてはその後，「対抗不能訴権」説が通説化する。詐害行為取消権に関しては，「無効」にせよ，「対抗不

能」にせよ，「行為の覆滅」による原状回復（物権的効果）を核心とすべきだとの判断である（片山⑤214頁）。この場合，勝訴判決がもたらす実体法上の効果（逸出財産が，受益者の固有債権者ではなく，取消債権者（総債権者）の一般担保（共同担保）を構成するとの効果）を無視できない。425条は，既判力（不可争性）の拡張の規定ではなく，判決の実体法上の効果の及ぶ範囲についての規定として位置づけられよう（山野目④107頁）。

　いずれにせよ訴権だということからは何も出てこない。いかなる内容の訴権なのかが問題なのである。仮に執行忍容が認められるとした場合には，受益者の固有債権者と競合するのか，優先するのかという効果が最大の問題点となる。それを決定するのは，訴権の法的性質論（賠償訴権か対抗不能訴権か）なのである。

## 4　相対的取消から対抗不能へ

　(ア)　**対抗不能**　判例法理の「対人的相対化」は，合目的・合理的な制度運用を目指すものであり，その方向性は基本的に是認されるべきであろう。しかしながら法律構成として用いられた「相対的取消」構成は，424条においてのみ用いられる特殊でしかも過渡的な構成であり，民法典全体の体系に必ずしも整合的とはいえない。法律行為の第三者に対する効果は，「対抗できる」「対抗できない」（対抗・対抗不能）という他の領域においても用いられている法律構成で説明されるべきである（「対抗不能説」）。424条の取消しにより，被告（受益者または転得者）は詐害行為を原告（取消債権者）に対抗できなくなる。さらに425条によって，対抗不能の効果が総債権者に及ぶので，詐害行為は取消債権者を含む総債権者に対抗できなくなる（片山⑤216～217頁）。

　なお詐害行為取消権を，共同担保（責任財産）の保全に限定せずに，特定債権やその他の権利（抵当権や譲渡担保の受戻権など）の保全に広く活用することを想定する場合（いわゆる「転用論」），425条の規定は適用されない。原告（被保全権利者である抵当権者や受戻権者）に対してのみ詐害行為は対抗不能となる（片山「現行民法の買戻制度における賃貸借の保護と排除（2完）」法学研究72巻2号38頁）。

　(イ)　**執行忍容**　とはいえ，いずれにせよ詐害行為取消権のもっとも主要な機能が共同担保（責任財産）の回復にあることは疑いのない点であるから，共同担保（責任財産）の回復に限定して「対抗不能」（詐害行為が債権者に対抗できないこと）の意味を考察するならば，確かに，責任説の提唱する執行忍容形態は，保全されるべき債権者の権利が「一般担保権」であることに適合的といえよう。受益者・転得者が「法律行為を債権者に対抗できない」とは，「債権者の共同担保（責任財産）ではないと主張できない」ということだからである。

Ⅲ 責任財産の保全

しかしながら執行忍容の最大の問題点は，被告（受益者・転得者）の固有債権者との競合にある。この点で固有債権者との競合を余儀なくされる債権的効力説や訴権説（単なる賠償訴権説）は，詐害行為取消権の実効性を著しく損なうもので採用することはできない（片山⑤216頁）。共同担保の回復という制度趣旨は，法律行為の物権的効力を否認すること（無効，対抗不能）によってはじめて実現されるのである。ところが被告の固有債権者を排除する物権的効果を認めるためには，当該財産が被告（受益者・転得者）の債権者の共同担保（責任財産）ではなく，原告等（債務者の債権者）の共同担保（責任財産）である旨の何らかの公示が必要となろう。不動産については，否認の登記（破産260条）に類する登記が想定される（山野目④110頁）。このような公示（登記）が立法上整備されない限り，執行忍容形態を採用することは困難といわなければならない。当面は，債務者への取戻しを前提としつつ，取消しの効果を「対抗不能」によって整合的に説明することが妥当であろう。

**(参考文献)**

①下森定「債権者取消権に関する一考察(1)(2)」法学志林57巻2号44頁，3＝4合併号176頁（1959-1960年），②中野貞一郎「債権者取消訴訟と強制執行」民事訴訟雑誌6号53頁（1960年），③佐藤岩昭・詐害行為取消権の理論（東京大学出版会・2001年），④椿寿夫編・講座現代契約と現代債権の展望①債権総論(1)91頁（1990年）【山野目章夫】，⑤片山「詐害行為取消制度の基本構造」私法55号212頁（1993年）．

# Ⅳ　多数当事者の債権関係

## §1　総　　説

### 1　多数当事者の債権関係の意義・性質
#### (1)　多数当事者の債権関係とは何か
　1個の給付について債権者または債務者が複数存在する場合がある。これを多数当事者の債権関係と呼ぶ。民法典では，当事者が多数の場合の債権関係を427条以下に一括して規定している。「分割債権債務」「不可分債権債務」「連帯債務」ならびに「保証債務」の4種類である。また，民法上の明文では定められていないが，「不真正連帯債務」「連帯債権・不真正連帯債権」と呼ばれる類型も認められており，その中でも，不真正連帯債務は，たとえば共同不法行為などの実例も多く，議論も従来から盛んに行われている（本章§4　連帯債務　3　不真正連帯債務参照）。

#### (2)　担保としての機能
　複数の債務者がいる場合には，債務者たちの資力が債権の実現を担保している場合も多い。こうした担保的機能を有する多数当事者の債権関係として，不可分債務，連帯債務・不真正連帯債務ならびに保証債務がある。このうち保証債務は，まさに担保としての性質を有しているといえよう。

#### (3)　分割主義の原則と限界
　多数当事者が債権債務を負っている場合は，原則としてどのように扱えばよいだろうか。427条によれば別段の意思表示がない限り分割債権債務として扱われているので，条文上は分割主義の原則が採用されているといえる。他方，不可分債権債務や連帯債務の場合は，1個の給付全体を目的とする債権債務が複数の債権者・債務者にいわば重なり合って帰属するという場合である。条文上は，こちらが例外となる。

では，多数当事者の債権関係において，分割主義の原則を「原則」として維持することは適切だろうか。たしかに分割主義の原則は，法律関係が明確になると同時に，近代法の個人主義的な権利観にも合致する。各人が独立して責任を負うべきであるという近代法の発想が，分割主義の原則を定めた背景にあるといえるのである。しかし，分割主義の原則を徹底することは，取引の実態とのずれを生じ，当事者の意思に反するおそれもある。

## 2　「多数当事者の債権関係」と「債権債務の共同的帰属」との相違

複数の当事者が関わる債権債務関係には，多数当事者の債権関係とは異なるタイプの法律関係もある。債権債務の共同的帰属と呼ばれる関係である。多数当事者の債権関係の方は，1個の給付を目的として「複数の債権債務」が成立する場合である。他方，債権債務の共同的帰属の場合には，1個の給付を目的として「1個の債権債務」が，複数の者に帰属するのである。いわばこうした債権関係における共同的帰属としての類型は，物権法の共有，合有，総有（所有権などの財産権の共同的帰属関係）と対応して，共有的帰属，合有的帰属そして総有的帰属の3つが想定できる。このうち，多数当事者の債権関係と区別して取り上げる必要があるのは，合有的帰属と総有的帰属であろう。共有的帰属については，多数当事者の債権関係が準共有の264条の規定の特則であるとみて，多数当事者の債権関係として対処されうる。他方，合有的帰属とは，たとえば民法の組合における組合債権・組合債務の場合にみられるように，共同目的によって拘束されている財産が複数の者に一体として帰属する共同所有の形態である。総有的帰属とは，たとえば法人格のない団体の債権債務の場合にみられるように，財産が一体として団体財産に帰属する共同所有の形態である（詳細は民法総則で学んで欲しい）。

## 3　多数当事者の債権関係に特有の視点

多数当事者の債権関係について考える場合には，当事者が複数であることから生じる固有の3つの視点の下で考えていくことが有益である。3つの視点とは，①債権者が複数の場合における債権者たちと債務者との関係，あるいは債務者が複数の場合における債権者と債務者たちとの関係（対外的効力），②複数

の債権者ないし債務者のうち1人に生じた事由が，その他の当事者に影響力を与えるかどうか（1人に生じた事由の効力），③債権者複数の場合に債務者から弁済を受けた債権者は他の債権者に配分すべきか，債務者複数の場合に債権者に弁済した債務者は他の債務者に求償できるのかである（求償関係）。なお，②の「1人について生じた事由の効力（影響関係）」については，複数当事者の1人に生じた事由が他の当事者に影響する場合を，絶対的効力がある場合と呼び，影響しない場合を相対的効力しか有さない場合と呼ぶ。

## §2 分割債権債務

### 1 意義・成立

　分割債権債務とは，1個の可分給付が数人の債権者または債務者に分割的に帰属する多数当事者の債権関係をいう（427条）。前述したように，民法典によれば，多数当事者の債権関係における原則形態である。

---
**【事例 Ⅳ-1】**

　ヨット仲間であるAとBは，共同で1台のヨットをCから1,000万円で共同購入した。このように複数人が共同で購入した代金債務は，分割債務になるのだろうか。

---

　判例は，分割主義の原則に比較的忠実な態度をとり，たとえば，上の事例のような不可分物の売買契約の代金債務の場合あるいは共同借入の場合に，原則として分割債務になるとする判例が多い（最判昭和45・10・13判時614-46）。しかし，前述したように分割主義の原則を貫くと不都合な場合もある。そこで，債務者が多数の債権関係では，複数の債務者の資力が債権の事実上の担保となっているわけだから，基本的に連帯債務とする黙示の特約があると見るべきだという学説等が唱えられている。判例の中にも，黙示の連帯特約を認めた判例もある（最判昭和39・9・22判時385-50）。また，金銭債権債務などの可分給付について共同相続が生じた場合，遺産分割前に当然に分割されるのかという

問題もある。判例は、遺産中の金銭債権は相続分に応じて分割されて、各共同相続人に帰属する（最判昭和29・4・8民集8-4-819）。また遺産中の金銭債務は、相続分に応じて分割債務とするとしている（最判昭和34・6・19民集13-6-757）。

## 2 効　果
### (1) 対外的効力
　分割債権債務は、それぞれ独立した権利であり義務である。よって、各債権者は、分割された部分についてのみ、履行を請求できる。各債務者は、分割された部分のみを弁済すればよい。もっとも、債権債務が同一の双務契約から発生した場合には、債権債務関係を一体として扱わなければならない。たとえば、複数の債権者A、B、Cが契約を解除するとき、全債権者が解除の意思表示をしなければならない（544条の解除権不可分の原則）。
　分割の割合は、別段の意思表示がない限り、平等の割合であると規定されている（427条）。よって、当事者の合意や相続分などの法律の規定がある場合は、それに従い、そうでない場合は平等割合となる。

### (2) 1人について生じた事由の効力（影響関係）
　1人の債権者または1人の債務者について生じた事由は、他の債権者または債務者に対して影響を及ぼさない。

### (3) 求償関係
　各債権者または各債務者の内部で、平分ではない割合が合意されていることもある。このような場合に、複数債権者のうち1人が他の債権者の分の弁済を受けたり、複数債務者のうち1人が他の債務者の分の弁済をしたりしたときには、たとえば不当利得として償還するなど、それぞれの関係によって処理する。

# §3　不可分債権債務

## 1　意義・成立
　不可分債権債務とは、1個の不可分給付を目的とする多数当事者の債権関係

をいう。不可分債権（428条）と不可分債務（430条）とがある。不可分債務は，分割債務に比べて債権の効力が強化されており，人的担保の機能も有する。給付が不可分になるのは，以下の2つの場合である。

### (1) 性質上不可分

1棟の家屋を3人で共同購入したり売却したりする際の引渡請求権ないし義務は，取引通念を基準にすれば性質上分けることができず，不可分債権ないし不可分債務となる。また，金銭を目的とする給付のように，本来的には可分給付であるのに共同不可分に受ける利益の対価としての性質を有するため，性質上不可分給付と解される場合もある。

---
【事例 Ⅳ-2】

Aは，Xから家屋を月額30万円で賃借していた。Aが死亡して，YとZがAの財産を共同相続し，この家屋に居住している。YZの賃料支払債務は分割債務か不可分債務か。

---

賃料支払債務は，共同不可分に受ける利益の対価として性質上不可分であるため，不可分債務であるとするのが判例，学説である（大判昭和8・7・29新聞3593-7）。

このように賃貸借契約のような物の利用に関する契約では，各賃借人は目的物の全部に対する使用収益できるため，賃料債務は性質上不可分給付となるとされる。

### (2) 意思表示による不可分

当事者の明示ないしは黙示の合意によっても不可分とすることができる。

## 2 不可分債権の効果

### (1) 対外的効力

各債権者は，総債権者のために履行の請求ができる（428条）。債権の共同行使がなされなくても，債権者の一部が債務者に全部履行を求めることができると解されている（最判昭和42・8・25民集21-7-1740）。なお，この結果，債権を行使しなかった債権者にとり思わぬ不利益が生じる危険性があることも指摘

されている。

(2) 1人について生じた事由の効力（影響関係）

(ア) **絶対的効力**　債務者は任意に選んだ1人の債権者に全部の履行ができるということから，債権者に満足を与える事由としての弁済・弁済の提供，供託，受領遅滞は，絶対的効力がある。他方，代物弁済と相殺についても，これらに絶対的効力を認める立場が一般的である。また，各債権者は，総債権者のために履行の請求ができるから，1人の債権者からの請求は絶対的効力がある。そして，請求の効果である時効中断や履行遅滞なども絶対的効力を生ずる。

(イ) **相対的効力**　(ア)以外の事由は，他の債権者へ影響しない（429条2項）。不可分債権者の1人と債務者との間に更改または免除がなされたときでも，他の債権者は，債務者に対し債務全部の履行を請求できる（429条1項）。

(3) 求償関係

内部関係については民法に規定はないが，特段の事情がなければ平等と推定すべきである。


## 3　不可分債務の効果

(1) 対外的効力

債権者は，債務者の1人または総債務者に対して，同時もしくは順次に，全部または一部の請求をすることができる（430条による432条準用。§3　連帯債務を参照）。

(2) 1人について生じた事由の効力（影響関係）

(ア) **絶対的効力**　明文の規定はないが，債権者に満足を与える弁済・弁済の提供，供託や，弁済に関連する受領遅滞も絶対的効力が生じると解されている。また代物弁済や相殺も，絶対的効力を認めてよい。

(イ) **相対的効力**　(ア)以外の事由については，相対的効力しか有さない（429条，430条）。連帯債務の絶対効の準用がない点は注意すべきである。

(3) 求償関係

連帯債務に関する規定（442条〜445条）が準用される（430条）。

§3 不可分債権債務

> **整理ノート**
>
> 多数当事者の債権関係の視点
> 　① 対外的効力
> 　② １人について生じた事由の効力（絶対的効力・相対的効力），
> 　③ 求償関係──求償関係をどのように考えるか
>
> 分割債権債務
> 　分割主義の原則と問題点 → 学説　修正の方向　黙示の連帯特約
>
> 不可分債権債務
> 　種類　性質上不可分　意思による不可分
> 　不可分債権の効果
> 　　① 対外的効力　　　　全部履行の請求
> 　　② １人について生じた　債権者に満足を与える事由は絶対効
> 　　　 事由の効力　　　　それ以外は相対効（429条）
> 　　③ 求償関係　　　　　明文の規定はないが平等と推定
> 　不可分債務の効果
> 　　① 対外的効力　　　　全部給付の義務
> 　　② １人について生じた　430条で429条（不可分債権の規定）準用
> 　　　 事由の効力　　　　連帯債務の絶対効の準用なし
> 　　③ 求償関係　　　　　430条で連帯債務に関する規定準用

## §4 連帯債務

### 1 連帯債務の意義・成立
#### 1-1 連帯債務とは何か

複数の債務者がいる場合の類型としては，不可分債務の他に連帯債務と呼ばれるタイプが民法では規定されている（432条以下）。連帯債務では，数人の債務者がいる場合に，債権者がその1人に対しまたは同時にもしくは順次に総債務者に対して全部または一部の履行を請求することができる（432条）。

> 【事例 Ⅳ-3】
>
> 借主ABCが，貸主Dに対する900万円の貸金債務を負っている。もし借主ABC間で，この貸金債務を連帯して負う旨の特約（連帯の特約）があれば，ABCは各自900万円全額の債務を負担することになり，債権者Dは，そのうちの1人，たとえば，Aを選んで900万円全額を請求することができる。

このように，連帯債務は，分割債務に比べると，債権の効力が強化されているため，いわゆる人的担保の機能を果たしている。しかし，連帯債務は，前述した不可分債務（本章§3）に比べると，債権としての効力が弱いと言われることが多い。後述の「2 連帯債務の効力」で明らかにするように，連帯債務者1人について生じる事由が他の債務者にも効力を及ぼす絶対的効力事由が，連帯債務には広汎に認められているからである（434条～439条）。これらの絶対的効力事由のうち，434条の「履行の請求」以外の絶対効は，すべて債権の効力を弱める方向に機能する事由である。

#### 1-2 連帯債務における債務の個数
(1) 独立した債務

連帯債務では，債務者の数に応じた数個の債務が成立し，それぞれの債務が独立している。よって，連帯債務が1個の契約によって成立した場合でも，連帯債務者の1人について存在する無効・取消しの原因は，他の連帯債務者の債

§4 連帯債務

務には影響を及ぼすことはない（431条）。また，各債務者の債務は，条件・期限を異にすることも可能であるし，連帯債務者の1人について保証債務を成立させたり（454条），連帯債務者の1人に対する債権を譲渡したりすることも可能である。

(2) **連帯債務の相続**

連帯債務者の1人について共同相続が生じた場合については，その扱いをめぐり，見解に対立がある。

【事例 Ⅳ-4】

借主ABCが，貸主Dから900万円の貸金債務を負っており，ABC間に，貸金債務を連帯して負う旨の連帯の特約がある。その後，Aが死亡し，Aの子供XYZが法定相続した場合，債務の帰属はどうなるか。

判例は，可分給付を目的とするならば，共同相続人各自が相続分に応じて分割承継すると解している（前掲最判昭和34・6・19民集13-6-757）。よって，XYZは承継した範囲内で，残りの連帯債務者との間で連帯債務を負うことになる。つまり，XYZそれぞれ300万円ずつの範囲で，他の債務者BCと連帯して債務を負担することになるわけである。

しかし，判例の立場では，相続が債権の効力を弱める結果となる。そこで，この結果を債権者保護にとって不都合と見る学説から，XYZは，各自900万円の債務全体について連帯債務を負担すべきであるという見解も主張されている。なお，判例の立場に立った場合には，当初の連帯債務者と各共同相続人の負っている債務額とは異なる額（不等額）になるが，このように連帯債務者間で不等額の債務を負う類型の連帯債務は，一部連帯ないし不等額連帯と呼ばれる。一部連帯は，相続以外の類型，たとえば連帯債務者の1人が一部免除を受けた場合などにも発生する。この一部連帯については，債務全体について連帯債務を負う場合と比べて，その固有の構造や効果が問題となろう。

**1-3 連帯債務の性質**

連帯債務では，①債権者が債務者の1人に対し全部履行の請求ができ，②債務者1人に生じた事由について，434条から439条の相対効の事由が広汎に認め

Ⅳ　多数当事者の債権関係

られており，③連帯債務の負担部分に応じた求償関係も規定されている。このような①②③の性質を有する連帯債務制度の趣旨を整合的に説明するため，連帯債務の債務者間には何らかの結合関係があるとされてきた。この結合関係の性質そして連帯債務の性質自体をめぐり，学説が分かれてきた。

　まず，伝統的な見解である「主観的共同関係説」と呼ばれる考え方は，連帯債務者どうしの主観的結合関係が，連帯債務者の全部給付義務，絶対的効力の広汎さ，負担部分に基づく求償権の発生を基礎づけると説明する。「主観的共同関係説」は，共同事業に基づいて債務を負っているような場面に典型的にあてはまる。

　他方，「相互保証説」と呼ばれる立場では，連帯債務とは，債務者どうしが相互に担保しあっている，いわば相互保証関係にある場合であって，そのため全部給付義務を負うし，広汎な絶対効も認められるし，自分の負担部分を超えて払った場合には求償関係が当然生じると説明する。「相互保証説」は，共同で金銭を借り入れた場合に典型的にあてはまる。なお，「主観的共同関係説」でも「相互保証説」でも，各説単独では連帯債務の性質を十分には説明できず，主観的共同目的と相互保証の双方で連帯債務の性質を説明すべきであるという立場などの統一的な説明を放棄した立場も近時有力である。

　主観的共同関係説や相互保証説では，何らかの結合関係がない場合には，連帯債務の規定の一部，とりわけ上述した②の1人について生じた事由の広汎な絶対効を認めるべきでないという結論になる。そこで，形式的には連帯債務であるが連帯債務の規定の一部しか適用されない類型の債務を説明するために，学説は不真正連帯債務という概念をつくりだし，判例も不真正連帯債務という類型を認めている（後述3　不真正連帯債務）。

### 1−4　連帯債務の成立

　連帯債務は，法律行為または法律の規定によって，成立する。

#### (1) 意思表示による成立

　契約や遺言で，連帯債務を成立させることができる。ただし，この連帯の意思表示が黙示になされた場合，学説は，債務者全員の資力が考慮された事情があるときには，連帯の特約を推定すべきであるという立場が一般的である。他方，判例は，分割主義の原則に忠実な姿勢をとり，連帯の推定を必ずしも容易

には認めていない。なお，契約によって連帯債務が成立する場合には，その契約は1個の契約である必要はない。

(2) **法律の規定による成立**

民法では，民法44条2項，719条などであるが，判例，学説では，これらは後述する不真正連帯債務として扱うべきだと考える立場が一般的である。なお，商法では多数ある（商法80条・134条の2・192条～195条・201条・203条・266条・266条ノ3・277条等）。

## 2 連帯債務の効果

(1) **対外的効力**

(ア) **債権者の権利行使方法** 債権者は，連帯債務者の1人に対しまたは総債務者に対して同時にもしくは順次に全部または一部の履行を請求することができる（432条）。もちろん，いずれの場合も，債権者がいずれかの債務者から満足を得た場合には，債権は消滅し，それ以降の他の債務者への請求は理由を失う。なお，満足を得たこととは現実に全部の弁済を受けたことを意味し，1人に対する給付判決が確定した後でも，他の債務者に請求できると解するべきである。

(イ) **破産手続の開始** 連帯債務者の全員または数人が破産の宣告を受けたときは，債権者は，債権の全額でそれぞれの債務者の破産財団の配当に加入することができる（441条）。破産の場合こそ，まさに，連帯債務の担保機能が有効に果たされる。

(2) **1人について生じた事由の効力**（影響関係）

債務者1人に生じた事由の効力については，440条で相対的効力が原則とされている。しかし，弁済，代物弁済など債権の満足をもたらす事由は当然に絶対的効力が認められることに加え，請求，更改，相殺，免除，混同，消滅時効の完成については，明文で絶対効が定められている（434条～439条）。

(ア) **弁済・代物弁済・供託** これら債権者に満足を与える事由は，当然に絶対効が認められる。加えて，同じく弁済に関連する事由である弁済の提供・受領遅滞にも絶対効を認めるべきであるとするのが多数説である。

(イ) **履行の請求**（434条） 連帯債務者の1人に対する請求は，全員に対し

Ⅳ 多数当事者の債権関係

て請求したのと同一の効力がある。請求の絶対効に関連しては，請求による消滅時効の中断の場合（147条1項・153条）と期限の定めのない債務につき請求により履行遅滞に陥らせる場合（412条3項）とが重要である。なお，同じく時効中断事由となる債務の承認と差押えには，絶対的効力はない。請求の絶対効は，主観的結合関係がある場合1人に請求したら残りに伝達されると考えられるため合理的といえよう。

(ウ) **更　改**（435条）　更改契約がなされると，新債務が発生し，旧債務である連帯債務は全ての連帯債務者つまり他の債務者たちのためにも消滅する。根拠は，更改する当事者の意思の推定であると説明されうる。

(エ) **相　殺**　(a) **反対債権を有している連帯債務者による相殺**（436条1項）　連帯債務者の1人が債権者に対し反対債権を有する場合，その債務者が自らの債権を自働債権として債権者の債権を受働債権として対当額で相殺すると，他の連帯債務者の債務も，その限度で縮減する（436条1項）。当然の規定であり，436条1項はこれを明文化したにすぎない。

(b) **他の連帯債務者の反対債権を援用しての相殺**　では，反対債権を有する債務者自身は相殺を援用しない場合に，他の債務者はとりうる手段はないのか。436条2項によれば，債権を有する債務者が相殺を援用しない場合，他の債務者はその債務者の負担部分について相殺を援用することができると規定している。判例によれば，他の債権者の援用があれば，債権者の債権は反対債権分消滅すると解する（大判昭和12・12・11民集16-1495）。判例の立場によれば，他の債務者の地位は厚く保護され，しかも求償関係の循環も回避することができる。しかし，学説では，他人の財産権を処分するべきではないから，反対債権を有する債務者の負担部分に相当する額について，他の債権者は弁済を拒絶できるという抗弁権が与えられたにすぎない規定とする立場が有力である。

(オ) **免　除**（437条）　(a) **絶対的免除**　債権者が連帯債務者の1人に対して，その債務を免除した場合には，その債務者の負担部分だけ他の債務者も債務を免れる。これは，求償の循環を避けるための規定であるという説明がされてきた。このような免除は，絶対的免除と呼ばれることもある。しかし，絶対的免除は，債権者が免除した債務者の負担部分を知らない場合あるいは変更されていた場合にも他の債務者に効力が及べば，債権者は思わぬ不利益を負う

可能性がある（大判明治42・9・27民録15-697）。そこで，負担部分が途中で変更された場合や負担部分が平等でない場合，債権者に負担部分が平等割合ではないことを主張できるのは債権者が負担部分を知っている場合に限るという見解や，あるいは負担部分の割合につき債権者に対する通知または承諾がなければ対抗できないという見解が主張されている。

(b) **437条以外の免除**　437条の規定は任意規定であるから，当事者が437条の絶対的免除とは異なる趣旨で免除を行った場合には，その意思に従うべきである。以下の3つの場合が考えられる。

① **相対的免除**　免除の相手方である債務者の債務は免除するが，他の連帯債務者の債務には影響を及ぼさない趣旨の免除である。この場合，支払った連帯債務者は免除を受けた債務者に求償でき，その債務者は求償に応じた分を債権者に対して不当利得返還請求権を行使する。

② **不訴求の約束**　①と異なり，免除を受けた債務者の負担部分について，債権者が最終的に負担するという趣旨が認められない免除も可能である。しかし，これは，債権者がある債務者に請求しないという意味であり，「免除」という文言が使われていても，厳密にいえば，その実体は免除ではなく不訴求の約束である。

③ **全債務者への免除の意思表示の受領**　すべての連帯債務者の債務を免除する意思で，債権者が1人の債務者に対して免除の意思を表示することがある。いわゆる不真正連帯債務（後述）とされる共同不法行為者の1人に対する免除の意思表示の効力が全員に及ぶことを認めた判例がある（最判平成10・9・10民集52-6-1494）。

(c) **一部免除の場合**　連帯債務者の1人について債務の一部免除がなされた場合に，それが他の連帯債務者にどのような影響を及ぼすかについては，明文の規定はなく，判例・学説は対立している。

【事例 Ⅳ-5】

消費貸借契約において，借主ＡＢＣが貸主Ｄに対する900万円の貸金債務を負っている場合（負担部分平等），ＤがＡに対して300万円分の免除を行った場合，この免除は，他の債務者ＢやＣにも影響を及ぼすであろうか。

Ⅳ　多数当事者の債権関係

> 850万円分の免除だったらどうか。

　判例は，全額免除の場合と比例した割合で絶対的効力が生じるという立場（割合的縮減説）である（大判昭和15・9・21民集19-1701）。Aに対する全額900万円の免除（絶対的免除）がなされれば，BCの債務は300万円分だけ縮減する。

　では，一部免除はどうか。まず，300万円の一部免除を行った場合，Aの負担部分は100万円分割合的に縮減し，BCについても100万円分だけ影響を及ぼす。よって，300万円の免除の場合，Aの債務額は600万円，BCの債務額は，800万円となる。次に，850万円の免除の場合には，全部免除と比例した割合で絶対的効力が生じるとすると，Aの債務額は50万円，BCの債務額は650万円となる。

　判例のように全部免除との比例割合で絶対的効力を有する考え方は，負担部分が割合であるという理解と整合的である。しかし，学説では，判例の立場に批判的なものも多い。批判的な立場も分かれているが，代表的な学説として，一部免除された残額が，免除された債務者の負担部分額より少ない場合以外は，他の連帯債務者に対して影響を及ぼさないという考え方がある（担保分への優先的充当説）。この立場によれば，Aに対する300万円の免除では，残額600万円はAの負担部分300万円より大きいからBCの債務に影響を及ぼさない。他方，Aに対する850万円の免除の場合には，一部免除後の残額は50万円であり，これはAの負担部分300万円より250万円少ないから，BCの債務は650万円に縮減するという結果となる。

　(カ)　**混　同**（438条）　たとえば，債務者の1人が債権者を相続した場合のように，連帯債務者の1人と債権者との間に混同が生じた場合，債務者は弁済をしたものとみなされ，その債務者は，他の連帯債務者に対して求償できる。求償の循環を防止することに加えて，負担部分の限度を超えて影響を有するのは，他の連帯債務者中に無資力者がある場合における無資力の危険分配を目的とするといわれる。

　(キ)　**時効の完成**（439条）　連帯債務者の1人のために時効が完成した場合，この債務者の負担部分について，他の債務者も債務を免れる。本条の趣旨も，

求償の循環を防止することにある。439条の時効の完成についても，437条の免除の場合と同様な仕方で，絶対的効力の範囲を連帯債務者の内部の負担部分にかからせることによる不都合を指摘して回避の方策を主張する見解がある。

(ク) **相対的効力事由**　さて，以上の(ア)～(キ)に掲げた事由以外は，すべて相対的効力を生じるにすぎないものの，相対効の例は少ない（440条）。よって，実質的には，相対効の原則，絶対効の例外がひっくり返っていると言われることがある。相対的効力事由としては，たとえば，時効の中断（請求以外の承認・差押・仮差押・仮処分のような中断事由），時効の停止，時効利益の放棄，債務者の過失・遅滞（請求による遅滞は除く），確定判決の効力などである。なお，440条は任意規定なので，不利益を受ける者も含む当事者の間の特約によって，絶対的効力を生じる事由をつくり出すことは可能である。

**(3) 求償関係**

(ア) **負担部分とは何か**　連帯債務者の1人が債務を弁済し，その他自己の財産をもって共同免責を得たときは，その連帯債務者は，他の連帯債務者に対し，各自の負担部分について求償権を有する（442条1項）。連帯債務者間に何らかの結合関係が存在する場合，この関係を基礎にして負担部分が生じるわけである。この負担部分とは，連帯債務者相互の間で内部的に各自が負担するとされている割合のことと解される。よって，連帯債務者の1人が，固定した数額を超えない額を弁済した場合（一部弁済）であっても，求償権は成立する（大判大正6・5・3民録23-836）。負担部分の決め方については，民法の規定がなく，連帯債務者間の明示もしくは黙示の特約によって定まる。特約がない場合には，特別事情がない限り，平等で負担すると解するべきである（判例・通説）。特別事情とは，たとえば連帯債務の基礎となる主観的共同関係を考慮しつつ各債務者が受けた利益の割合により負担部分が導かれるような場合が，これにあたるであろう。

(イ) **求償権の根拠**　連帯債務の求償権の正当化は，連帯債務の性質をどのように考えるかという問題と関連がある。主観的共同関係説では，連帯債務者の主観的共同関係がある以上，公平の見地から負担部分に基づく求償権が認められるべきだということになろう。他方，相互保証説では，求償権は，連帯債務では，各債務者は，全部給付義務を負うことで，他の連帯債務者の債務の履

行を担保しあっているので，負担部分を超えた部分については当然に求償できることになる。

　(ウ)　**求償権の成立**　　求償権が成立するためには，(a)共同免責を得たこと，(b)自己の財産をもってする免責が必要である（442条）。

　(a)　**共同免責を得たこと**　　連帯債務者の1人が，他の債務者のために債務を消滅ないし減少させることである。よって求償権は共同免責を得た後に成立する。

　(b)　**自己の財産をもってする免責**　　弁済・代物弁済，相殺をはじめ，供託・更改・混同も自己の財産をもってする免責にあたる。他方，免除や消滅時効の完成では求償権は生じない。

　(エ)　**求償権の範囲**　　共同免責のために出捐した額について求償権の成立が認められる（442条1項）。求償権の範囲は，共同免責を得た額，免責のあった日以後の法定利息，避けることができなかった費用（荷造り費，運搬費，為替手数料などの必要費），その他の損害（たとえば，債権者から訴求されたり強制執行を受けたりした場合の訴訟費用・執行費用，弁済のための自己の財産の換価費用，担保設定費用）である（442条2項）。なお，442条2項は，任意規定であるため，特約で約定利率による遅延損害金を定めることができる（最判昭和59・5・29民集38-7-885）。

　(オ)　**事前通知・事後通知**　　連帯債務者の1人が共同の免責のための行為をする際，事前および事後において他の連帯債務者に通知しなければならない（443条）。他の連帯債務者が債権者に対して何らかの権利主張の機会を有している場合に，この他の連帯債務者を保護する必要があるからである（事前の通知）。そして，連帯債務者の1人が免責のための行為をした場合，その事実を知らずに他の連帯債務者が重ねて債務を消滅する行為をすることが起こりうるからである（事後の通知）。

　(a)　**事前の通知を怠った場合**（443条1項）　　弁済他自己の財産をもって共同免責を得る行為をした連帯債務者が弁済する旨の事前通知を怠った場合，他の連帯債務者が債権者に対抗できる事由を有していたときは，その負担部分について，求償者たる債務者に対抗することができる。たとえば，他の債務者の債務を発生させた契約の無効・取消し，あるいは債権者に対して相殺を主張し

うる反対債権がある場合（443条2項）などである。

---
**【事例　Ⅳ－6】**

消費貸借契約において，借主ＡＢＣが貸主Ｄに対する900万円の貸金債務を負っている場合（負担部分平等），Ａが通知しないでＤに全額弁済したとする。ところがＢがＤに対する500万円の反対債権を有していた場合には，Ｂの債務はどうなるのか。

---

Ａから自己の負担部分300万円の求償を受けたＢは，Ｄに対する500万円の反対債権による相殺で対抗できる。そして，相殺を対抗された場合，ＢのＤに対する債権は，相殺の限度である300万円につき，事前通知を怠ったＡ（「過失ある債務者」）へ当然に移転する。よって，Ａは債権者Ｄに対して300万円の反対債権を行使することで，償還を受けることができることになる。

(b)　**事後の通知を怠った場合**（443条2項）　事後通知を怠った債務者の求償権は制限される。債務者Ａが事後通知をせずに弁済し，その後に他の債務者Ｂが，すでに弁済により債務が消滅していることを知らずに重ねて弁済した場合には，Ｂは自己の弁済を有効とみなして，事後の通知を怠ったＡに求償をすることができる。そして，争いはあるが，第2のＢの弁済行為が有効になるのは，ＡとＢとの関係だけであり，相対的効果しか有さないと解される（相対的効果説　大判昭和7・9・30民集11-2008）。従って，Ｂが全額900万円を弁済した場合には，ＢはＡに対して600万円（ＡとＣとの負担すべき額の合計）を求償できるが，Ｃに対しては，ＢではなくＡが求償権を有することになる。他方，二重弁済を受けたＤは，Ｂから受領した900万円を不当利得したことになる。この900万円の不当利得返還請求権は，Ａに移転する。

(c)　**事後通知がなかった場合に，事前通知をせず弁済他免責行為をした場合**

Ａが事後の通知を怠ったが，Ｂも事前通知を怠り，弁済した場合はどうなるだろうか。第1弁済者Ａと第2弁済者Ｂ双方に過失がある。民法上には明文の規定がないが，433条の1項2項とも適用がなく，第1の弁済行為が有効となると解するのが，判例であり多数説である（最判昭和57・12・17民集36-12-2399）。

(カ)　**無資力者**　連帯債務者のうち，求償を求められても償還をする資力の

Ⅳ 多数当事者の債権関係

ない無資力者がいるとき，無資力者の負担部分の部分は，求償者と他の資力のある者との間で，各自の負担部分に応じて，これを分担する（444条本文）。もっとも，たとえば求償の時期を失したため他の債務者が無資力になった場合など，求償者側に過失があるときには，他の債務者に対して分担を請求できない（444条ただし書）。

(キ) **連帯の免除**　連帯債務とは，すべての連帯債務者に全部給付義務を負わせる債務である。連帯の免除とは，この全額給付義務を解体する行為であり，債務額の負担部分の範囲に縮減する債権者の一方的な意思表示である。この連帯の免除は，債権総額に影響を与えない点で，437条にいう債務の免除とは異なる。そして，連帯の免除には，すべての連帯債務者についてなされる絶対的連帯の免除と一部の連帯債務者についてのみなされる相対的免除があるとされる。なお，債務者の1人が連帯の免除を得た場合に，他の債務者中に弁済の資力のない者がいるときは，債権者は，その無資力者が弁済できない部分について，連帯の免除を得た者が負担すべき部分を負担すると規定されている（445条）。

## 3　不真正連帯債務
### 3－1　不真正連帯債務とは何か

**【事例 Ⅳ－7】**

> A工場B工場C工場は，河の上流の近接した場所で工場を稼働して汚水を排出し続けているが，三者の間には関係がなく，他の工場も汚水を排出していることは相互に認識していない。ABCの排出した汚水によってDが罹患した。Dは，ABCの共同不法行為により身体の侵害があったとして，治療費等にかかった900万円について，民法719条の共同不法行為としてABCに対し900万円の損害賠償請求を求めたとする。

このように相互に連絡さえない共同不法行為者ABCの負う責任は，主観的な共同目的を基礎とする広汎な絶対効や，負担部分に基づく求償を適用するのにふさわしくないタイプの連帯債務といえる。そこで，同一内容の給付につき各自独立して全部の履行をなすべき債務を負担し，連帯債務者の1人が弁済他

§4 連帯債務

出捐行為をすれば総債務者が免責される債務ではあるが，連帯債務の規定すべては適用されない連帯債務の類型として，判例・学説の多数によって，不真正連帯債務という概念が創設された。判例・多数説で，不真正連帯債務の例とされてきたのは，民法44条の法人の不法行為による賠償義務と理事その他の代表者の709条の賠償義務（大判昭和7・5・27民集11-1069），被用者の加害行為についての被用者自身の709条の賠償義務と使用者の賠償義務（大判昭和12・6・30民集16-1285），719条の共同不法行為（最判昭和57・3・4判時1042-87）などである。しかし，近時は，不真正連帯債務の概念の意味や存在意義について疑問を投げかける見解も有力になっている。

### 3-2 不真正連帯債務の効力

(1) **対外的効力**

不真正連帯債務は，連帯債務者の1人が債権者に全額給付義務を負う点では真正の連帯債務と同様である。

(2) **1人について生じた事由の効力**

1人について生じる事由の効力については，弁済など債権者を満足させる事由である弁済・代物弁済・供託・相殺以外は相対的効力しかない。つまり連帯債務における絶対効に関する434条から439条の適用がないと解されている（最判昭和48・2・16民集27-1-132，最判平成6・11・24判時1514-82）。

(3) **債務者の内部関係と求償**

不真正連帯債務においては，債務者の内部関係において，真正の連帯債務と同様な負担部分がないため，求償関係も当然には生じないはずである。ただし，求償関係がいっさい生じないという考え方は，判例も多数説も，もはや維持してはいない。なぜなら，不真正連帯債務者間の実質的な関係に基づき，求償の前提となる過失割合などの責任の割合により負担部分を導き，求償関係を認めるのが正当な場合も多いからである。判例は，比較的古くから，求償関係を認めてきている。共同不法行為や使用者責任について，過失の割合によって各自の負担部分の割合で定まるとした判例は多い（最判昭和41・11・18民集20-9-1886，最判昭和63・7・1民集42-6-451，最判平成3・10・25民集45-7-1173）。判例は，債務者が，負担部分を超えて弁済し免責した場合に，その超過部分について求償権を有する（前掲最判昭和63・7・1民集42-6-451）。

Ⅳ　多数当事者の債権関係

## 4　連帯債権・不真正連帯債権

　連帯債権とは，数人の債権者が同一内容の給付について各自独立に全部または一部の給付を請求する権利を有し，そのうちの1人が給付を受領すれば，他の債権者の債権も消滅するという多数当事者の債権をいう。明文の規定はないが，特約によって認められている。このような連帯債権は，実例が乏しく，実例としては，不動産媒介契約における元付け業者（売主側）と客付け業者（買主側）との報酬債権を連帯債権と解する学説や下級審裁判例（京都地判昭和42・9・5判時504-79）がある。また，不真正連帯債権という概念も想定は可能である。たとえば，指名債権の二重譲渡がなされたとき，お互い対抗しうる譲受人間の関係について，これを不真正連帯債権と解する説がある。

---

**整理ノート**

1　連帯債務の意義・性質　結合関係／主観的共同関係，相互保証
2　連帯債務の効果
　①　対外的効力　　全部履行の請求
　②　1人について生じた事由の効力
　　　　相対効の原則（440条）
　　　　広汎な絶対効（434条～439条）
　③　求償関係
　　　　負担部分──割合　→　求償権
　　　　求償権行使の制限
　　　　　事前通知・事後の通知（443条）→　両方なかった場合
3　不真正連帯債務
　　例　法人の不法行為(44条)，使用者責任(715条)，共同不法行為(719条)
　　　真正連帯債務との対比　主観的共同目的の欠落
　　　判例・学説により創設された概念
　　　債権を満足させる事由以外の事由は相対効
　　　過失割合等実質的関係に応じて，求償（判例）

## §5　保証債務

### 1　保証債務の意義・性質
#### 1－1　保証債務の意義

　保証債務は，主たる債務者の債務の履行を担保することを目的として，債権者と保証人との間の保証契約によって成立する保証人の債務である。保証人は，主たる債務者がその債務（主たる債務）を履行しない場合において，その履行をなす責任を負う（446条）。

　わが国の民法典は，保証債務について，その発生原因から切り離し，債権総則において多数当事者の債権関係の1つとして規定しているが，他の立法例をみると必ずしもそうではない。フランスやドイツでは，保証債務の発生原因に着目して，契約の一つとして保証契約を規定している。またボワソナードが起草したわが国の旧民法では，保証債務の持つ債権担保としての機能に着目し，債権担保編に，抵当権等の物上担保と並べて，対人担保の一種として規定をなしている。

　よってわが国の保証債務の性質を考察するに際しては，多数当事者の債権関係としての民法上の位置づけとともに，発生原因である保証契約との関係，債権担保としての機能を忘れてはならない

#### 1－2　保証契約と保証債務
(1)　保証契約と保証委託契約

【事例　Ⅳ－8】

　A金融機関はBの求めに応じてBに対して300万円の融資を行うことにしたが，Aは保証人をつけることを条件とした。そこでBは友人Cに保証人になるように依頼をし，Cはそれを了承した。本日，BおよびCはAを訪れ，いよいよ融資が実行されるが，A，BおよびC間では，どのような契約が締結されることになるか。

　本事例では，AB間で金銭消費貸借契約，BC間で保証委託契約，AC間で

Ⅳ　多数当事者の債権関係

保証契約の3つの契約が締結されることになろう。

　保証債務は，主として保証契約によって成立するが，保証契約は，債権者Aと保証人Cとの間でなされる契約であり，主たる債務者Bと保証人Cとの間でなされる保証委託契約とは独立した契約である。主たる債務者Bと第三者Cとの間で主たる債務の履行をなすことを約束しただけでは保証契約は成立しない（単なる履行引受けにとどまる）。反対に，保証委託契約がなくても，また主たる債務者の意思に反しても保証人になることができる。また，保証委託契約の存否は保証債務の成立には無関係であり，求償権の範囲に影響するのみである（459条以下）。さらに保証委託契約に無効・取消原因があっても保証契約には影響を及ぼすことはない。

　なお保証債務は，実際に例は多くないが，遺言によって成立することもあるし，法律上2次的な債務を負担する場合にそれを保証と解すべき場合もある（商法80条，553条参照）。

### (2) 個人保証と法人保証

　保証契約は片務・無償の契約であり，特に個人が保証人となる場合には，情誼関係からやむを得ずに保証人となる場合が多い。また同じ片務・無償契約である贈与と異なり，契約の成立段階では経済的負担が表面化せず，主たる債務者が不履行に陥って初めてそれが顕在化することから，迂闊に高額の保証に同意したり，限度額や保証期間の定めのないいわゆる包括根保証を締結させられることもしばしば起こりうる。このような「個人保証」においては，保証人の責任が苛酷なものにならないような解釈運用を行う必要があろう。平成16年の民法改正によって「貸金等根保証契約」（465条の2以下）の規定が設けられたが，同制度は包括根保証における個人保証人の保護を目的とした立法である。

　これに対して法人が保証人となる「法人保証」の場合には，原則としてそのような配慮は不要であろう。貸金等根保証契約の規定も，法人保証には適用されない。さらに資力のない中小企業等への金融機関の貸付を容易化するために，信用保証協会法に基づいて都道府県ごとに設立された信用保証協会などの保証機関が保証を行う場合がある。これを「機関保証」と呼ぶ。信用保証協会は信用保証委託契約に基づき中小企業から信用保証料を徴収する。また信用保証協会が保証債務を弁済し中小企業（債務者）に求償する場合には，別途，損害金

（遅延利息）が定められている。さらに中小企業の倒産等により求償金を回収できないリスクは，中小企業信用保険法に基づく信用保険制度によってカバーされる。同様の機関保証として，中小漁業融資保証制度，農業信用保証制度などがある。

### 1-3 保証債務の性質
#### (1) 多数当事者の債権関係としての性質
　保証債務は，主たる債務と同一の給付を目的とし，主たる債務と併存し，保証人は全部義務を負う。主たる債務，保証債務のいずれかが履行されれば，両方とも目的を達成して消滅する。

　保証は債権担保の機能を持つが，物上保証人（他人の債務を担保するために質権・抵当権を設定する者。351条・372条）とは異なり，保証人は，主たる債務につき責任のみを負うわけではない。あくまでも多数当事者の債権関係であるから，同一給付につき別個独立した2つの債務（主たる債務と保証債務）が併存する。すなわち保証人は，主たる債務と同一内容の給付をなすことを自己の債務として負担するのである（いわゆる保証債務の別個債務性）。

#### (2) 担保としての性質
　とはいえ，保証契約は実質的に主たる債務の債権担保の目的を有していることはいうまでもない。保証債務の弁済は，間接的には主たる債務の第三者弁済と評価され，弁済による代位（499条以下）の適用がある。この点では物上保証と異ならない。保証債務には，主たる債務を担保する債務として，「附従性」を中心とした以下のような性質が認められる。

　(ア) **附従性**　保証債務は，主たる債務の存在を前提とし，内容・存続において主たる債務に従属する従たる債務である。

　(a) **成立における附従性**　主たる債務が成立しなければ，保証債務も成立しない（449条は例外である）。

　(b) **内容における附従性**　2つの点を分けて論じる必要があろう。

　① 保証債務は，目的（内容および範囲）または態様（条件・期限・利息等）において主たる債務よりも重いことは許されない（448条）。

　② 保証人は主たる債務者が有する抗弁権を援用することができる（相殺につき457条2項）。また主たる債務者について生じた事由は，保証人にも効力を

## Ⅳ　多数当事者の債権関係

及ぼす。これらの点は，保証債務を多数当事者の債権関係としてみるならば，影響関係（1人について生じた事由の効力）における絶対的効力の問題として整理されるが，絶対効の根拠は保証債務の担保としての性質（附従性）に求められよう。ただし主たる債務の時効中断の効力が保証債務についても及ぶとする457条1項は，附従性を根拠とするものではなく，債権者の保護ための便宜規定だと説明するものが多数である。

　(c)　**消滅における附従性**　　主たる債務が消滅すれば保証債務も消滅する。

　(イ)　**随伴性**　　主たる債務者に対する債権が移転するときは，原則として保証人に対する債権も移転する。

　(ウ)　**補充性**　　保証債務は主たる債務の履行がなされない場合にはじめて履行責任が生じる（446条1項）。そのため，保証人には，①まず主たる債務者に請求をせよとの催告の抗弁（452条），②まずは主たる債務者の財産に執行せよとの検索の抗弁（453条）が認められる。

　なお補充性のない保証が，連帯保証であり，連帯保証人には2つの抗弁がみとめらない（454条）。

### (3)　附従性のない保証

　保証人が，主たる債務の存在を前提としない独立した債務を負担する場合がある。民法上は，行為能力制限者の保証人が「独立の債務」（独立債務）を負担する旨の規定が存するが（449条），あくまで例外的であり，原則として保証は附従性を有する。これに対して，国際取引においては，プラント輸出や国際売買の履行につき銀行がなす「請求払無因保証（Demand Guarantees, garantie à première demande）」と呼ばれる無因保証が広く行われている。国内取引では，保険会社による「信用保険」，「保証保険」などのいわゆる「損害担保契約」がそれに該当する。前者の例である「個人ローン信用保険」は，住宅ローンの際に金融機関（債権者）が自らを被保険者として損害保険会社と結ぶ損害担保契約であり，後者の例である「住宅ローン保証保険」は，債務者が金融機関を被保険者として損害保険会社と結ぶ損害担保契約である。いずれも内容は，一定の事実から他人に生じる損害を塡補する約束であり，正確には主たる債務の存在を前提とする民法上の保証とは異なる。

## 2　保証債務の成立
### 2-1　保証契約の要件
#### (1)　成立要件（その1）——**要式性（書面性）**

　従来，民法上の保証は，諾成・不要式・片務・無償契約であったが，平成16年改正によって，書面性が要求されようになった。新446条2項は，保証を慎重に行わしめ，保証意思が外部的にも明らかになっている場合に限りその効力を認める趣旨から，「保証契約は，書面でしなければ，その効力を生じない」と規定する。これは，保証契約が無償で，情誼に基づいて行われることが多いことや，保証契約の際には保証人に対して現実に履行が求められるかどうかが不確定であり，保証人において自己の責任を十分に認識していない場合が少なくないことを考慮したものである。

　またインターネットを利用した電子商取引等を想定し，いわゆる電子書面（電磁的な方法により内容が記録されたもの）によって保証契約が締結された場合であっても，保証意思が外部的に明らかになっているといえるので，書面による保証契約と同視することとした（446条3項）。

#### (2)　成立要件（その2）——**主たる債務の存在**

　主たる債務が存在しなければ，保証債務も成立しない。担保としての保証債務の性質（附従性）より帰結される点である。

(ア)　**主たる債務の不成立・無効・取消**　　主たる債務が不成立・無効・取り消された場合には，保証債務も成立しない。ところが民法典には，この附従性に対する重要な例外規定が置かれている。449条によると，行為能力の制限によって取り消すことができる債務を保証した者は，取消原因を知りつつ保証した場合には，主たる債務が取り消されても，同一の内容を目的とする「独立債務」を負担したものと推定される。立法者は，未成年者の保証人などについては，取り消されると否とにかかわらず債務を負担する意思であるという場合が少なからず存するであろうと判断し，フランス法に倣いこのような規定を置いた。もちろん推定規定ゆえ，取り消されない限りで保証債務を負担する意思が明示されていれば推定は覆るとされる。これに対して通説は，同条は保証人の保護に欠けるとして批判的であり，主たる債務の存在を前提とする趣旨がうかがわれる場合には本条を適用しないなど，その適用はできる限り厳格になされ

るべきであるとする。さらに通説は，同条に「主たる債務の不履行の場合」とあるのは無視すべきだとし，同条を行為能力制限の場合以外に類推適用することを否定する。なお同条が適用される場合には，保証人の債務は，取消しがなされるまでは保証債務として存続し，取消がなされたときには，遡及的に独立債務を負担することになる。通説が主張するように保証人の意思解釈は慎重になされるべきであるが，民法典が保証債務の款に附従性のない「独立債務」の規定を置いた意義は看過されるべきではない。

(イ) **将来の債務・条件付債務の保証**　未発生の将来債務，停止条件付きの債務の保証も有効とされている。この場合，主たる債務が発生した時点で保証債務も発生する。またいわゆる根保証契約においては，一定の範囲に属する不特定の債務が保証の対象となる。この限りで附従性は緩和されているといえよう。

(3) **法律行為（契約）一般の要件を充たすこと**

---

【事例　Ⅳ-9】

BはAから300万円の融資を受けることになったが，保証人をつけることが条件とされた。

① Bは友人Cに保証人になるように依頼するに際し，親戚のDも連帯保証人となりかつD所有の不動産に抵当権を設定してもらうので，Cに迷惑を掛けることはないからとの説明を受け，安心して保証人となったが，そんな事実は存しなかった。CはAに対して保証契約の無効を主張できるか。

② Bは友人Cから100万円であれば保証人になってもよいとの約束をとりつけ，保証額を空欄にしたまま保証契約書に署名捺印してもらい，後にBが同契約書に金額300万円と記入してAに交付した。CはAに対してどの範囲で保証債務の支払いをしなければならないか。

---

(ア) **成立要件**　契約当事者である債権者と保証人の間に合意（意思表示の合致）がなければならない。効果意思の内容は保証債務の発生である。

(イ) **有効要件**　保証契約が，法律行為・意思表示一般の有効要件を充たしていなければならない。具体的には，公序良俗違反（90条），錯誤（95条），詐

欺・強迫（96条）などの無効・取消原因が存しないことである。

　無効・取消原因は，保証契約につき存在しなければならない。保証委託契約において無効・取消原因があっても，直ちに保証契約が無効となるわけではない。保証契約は，あくまでも債権者と保証人との間の契約であり，主たる債務者と保証人の間の保証委託契約とは独立した契約だからである。たとえば事例①のように，主たる債務者による債務内容，債務額，他の物的・人的担保についての説明等によって保証人が錯誤に陥り保証委託契約に承諾した場合であっても，保証契約が直ちに錯誤無効となるわけではない。保証契約自体について錯誤の有無を判断すべきである。たとえば他に連帯保証人があるかどうかは，通常は保証契約をなす単なる縁由（動機）に過ぎず，当然には保証契約の内容となるものではないが（最判昭和32・12・19民集11-13-2299），主たる債務の内容がどのようなものであるかについての錯誤は保証契約の要素の錯誤となりうる。最判平成14・7・11判時1805-56は，立替払契約の立替金の連帯保証をしたが空クレジットであったという事案につき，錯誤無効の主張を認めている。

　(ウ)　**効果帰属要件**　　代理人によって保証契約が成立する場合には，代理権授与と顕名の2つの要件を充たす必要がある（99条）。実際には，主たる債務者が保証委託をなす際に，保証人に保証額等を空欄にしたまま保証契約書に署名捺印してもらい，債権者に交付するということがしばしば行われている。たとえば事例②のように，保証人は保証委託に際しては100万円を上限として保証をなす合意であったにもかかわらず，主たる債務者が300万円と記入した場合には，保証契約はいかなる範囲で保証人に効果が帰属するのか。まずは，主たる債務者が保証人の単なる使者（意思伝達機関）なのか代理人であるのかが問題となろう。使者と認定された場合，本人（保証人）の意思と使者（主たる債務者）の表示に齟齬があるので錯誤により無効となる余地が生じるが（借用人名が空欄であるケースにつき大判昭和9・5・4民集13-633），判例は多くの場合には，代理人と認定し，表見代理（110条）の成否を検討する。肯定例（最判昭和35・10・18民集14-12-2764など）と否定例（最判昭和45・12・15民集24-13-2081など）に分かれる（いずれも実印が交付された事例）。学説も，不完全な保証契約書が交付された場合は代理権の授与とみるのが適当であるとするものが多数である。また使者と認定された場合でも表見代理の規定（110条）を類推適

### (4) 保証人となりうる者の資格

原則として制限はないが，債務者が債権者に対して保証人をたてる義務を負う場合には，保証人は，①行為能力者であり，②弁済の資力を有していなければならない（450条1項1号2号）。この要件②を欠くに至った場合には，債権者は債務者に対して保証人の変更を請求することができる（同条2項）。ただし債権者が保証人を指名した場合はこの限りでない（同条3項）。また債務者が資格を有する保証人を立てることができない場合，債務者は，他の担保を提供してこれに代えることができる（451条）。

## 2-2 保証債務の内容と範囲

【事例 Ⅳ-10】

Aは著名な陶芸家の茶器をBから購入し代金100万円を支払い，売主Bの債務につきCが保証人となった。
① Bが配送中に茶器が壊れてしまった。AはCに損害賠償の請求ができるか。
② Bは茶器を盗まれてしまったが，後にCが骨董市場で発見し入手した。AはCに茶器の引渡しを請求できるか。
③ Bがいっこうに茶器の引渡しをなさないので，Aは茶器の売買契約を解除した。AはCに代金100万円の返還を請求できるか。

### (1) 給付内容の同一性

保証債務は，主たる債務と同一の給付内容を目的とする（給付内容の同一性）。多数当事者の債権関係としての性質であると同時に担保としての附従性からの帰結でもあるとされる。さらに主たる債務の履行義務が損害賠償義務に転化した場合には，保証債務もこれに転じる。たとえば事例①のように，特定物債務の保証について，主たる債務が履行不能となり同一性を失わずに損害賠償債務に転化すれば，保証債務の内容もこれに応じて金銭債務に転じることになろう。それでは事例②のように後に保証人が当該特定物を取得したという場合に，債権者は保証人に対してその物の履行（登記・引渡し）を請求することはできな

いのか。判例は請求できるとする（大決大正13・1・30民集3-53）。通説は判例を支持し、給付内容の同一性は形式的に考えるのではなく、保証契約の趣旨を実質的に判断して、本来の債務と塡補賠償債務は価値において同一であるのだから、主たる債務者が塡補賠償債務を負担し、保証人が本来の給付を内容とする債務を負担しても、保証債務の附従性に反することはないと説明する。近時は、給付内容の同一性の要請は、保証債務の担保としての性質という観点からは本質的なものではなく、保証債務の内容は基本的には保証契約の意思解釈の問題に帰着するとの学説が有力である。それによれば、保証債務の給付内容が、主たる債務の給付内容と異なる場合、厳密な意味では多数当事者の債権関係の性質は失われるが、保証債務が主たる債務の履行を担保する目的を有しているときには、保証に準じて取り扱うべきだとする。

### (2) 契約解除による原状回復義務

保証債務の内容に関連して、契約が解除された場合に、原状回復義務および損害賠償義務に保証人の責任が及ぶかどうかが問題となる。

旧来の判例は、解除の性質論（遡及効）からこれを判断した。すなわち賃貸借の解除には遡及効がないので、賃借人の保証人は賃借物返還債務について責任を負うが（明渡しまでの賃料相当額の損害賠償について大判昭和13・1・31民集17-27など）、売主の保証人については、売買契約の解除には遡及効があり、原状回復義務も損害賠償義務も本来の債務と同一性を有しないので、特約のない限り、保証人の責任が及ばないとした（大判大正6・10・27民録23-1867など）。しかしこのように解除の法的性質から結論を導くことには批判が強く、最高裁は判例を変更するに至った（最大判昭和40・6・30民集19-4-1143）。同判決は、「特定物の売買における売主のための保証においては、通常、その契約から直接に生じる売主の債務につき保証人が自ら履行の責に任ずるというよりも、むしろ、売主の債務不履行に基因して売主が買主に対し負担することあるべき債務につき責に任ずる趣旨でなされるものと解するのが相当であるから、保証人は、債務不履行により売主が買主に対して負担する損害賠償義務についてはもちろん、特に反対の意思表示のないかぎり、売主の債務不履行により契約が解除された場合における原状回復義務についても保証の責に任ずるものと認めるのを相当とする」と判示している。事例③では、保証人Cは、原状回復（代金

100万円の返還）義務につき履行責任を負うことになろう。

　しかしながら同判決は，すべての保証につき保証人は原状回復義務にまで責任を負うとする趣旨ではなく，あくまで保証契約における当事者の合理的意思（通常の意思）を基準に原状回復義務が保証人の責任に含まれるか否かを判断したものであると分析されている。よって買主の保証人に関しては，基本的に代金支払債務のみの保証をなす趣旨であって，反対の特約がない限り，買主の原状回復義務（買主が引渡しを受けた目的物の返還義務）については保証人の責任が及ばないとするのが合理的意思解釈に適しているであろう。

　次いで，最高裁は，工事代金の前払を受ける請負人のための保証に関する事案において，昭和40年大法廷判決を援用し，「工事代金の前払を受ける請負人のための保証は，特段の事情の存しないかぎり，請負人の債務不履行に基づき請負契約が解除権の行使によって解除された結果請負人の負担することあるべき前払金返還債務についても，少なくとも請負契約上前払すべきものと定められた金額の限度においては，保証する趣旨でなされるものと解しえられる」として，その範囲内であれば，合意解除による約定の返還債務についても保証人は責任を負うとした（最判昭和47・3・23民集26-2-274）。

### (3) 保証債務の範囲

　保証債務の範囲についても，基本的には保証契約の当事者の意思によるが，特段の定めがない場合には，民法447条が適用される。それによると保証債務には，元本の他に，主たる債務に関する利息，違約金，損害賠償，その他主たる債務に従たるすべてのもの（訴訟費用など）が含まれる（同条1項）。

　保証債務は，目的（内容および範囲）または態様（条件・期限・利息等）において主たる債務よりも重いことは許されない。その場合は主たる債務の限度に縮減される（448条）。保証債務の附従性からの帰結である。ただし保証債務にのみ違約金または損害賠償（遅延損害金）の額を約定することは可能である（447条2項）。

### (4) 一部保証

　元本の一部保証も可能である。たとえば主たる債務1,000万円のうち600万円の限度で保証するというケースが想定される。この場合，主たる債務者が600万円を弁済したら保証人が責任を免れる趣旨ではなく，なお600万円を限度と

§5　保証債務

して残額（400万円）を保証する趣旨と解するのが，契約当事者の合理的意思に合致するであろう。

## 3　保証債務の効力
### 3－1　対外的効力——保証債務の補充性に基づく抗弁権

---
**【事例　Ⅳ－11】**

　AはBに300万円を融資し，Cが保証人となった。
① 　AはBに何らの催告をなすことなく，Cに保証債務の支払を請求してきた。CはAに対してどのような主張をなすことができるか。
② 　AはBに催告をした後に，Cに対して保証債務の支払を請求してきた。Bには多額の預金債権がある。CはAに対してどのような主張をなすことができるか。

---

**(1)　催告の抗弁権**

　事例①のように，債権者が保証人に債務の履行を請求したときは，保証人は，まず主たる債務者に催告をすべき旨を請求することができる（452条本文）。催告の抗弁権と呼ばれる。保証債務の補充性に基づいて認められる。ただ催告の抗弁権は実際にはあまり実効的とはいえない。というのは，判例は，債権者は，単に主たる債務者に対して履行の催告をすれば足り，その効果がなかったことの確定を要しないとしているし（大判大正5・11・4民録22-2021），債権者が主たる債務者と同時に保証人に対して請求したときは，保証人はもはや抗弁権を主張できないと解しているからである（大判大正9・11・24民録26-1871）。

　判例は，保証人が催告の抗弁権を放棄したときは，債権者は直ちに保証人に請求することができるとする（大判明治37・9・22民録10-1139）。その他，主たる債務者が破産手続開始決定を受けた場合（452条ただし書），主たる債務者の行方が知れない場合（452条ただし書），連帯保証の場合（454条）には，保証人は催告の抗弁権を有しない。

**(2)　検索の抗弁権**

　事例②のように，債権者が主たる債務者に催告した後に保証人に履行を請求

した場合であっても，保証人は，まず主たる債務者の財産について執行すべき旨の抗弁（453条）を有する。検索の抗弁権と呼ばれ，催告の抗弁権と同様，保証債務の補充性から認められる。要件として，保証人が，主たる債務者に弁済の資力があること，執行が容易なことを証明しなければならない。厳格な要件であるが，実際には柔軟な運用がなされている。判例は，主たる債務者が執行容易な若干の財産を有することを証明すれば足り，これによって得られる弁済が債権全部に及ぶことを証明する必要はないとし（大判昭和8・6・13民録12-1472），さらに執行の容易さは，法律上の手続きが容易であるかどうかではなく，執行した結果現実に弁済を受けることが容易かどうかという意味であるとする（大判昭和5・4・23新聞3122-10）。

保証人から有効に催告または検索の抗弁権が行使されたのに，債権者が，催告または執行を怠り，その後，主たる債務者から全部の弁済を得られなかった場合には，保証人は，債権者が直ちに催告または執行をなせば弁済を得ただろう限度でその責任を免れる（455条）。

### 3-2 主たる債務者または保証人について生じた事由の効力

主たる債務者について生じた事由は，保証債務の担保としての性質（附従性）から，原則として保証人に効力が及ぶと考えてよい（附従性による絶対的効力）。よって民法典には，保証債務については時効中断と相殺に関する規定（457条）しか置かれていないが，附従性を根拠に解釈によって当然に絶対的効力が広く認められる。なお主たる債務の時効中断の効力が保証債務についても及ぶとする457条1項は，必ずしも附従性を根拠とするものではなく，債権者の保護ための政策的規定だと説明するものが多数である。

反対に保証人について生じた事由の効力については，原則として主たる債務者に及ばない。弁済等の債権満足事由以外は，相対的効力が原則となる。

(1) **主たる債務者について生じた事由の効力**

【事例　Ⅳ-12】

AはBに300万円を融資し，Cが保証人となった。BはAに対して500万円の売買代金債権を有している。
① Bが300万円の借金債務につき500万円の代金債権を自働債権として対

> 当額で相殺を行った。AがCに保証債務の履行を求めた場合，Cは履行を拒絶できるか。
> ② AがCに保証債務の履行を請求した場合，CはBがAに対して有する代金債権による相殺を抗弁として主張できるか。

　正確には，主たる債務者について既に生じている事由の効力が保証人に及ぶかという問題と，主たる債務者が有する抗弁を保証人が援用できるかという問題を区別すべきであるが，ここでは同一の項目の中で取り扱う。

　(ア)　**不成立・無効・取消し**　主たる債務がその発生原因の不成立，無効，取消しによって効力が生じない場合には，附従性によって，保証債務も効力を生じない（附従性による絶対的効力）。ただし，行為能力の制限による取消しについては，449条の例外（独立債務）がある。

　なお保証人は120条の取消権者に含まれないと解されているので（大判昭和20・5・21民集24-9），主たる債務者が取消権を行使しない限り，保証人がそれを援用することはできない。ただし通説は，主たる債務者が取消権を行使するまでは，保証人は保証債務の履行を拒絶できると解する。

　(イ)　**解除**　主たる債務がその発生原因の解除により消滅した場合には，附従性によって，保証債務も消滅する（附従性による絶対的効力）。

　なお解除権を行使できるのは契約当事者であるから，保証人はそれを行使できない。ただし通説は，取消しと同様に主たる債務者が解除権を行使するまでは，保証人は保証債務の履行を拒絶できると解する。

　(ウ)　**弁済・代物弁済・供託・相殺**　弁済・代物弁済・供託・相殺などの債権満足事由によって主たる債務が消滅した場合については，保証債務も消滅する（附従性による絶対的効力）。事例①については，保証人Cは相殺により主たる債務が消滅しかつ附従性によって保証債務の消滅したと主張することができる。

　事例②におけるように，保証人は，主たる債務者の債権による相殺を債権者に対抗することができる（457条2項）。通説はその結果，主たる債務および保証債務は消滅するとするが，多数説は，相殺によって消滅する限度で弁済を拒絶する抗弁権を有するに過ぎないと解する。なお，銀行取引においては，貸付

169

Ⅳ 多数当事者の債権関係

関係約定書の保証条項の中で，保証人による相殺（いわゆる「逆相殺」）を禁止する条項（特約）が置かれている。

(エ) **免　除**　主たる債務が免除により消滅した場合，保証債務も消滅する（附従性による絶対的効力）。なお判例は，債権者が主たる債務者に一部免除をしたが，（連帯）保証人に対しては債務全額を取り立てる旨の意思表示をなし，（連帯）保証人がこれを承諾したときは，（連帯）保証人は，免除部分について，附従性を有しない独立の債務を負担するとしている（最判昭和46・10・26民集25-7-1019）。

(オ) **消滅時効**　主たる債務につき消滅時効が完成し，主たる債務者がこれを援用した場合には，主たる債務は消滅するので，保証債務も附従性により消滅する（附従性による絶対的効力）。

　主たる債務につき消滅時効が完成したが，主たる債務者がこれを援用しない場合には，保証人がそれを援用することができる。判例は，民法145条の当事者（時効の完成によって直接に利益を受ける者）に保証人も含まれると解している（大判大正4・7・13民録21-1387）。なお時効利益の放棄は相対的効力を生じるに過ぎないから，主たる債務者が主たる債務につき時効完成後に時効利益を放棄しても，保証人は時効を援用しうる（大判大正5・12・25民録22-2494など）。この場合，主たる債務は，保証のない債務となる。

　主たる債務者が時効を援用したが，保証人が独自に保証債務の時効利益を放棄して弁済した場合，通説は必ずしも附従性に反しない（主たる債務は保証債務の基礎となる関係でなお存在する）として，弁済を有効としつつ，保証人は主たる債務者に対して求償することはできないと解する。

(カ) **時効中断**　主たる債務の時効中断（請求・承認）は保証人にも効力を生じる（457条1項）。時効中断の相対効（148条）の例外規定である。

　なお同規定は，必ずしも附従性を根拠とするものではなく，担保力を強化し債権者を保護するための政策的規定だと説明するものが多数である。

(キ) **その他の主たる債務者の抗弁**　主たる債務者が，主たる債務につき期限の利益や同時履行の抗弁を有する場合には，保証人はそれを援用できる。

(2) **保証人について生じた事由の効力**

　保証人について生じた事由は，原則として，主たる債務者に影響を及ぼさな

い。たとえば，保証人につき時効中断事由が生じても，その効力は主たる債務者には及ばない（大判明治34・6・27民録7-70）。よって，主たる債務の時効が完成すれば，保証人はそれを援用できる（大判昭和10・10・15新聞3904-13）。

なお弁済・代物弁済・供託・相殺のように債権者が満足を得て保証債務が消滅する場合には，主たる債務も消滅する。保証債務の有する多数当事者の債権関係としての性質からは当然の帰結である。保証債務の有する債権担保としての性質から分析するならば，保証債務の弁済が，間接的には主たる債務の第三者弁済として評価されることを示している。

### 3-3 求償関係

**(1) 求償権の根拠**

保証債務を履行した保証人は主たる債務者に償還することができる。保証債務の履行は，対外的な関係すなわち債権者に対する関係では，保証人自身の債務の履行であるが，対内的な関係すなわち主たる債務者との関係では，他人である主たる債務者のために弁済するのであるから，その償還が認められなければならない。この償還請求権を求償権と呼ぶ。求償権の根拠は，保証人が委託を受けた場合と受けていない場合とで分けて考えることができる。

① 委託を受けた保証人が弁済をなすのは，主たる債務者からの委任によるものゆえ，求償権（459条1項）は，委任事務処理費用の償還（650条）としての性質を持つ。

② 委託を受けない保証人の求償権（462条）は，事務管理費用の償還（702条）としての性質を有する。

**(2) 委託を受けた保証人の求償権**

【事例 Ⅳ-13】

AはBに300万円を融資し，Cが保証人となった。
① Cは，Bに事前に通知をなして保証債務を弁済した。CはBに対して自己が支払った300万円を償還することができるか。
② Cは，Bに事前に通知をすることなく保証債務を弁済した。BがAに対して500万円の売買代金債権を有していた場合，CのBへの償還請求に対して，Bは相殺が可能であったことを理由にそれを拒絶することができるか。

② Cが保証債務の弁済をなしたが，Bに事後の通知を怠ったために，BがAに二重に弁済してしまった。A，BおよびC間の法律関係を説明しなさい。

(ア) **事後求償権**　保証人が，主たる債務者に代わって弁済をし，その他自己の財産をもって債務を消滅させるべき行為（代物弁済，供託，更改，相殺，有償免除）をしたときには，主たる債務者に対して求償権を有する（459条1項）。事例①ではCはBに求償権を行使できる。主たる債務の弁済期到来前に保証人が弁済をなした場合には，弁済期の到来まで求償権を行使できない。債務者の期限の利益を害してはならないからである。

(イ) **求償権の範囲**　求償の範囲については，連帯債務者間の求償の規定が準用され，弁済額，免責の日以降の法定利息，必要費，損害賠償に及ぶ（459条2項による442条2項の準用）。受任者の費用償還請求の範囲とほぼ一致する（650条1項3項）。

(ウ) **求償権の制限——事前通知・事後通知**　保証人は，弁済その他免責行為をするに際して，主たる債務者に事前通知・事後通知をしなければならない。

(a) **事前通知を怠った場合**　保証人が債権者から履行の請求を受けたことを主たる債務者に事前に通知をしないで免責行為をした場合，主たる債務者は債権者に対抗することのできた事由を保証人に対して対抗することができる（463条1項による443条1項の準用）。たとえば事例②のように，主たる債務者が債権者に反対債権を有していた場合には，主たる債務者は保証人からの求償に対して相殺の抗弁を主張することができる。相殺の抗弁が行使された場合には，保証人は，相殺によって消滅すべきであった主たる債務者の反対債権の履行を債権者に対して請求することができる（443条1項後段）。反対債権が保証人に法律上当然に移転すると解される。

(b) **事後通知を怠った場合**　事例③のように，保証人が免責行為をしながら事後の通知を怠ったために，主たる債務者が善意で重ねて免責行為をなした場合には，主たる債務者は自己の免責行為を有効なものとみなすことができる（463条1項による443条2項の準用）。よって主たる債務者は保証人からの求償に応じる必要はない。

§5 保証債務

　委託を受けた保証の場合，主たる債務者についても，事後通知の規定が適用になる（463条2項による443条の準用）。主たる債務者が免責行為をしながら事後の通知を怠ったために，保証人が善意で二重に弁済その他の免責行為をした場合には，保証人の免責行為を有効なものとみなすことができる。すなわち保証人は主たる債務者に求償をなすことができ，主たる債務者は自己が免責行為をなしたことを理由にその履行を拒絶することができない。

　(エ)　**事前求償権**　　(i)　委託を受けた保証人は，一定の場合には，事前に（自己が債権者に対して弁済その他の免責行為をなす前に），主たる債務者に求償権を行使することができる。委任事務処理費用の前払（649条）と同様の性質を有するが，保証本来の趣旨を無意味にしないために，その適用場面を制限したものと解されている。

　①　主たる債務者が破産手続開始の決定を受け，かつ債権者がその財団の配当に加入しないとき（460条1号）　　保証人が求償権を破産債権として配当に加入する機会を失しないようにするためである。

　②　債務が弁済期にあるとき（同条2号本文）　　債権者からの請求がなく直ちに弁済をしない場合であっても，保証人には，主たる債務者が将来無資力に陥るリスクを回避するため，事前に主たる債務者に求償をしておく必要があるからである。なお保証人は当初の弁済期における主たる債務者の資力を考慮して保証契約をなしたのであるから，事後に債権者が主たる債務者に対して期限を猶予した場合であっても，当初の期限の到来によって事前の求償権を行使しうる（同条2号ただし書）。

　③　債務の弁済期が不確定であって，かつ最長期をも確定することができない場合において，保証契約の後10年を経過したとき（同条3号）。

　④　保証人が過失なくして債権者に弁済すべき裁判を言い渡されたとき（459条1項前段）。

　(ii)　事前の求償権に応じて保証人に支払をなした主たる債務者は，債権者が保証人から全部の弁済を受けない間は，保証人に対して，担保を提供するよう，または自己に免責を受けさせるよう請求することができる（461条）。後者については，単に債権者に弁済するように請求できるだけでなく，主たる債務の引受を請求することができると解されている。

173

## (3) 委託を受けない保証人の求償権

**(ア) 主たる債務者の意思に反しない場合**　保証人が弁済などの免責行為をした当時，主たる債務者が利益を受けた限度においてのみ求償権を行使できる（462条1項）。利息，損害賠償は含まれない。

**(イ) 主たる債務者の意思に反する場合**　現存利益の範囲でしか求償権を行使できない（462条2項前段）。本人の意思に反して事務管理がなされた場合の費用償還請求の範囲と同様である（702条3項）。現存利益に限定されるので，保証人が免責行為をなした後であっても主たる債務者が債権者に対して反対債権を取得したとして相殺を主張することが可能となる。その場合には，相殺によって消滅すべきであった反対債権については，保証人がこれを債権者に履行を請求することができる（462条2項後段）。反対債権は法律上当然に保証人に移転すると解されている。

## (4) 求償権と弁済による代位

保証人は，委託の有無を問わず，弁済をなすにつき正当な利益を有する者であるから，弁済によって当然に債権者に代位する（500条）。保証人は求償権を確保するために，債権者が主たる債務者に対して有していた債権および担保権に代位することができる。

## 4　諸種の保証

### 4-1　連帯保証

#### (1) 連帯保証の意義

連帯保証とは，保証人が主たる債務者と連帯して債務を負担することによって主たる債務の履行を担保する保証債務である（454条・458条参照）。連帯保証も保証であるから附従性は保持されるが，単純保証と異なり主たる債務者と連帯するので補充性は失われる。連帯保証は補充性がない点で単純保証よりも担保力がより強化されているので，実務上，連帯保証の方が頻繁に用いられている。

#### (2) 連帯保証の成立

連帯保証は，保証契約において連帯の特約がなされることによって成立する。単純保証か連帯保証かは，合理的意思解釈の問題であるが，不明な場合には，

個人保証である限り，単純保証と解するべきである。なお債務が主たる債務者の商行為によって生じたとき，または保証が商行為であるときは，連帯保証となる（商法511条2項）。

(3) **連帯保証の効力**

---
**【事例 Ⅳ-14】**

AはBに300万円を融資し，Cが連帯保証人となった。
① Cは，Aからの連帯保証債務の履行請求に対して，催告の抗弁・検索の抗弁を主張することができるか。
② Bが行方不明であったが，消滅時効が完成しそうであったので，AはCに対して連帯保証債務の履行を求め訴えを提起した。後にBの行方が知れたのでAはBに対して支払いを請求した。Bは主たる債務につき時効完成による消滅を主張することができるか。

---

ここでは主に単純保証と対比しつつ連帯保証の効力を検討しよう。

(ア) **対外的効力**　(a) **補充性なし**　単純保証では，保証人に，催告・検索の抗弁権（452条・453条）が認められるが，連帯保証人には認められない（454条）。すなわち連帯保証には補充性がない。事例①ではCの抗弁は認められない。

(b) **分別の利益なし**　保証人が複数いる場合，単純保証においては，共同保証人間に分別の利益が認められるが（456条），連帯保証においては，連帯保証人間には分別の利益は認められない。

(イ) **主たる債務者または連帯保証人について生じた事由の効力**（影響関係）
(i) **主たる債務者について生じた事由**　単純保証においては，主たる債務者について生じた事由は，原則として保証人に効力を及ぶ（附従性による絶対的効力）。連帯保証においても同様である。附従性は連帯保証においても失われない。
(ii) **連帯保証人について生じた事由**　保証人について生じた事由は，債権満足事由（弁済・代物弁済・供託・相殺）以外は，原則として主たる債務者に効力が及ばない（相対的効力）。これに対して，連帯保証人について生じた事由に

175

Ⅳ　多数当事者の債権関係

については，連帯債務の効力に関する規定（434～440条）が性質の許す限り準用され（458条），主たる債務者に効力が及ぶこともある。具体的に検討しよう。

　(a)　請求に関する434条，更改に関する435条，混同に関する438条は，連帯保証に準用される。

　(b)　相殺は，弁済・代物弁済と同様に，債権の満足的消滅事由であるから，多数当事者の債権関係としての性質または債権担保としての性質から当然に絶対的効力が認められる。よって436条1項の準用の必要はない。

　(c)　連帯保証人は負担部分がゼロゆえ，負担部分を前提とした規定（相殺に関する436条2項，免除に関する437条，時効に関する439条）については準用の余地がない。

　(d)　相対的効力の原則は，連帯保証の保証としての性質から当然に認められる。よって440条の準用の必要はない。

　以上から，458条の準用の意味があるのは(a)のみである。しかし連帯ということにこだわり過ぎているとして435条（更改）および438条（混同）の準用には立法論的な批判が根強い。債権管理の実務上意味があるのは，434条（請求）の準用である。事例②では，458条が準用する434条により，Ｃへの請求の効果がＢにも及ぶので，主たる債務についても時効中断の効果が生じる。

　(ウ)　**求償関係**　　求償関係については，単純保証と異なるところはない。459条以下の規定が適用される。

### 4－2　共同保証

#### (1)　共同保証の意義

　共同保証とは，広義では，同一の主たる債務について数人が保証債務または連帯保証債務を負う場合を指す。①数人が単純保証人である場合，②数人が連帯保証人である場合，③数人の単純保証人の間に連帯の特約がある場合が想定される。①が狭義の共同保証である。①の場合についてのみ，分別の利益が認められる。③は保証連帯と呼ばれ，①と同様，補充性（催告・検索の抗弁権）が認められる点で，②と区別される。

#### (2)　分別の利益

　数人の保証人が単純保証をなした場合（①）には，分割債務の原則（427条）が適用され，各保証人は，主たる債務の額を保証人の頭数に応じて分割した額

（原則平等，相続による場合には相続分に応じた額）についてのみ保証債務を負担する（456条）。

分別の利益は，ローマ法以来認められた制度ではあるが，保証の効力を弱め，当事者の通常の意思に反し，債権者に予期しない不利益を与えるとして，立法論的には批判がある。

### (3) 共同保証人の1人について生じた事由の効力

保証連帯（③）については，保証人間に連帯関係が存するので，連帯債務の絶対的効力の規定が適用（類推適用）される（保証人間にも連帯関係のある（連帯）保証人の1人に対する債務の一部免除につき大判昭和15・9・21民集19-1701）。

これに対して，数人の保証人がそれぞれ主たる債務者の連帯保証人である場合（②），保証人間に連帯関係があるわけではないので，連帯債務の絶対的効力の規定は適用（類推適用）されないと考えるべきである。いわゆる保証連帯の特約があるなどの事情がない限り，免除の効力は他の連帯保証人に及ばないとした判例（最判昭和43・11・15民集22-12-2649）がある。

### (4) 共同保証人間の求償関係

共同保証人間の公平を考慮し，弁済した保証人の1人のみが主たる債務者の無資力の危険を負わないようにするために，主たる債務者に対する求償権とは別に，共同保証人間に求償権が認められる。

(i) 分別の利益を有しない場合（保証連帯，連帯保証または主たる債務が不可分債務の場合）には，自己の負担部分の範囲を超えて弁済したときは，442条（求償権），443条（通知義務）および444条（無資力者の負担部分の分担）を準用する（465条1項）。

(ii) 分別の利益を有する場合には，462条（委託を受けていない保証人の求償権）が準用される（465条2項）。

## 4-3 継続的保証・根保証

### (1) 意　義

債権者と主たる債務者との一定の法律関係から継続的に生じる不特定多数の債務を保証人が保証する場合がある。このような保証を継続的保証または根保証と呼ぶ。根保証とは，正確には，不特定多数の債務のそれぞれにつき保証債務が発生するのではなく，将来に確定する元本について保証債務を発生させる

IV　多数当事者の債権関係

保証を指す。

　実務上，継続的保証は，①継続的な貸金契約（当座貸越契約，手形割引契約等）から生じる不特定債務の継続的保証，②継続的な供給契約から生じる不特定債務の継続保証，③賃借人の将来の賃料債務の保証（いわゆる賃貸保証），④被用者の債務の保証（いわゆる身元保証）など広く用いられている。このうち④は身元保証法（昭和8年）によって規制されていたが，新たに①が，平成16年の民法改正によって規制の対象となった。465条の2以下の「貸金等根保証契約」がそれである。②，③はこの度の法改正の対象からは外されている。

**(2)　限定根保証と包括根保証**

　保証限度額（極度額）または保証期間の定めのある根保証を限定根保証，保証限度額（極度額）および保証期間の定めのない根保証を包括根保証と呼ぶ。このうち包括根保証については，保証人の責任が過度に広汎になるおそれがある。判例は，包括根保証を直ちに無効とするものではないが（最判昭和33・6・19民集12-10-1562など），古くから(i)信義則により保証人の責任を合理的な範囲に限定したり（下級審裁判例），(ii)主たる債務者の資産状態の急速な悪化，保証人との信頼関係の破壊，主たる債務者の職業上の地位の変更などを理由に保証人に解約権を認めたり（大判大正14・10・28民集4-656，最判昭和39・12・18民集18-10-2179，大判昭和16・5・23民集20-637など），(iii)包括根保証人の地位の相続性を否定する（最判昭和37・11・9民集16-11-2270）など，保証人の保護を図るための判例法理が形成されてきた。平成16年には，包括根保証を規制する抜本的な法改正がなされたが，規制の対象を貸金等根保証契約に限定した点が不十分であるとの批判がなされている。

**(3)　貸金等根保証契約**

　**(ア)　貸金等根保証契約の意義**　　貸金等根保証契約とは，一定の範囲に属する不特定の債務を主たる債務とする保証契約（根保証契約）であって，その債務の範囲に金銭の貸渡しまたは手形の割引を受けることによって負担する債務（貸金等債務）が含まれるもの（保証人が法人であるものを除く）を指す（465条の2第1項）。

　**(イ)　保証債務の範囲—極度額**　　(i)　保証人は，①主たる債務の元本，②主たる債務に関する利息，違約金，損害賠償その他その債務に従たるすべてのも

の，③保証債務について約定された違約金または損害賠償の額について，④その全部に係る極度額を限度として，履行する責任を負う（465条の2第1項）。

　(ⅱ)　極度額の定めのない貸金等根保証契約は無効である（465条の2第2項）。

　(ⅲ)　極度額の定めは書面でしなければ効力を生じない（465条の2第3項による446条2項・3項の準用）。

　(ウ)　**元本確定期日**　　(ⅰ)　元本確定期日の定めがある場合はそれによるが，約定期日が5年を経過した日以降に定められている場合は期日の定めがないものとする（465条の3第1項）。

　(ⅱ)　元本確定期日の定めがない場合，契約締結時から3年を経過した日に元本が確定する（465条の2第2項）。

　(ⅲ)　元本確定期日を変更する場合において，変更後の元本確定期日がその変更をした日から5年を経過する日より後の日となるときは，その変更は効力を生じない（465条の2第3項）。

　(エ)　**法定元本確定事由**　　以下の事由が発生した場合には元本が確定する（465条の4）。

　①　主たる債務者または保証人への強制執行または担保権の実行（同条1号）

　②　主たる債務者または保証人の破産手続開始の決定（同条2号）

　③　主たる債務者または保証人の死亡（同条3号）

　(オ)　**法人根保証契約の求償権の保証**　　たとえば，債権者（金融機関）が主たる債務者（中小企業）に融資をなす際に，法人である保証機関によって根保証がなされ，その求償権を保証するためにさらに個人（中小企業の代表・親族など）が保証人となる場合がある。たとえ法人保証であっても，このように法人保証人による貸金等債務の根保証契約の求償権について個人保証がなされる場合には，包括根保証を規制する必要がある。そこで，平成16年改正では，根保証契約について，①極度額の定めがない場合，または②元本確定期日の定めがない場合（元本確定期日の定め・変更が465条の3第1項・3項の規定により効力が生じない場合も含む）には，求償権についての保証契約はその効力を生じないものとした（465条の5）。

Ⅳ 多数当事者の債権関係

**整理ノート** 保 証 債 務

1 保証債務の意義
   ・保証契約と保証委託契約の区別
   ・個人保証と法人保証
   ・保証債務の性質
     ① 多数当事者の債権関係としての性質
     ② 債権担保としての性質
   ・附従性のない保証　ex. 請求払無因保証, 損害担保契約
2 保証債務の成立
   ・要式性（書面）
   ・主たる債務の存在
     （例外）　行為能力制限の「独立債務」（449条）
   ・法律行為一般の要件を充たすこと
   ・保証人となりうる者の資格
3 保証債務の内容と範囲
   ・給付内容の同一性
   ・解除の原状回復義務
     解除の遡及効→当事者の合理的意思解釈
   ・保証債務の範囲
     主たる債務よりも重いことは許されない
   ・一部保証
4 保証債務の対外的効力
   ・補充性の基づく抗弁（催告の抗弁, 検索の抗弁）
   ・主たる債務者について生じた事由の効力
     原則として保証人に及ぶ（附従性による絶対的効力）
     相殺の抗弁（457条2項）
     時効中断（457条1項）──債権者保護の政策的規定
   ・保証人について生じた事由の効力
     原則として主たる債務者に及ばない

5 求償関係
　① 委託を受けた保証人の求償権
　　a．事後求償権　　事前の通知，事後の通知
　　b．事前求償権
　② 委託を受けない保証人の求償権
6 連帯保証
　・連帯の特約
　・補充性なし
7 共同保証
　① 数人が単純保証人　　　　　　　　補充性あり，分別の利益あり
　② 数人が連帯保証人　　　　　　　　補充性なし，分別の利益なし
　③ 保証連帯（保証人間で連帯特約）　補充性あり，分別の利益なし
8 継続的保証・根保証
　・包括根保証，限定根保証
　・貸金等根保証契約　　極度額，元本確定

## 応用学習 8 保証と物上保証——「第三者担保」という視角から——

### 1 物上保証とは何か？——保証との比較

　実務では、A銀行からB会社が融資を受けるに際して、B会社の代表者またはその親族CがB会社の債務を担保するためにC所有の不動産に根抵当権を設定するということがしばしば行われる。このように他人の債務を担保するために自己の財産につき質権や抵当権を設定する者を「物上保証人」と呼ぶ。「保証」と「物上保証」は、ともに、他人の債務を担保するという共通の目的を有するが、両者には以下のような本質的な差異が存する。なお実務では、Cが連帯保証をなし、かつ自己の不動産に抵当権を設定して、連帯保証人と物上保証人を兼ねる場合が多い。

#### (1) 構造上の差異

　保証は、債務（保証債務）の負担という手段を用いる「人的担保」であるのに対して、物上保証は担保物権（抵当権等）の設定という手段を用いる「物的担保」である。すなわち物上保証人は、債権者に対して直接に債務を負担するわけではなく、債務者の被担保債権が不履行に陥った場合に担保権を実行されるに過ぎない。いわば他人の債務につき自己の財産で「責任」を負っているのである（いわゆる「債務なき責任」の典型例とされるが、他人の債務につき責任を負うということであって、債務がないわけではない）。

#### (2) 実質的な差異

　人的担保である保証の場合、債権者は保証人の他の債権者との競合を余儀なくされ、特定の財産について優先弁済権を確保できるわけではないが、保証人の責任財産のすべてを保証債務の引き当てにすることが可能である。換言すれば、保証人は「無限責任」を負担する。これに対して物的担保である物上保証の場合、債権者は、担保権が設定された特定の財産について優先弁済権を確保できるが、それ以外の物上保証人の一般財産を引き当てにすることはできない。いわば物上保証人は「有限責任」を負うにとどまる。

### 2 物上保証の民法典上の位置づけ

　保証については、債権総則中に多数当事者の債権関係としての位置づけがなされ、利害関係人間の法律関係を規律する数多くの規定が置かれているのと対比すると、物上保証については、物権編の質権・抵当権の章において、債務者以外の第三者の所有物を質権・抵当権の目的とすることができる旨の規定（342条・369条）、物上保証

人が，第三者弁済をなすか，または担保権が実行された場合には，保証債務に関する規定に従って求償権を有する旨の規定（351条・372条）が置かれているのみである。この他，債権総則中の弁済による代位の箇所には，求償権確保のために代位がなされる場合の，保証人および物上保証人の代位の割合に関する規定（501条）が置かれているが，いずれにせよ求償関係に関する規定にとどまり，催告・検索の抗弁権，債務者の抗弁の援用などについては，民法典は何らの規定も用意していない。また求償関係の準用についても，351条・372条によって保証のどの規定（たとえば事前求償に関する460条）が準用になるのか定かではない。そこで，ともに他人の債務を担保する制度として，保証に関する規定や考え方（保証法理）を物上保証に類推適用すべきだとの提言がなされるようになった。まずはどのような点が問題とされているのか具体的にみてみよう。ただいずれの点も未だ十分に議論が尽くされているとは言い難い。

### 3　保証規定および保証法理の類推適用

#### (1)　検索の抗弁権（453条）の類推適用

　保証債務については，その補充性から，検索の抗弁が認められる（453条）。補充性のない連帯保証債務については検索の抗弁は認められない（454条）。物上保証について，ボワソナードの起草した旧民法ではこれを認める規定が存したが（旧民法債権担保編272条1項），現行民法典ではこの規定は置かれていない。一部には類推適用の可能性を示唆するものが存するが（椿③106頁），抵当権の実行を遅延せしめその担保力を減退させることになるし，物上保証人は有限責任しか負わないので無限責任を負う保証人ほどの保護は必要ないとして，類推適用を認めないのが一般的である（池田⑥227頁）。

　なお物上保証人は債権者に対して債務を負担するわけではないので，催告（履行の請求）の抗弁権は観念しえない。ただ後述のように，物上保証人についても，物上債務や履行請求権を認めるべきだとする少数有力説（鈴木①1頁，椿⑤458頁など）があり，異なった見方もできなくはない。

#### (2)　債務者の抗弁の援用

　物上保証（抵当権）も債権担保であるから，担保の本質としての附従性の原則が妥当し，たとえば被担保債権が不成立，弁済・代物弁済・相殺等で消滅すれば抵当権も消滅する。これが保証における主たる債務者について生じた事由の効力（附従性による絶対的効力）に対応する。物上保証人が債務者の有する抗弁を援用できるか否かは個別に検討を要しよう。

　(ア)　相殺の抗弁（457条2項）の類推適用　　物上保証人は，主たる債務者が債権

Ⅳ 多数当事者の債権関係

者に対して有する反対債権による被担保債権の相殺を援用することができるか。相殺援用権（457条2項）の類推適用を肯定する裁判例（大阪高判昭和56・6・23判時1023-65）が存する。他人の債務に附従するという点で保証と異なるところはなく，かつ求償の循環の回避という点でも保証と共通するからである。学説もこの判決を支持するものが多数である（椿②(3)19頁など）。

　(イ)　**時効の援用（145条の適用）**　保証人と異なり物上保証人については争いがあったが，後に最高裁は，被担保債権の消滅時効の援用権者すなわち145条の当事者（時効の完成によって直接利益を受ける者）の範囲に物上保証人も含まれると解するようになった（最判昭42・10・27民集21-8-2110，最判昭和43・9・26民集22-9-2002）。今日異論のない点である（池田⑥228頁など）。

(3)　**時効の中断**

　保証については，主たる債務者の時効中断は，保証人に対しても効力が生じるとの規定（457条1項）が置かれている。これは附従性を根拠とするものではなく，担保力を強化し債権者を保護するための規定であるとの説明が多数である（奥田昌道・債権総論［増補版］402頁など）。他方，物上保証については，直接の規定は存しないが，抵当権は独自に時効消滅しないと規定する396条の趣旨あるいは附従性を根拠に債務者に対する時効中断の効力が物上保証人にも及ぶとするのが多数であった。近時の最高裁判決も，「物上保証人が，債務者の承認により被担保債権について生じた消滅時効中断の効力を否定することは，担保権の付従性に抵触し，民法396条の趣旨にも反し，許されない」との判断を下した（最判平成7・3・10判時1525-59）。これに対して，債権担保の強化という視点から，457条1項の類推適用を主張するものも有力である（椿②(2)35頁）。

　逆に，物上保証人は債務者ではないから民法147条3号の承認をなすことができず，たとえ物上保証人が承認をしたとしても，債務者に効力が及ばないのはもちろん，債権者と物上保証人の間の相対的関係においても被担保債権について時効中断の効力を生じないとされている（最判昭和62・9・3判時1316-91）。この点については，物上保証人に対する履行請求権を認めることを前提とし，物上保証人は自己固有の債務を承認したとして債権者と物上保証人との相対的関係においてのみ時効中断効が生じると構成する有力説が存する（椿④244頁）。

(4)　**事前求償権（460条）の類推適用**

　物上保証人は，担保権が実行されたり，自ら被担保債権につき第三者弁済をなしたときには，債務者に対して求償権を取得する（351条・372条）。351条の文言からも明らかなように，両条は，事後求償権を想定したものであり，459条1項後段〜

464条のうち事後求償権に関する規定が適用されることに異論はない。それでは，受託保証人について認められる事前求償権に関する規定（459条１項前段・460条・461条）は物上保証人に準用ないし類推適用されないのか。この点については従来必ずしも十分に議論がなされてこなかったが，近時，最高裁は類推適用を否定する判断を下した（最判平成2・12・18民集44-9-1686）。すなわち，保証の委託は，保証契約の締結と保証債務の弁済まで含むが，物上保証の委託では，物権設定行為の段階で委任事務は終了し，実行による被担保債権の消滅または弁済を委任事務の処理と解することができない。さらに求償額を予め確定することができないという実務上の難点もある。よって委託を受けた保証人による事前求償権の規定を類推適用することはできないとされた。これに対して，物上保証人と保証人の利益状況の類似性，事前求償制度の保全的機能に着眼して，類推適用を肯定する学説も有力である（新美②(4) 22頁，平野裕之・プラクティスシリーズ債権総論（信山社）438頁など）。

## 4 再び，物上保証とは何か？ 保証とは何か？——「第三者担保」という視角から

近時，1で略説した保証と物上保証の構造上の差異（債務を負担するか否か），実質上の差異（無限責任か物的有限責任か）が過度に強調されてきたため，ともすれば他人の債務ついて附従的に責任を負うという担保としての共通項が見失われてきたとの指摘が有力になされている（椿④245頁）。かかる問題意識は，物上保証と保証のそれぞれの法的構造について見直しを示唆するものである。

一方では，有力説は，物上保証につき，物上保証人も担保権者に対して債務を負担していると構成することが可能であるとする。同説によれば，物上保証人は，担保権者に対して，担保目的物の現時の価額を限度とし債務を負担するが，この債務は「物上債務」であり，不履行の場合には当該担保物についてのみ執行を受忍すれば責任を免れることになる（鈴木①6頁）。このように構成することにより，任意弁済を容易に説明できるだけでなく，物上保証人に対する履行請求権を認め，それを前提に，物上保証人に保証人と同様，債務者の有する多様な抗弁(権)の主張を認めること（椿⑤458頁以下），債権者に債権者代位権の行使を認めること（鈴木①47頁）が可能となるという。しかしながら物上保証人に対する履行請求権を認めることは，物上保証の基本構造を無視するものであり，一般的な賛同を得るには至っていない。

他方では，「保証」を見直す新たな視角も提示されていて興味深い。わが民法典においては，保証が多数当事者の債権関係の一つとして債権総則に規定されたために見落とされがちであったが，保証についても，その目的は債権担保であり，保証債務の発生はその手段としての法律構成に過ぎないことが再認識されるべきであろう。

Ⅳ 多数当事者の債権関係

　すなわち保証の第一次的な性質は，物上保証と同様に，債務者以外の第三者が他人の債務について附従的に「責任」を負うという点（「第三者担保」と呼んでおこう）に見出される（同旨，椿③109頁，近江幸治・民法講義Ⅳ債権法総論（成文堂）225頁）。保証人は，本来的には，主たる債務者の債務を履行する責任（「第三者弁済」をする責任）を負っている（446条1項は「その（主たる債務者の債務の）履行をする責任を負う」と規定している）。その点は物上保証人も同様であろう（351条は「その債務（他人の債務）を弁済し」と規定する）。保証人の負う保証債務の内容は，本来的には，主たる債務の履行を行うことだが，多数当事者の債権関係として規定されたために，保証債務は，主たる債務と同一内容の給付を目的とする別個の債務と構成され（別個債務性），第三者担保（広く担保）の本質である「附従性」が民法典の体裁から欠落することになったのである。

　保証と物上保証は，第三者担保すなわち他人の債務について責任を負うという制度目的を共有する。その属性である「附従性」，「求償」に関する規定およびそれを踏まえた法理（解釈論）は相互に類推適用の余地があろう（3の(2)(3)(4)のほか，更改後の債務への担保移転に関する518条など）。他方，両者には債権者に第三者に対する直接の債権（第三者弁済請求権）を発生させるか否かという構造上の違いが存する。物上保証は，物上保証人に第三者弁済の「責任」を負わせるが，債権者に「履行請求権」を付与しはしない。よって催告の抗弁権は観念し得ないであろう。補充性を認めるか否かは，保証においては当事者意思（連帯特約の有無）の問題であるが，物上保証では，物権（価値支配権）としての抵当権の性質から補充性は認められるべきではなく，また物権法定主義からそれと異なる内容の特約の効力も否定されるべきであろう（3の(1)）。

**(参考文献)**

　①鈴木禄弥「『債務なき責任』について」法学47巻3号1頁（1983年），②淡路剛久＝新美育文＝椿久美子「保証法理の物上保証人等への適用可能性(1)～(5)完」金融法務事情1263,1264,1266,1267,1268号（1990年），③椿久美子「物上保証人の保護法理」ジュリスト1060号105頁（1995年），④同「物上保証の課題」椿寿夫編・担保法理の現状と課題（別冊NBL31号・1995年）240頁，⑤同「取引における保証・物上保証の機能」椿寿夫教授古稀・現代取引法の基礎的課題（有斐閣・1999年）458頁以下，⑥池田真朗「保証と物上保証」池田真朗＝吉村良一＝松本恒雄＝高橋真・マルチラテラル民法（有斐閣・2002年）221頁。

# Ⅴ 債権・債務・契約関係の移転

## §1 総　説

### 1　債権譲渡の意義と機能

#### 1－1　債権譲渡とは何か

債権譲渡とは、債権の同一性を変えることなく、譲渡人（旧債権者）と譲受人（新債権者）との契約によって債権を移転することをいう。この制度は、当事者間の契約によって債権者の変更をもたらす点で、債権者の交替による更改（515条）と共通する。しかし、更改では、旧債権が消滅してそれと関係のない新債権が成立する（513条参照）のに対して、債権譲渡では債権の同一性が維持される、という点において両者は異なる。すなわち、債権譲渡の場合には、その債権に付着する従たる権利（担保権・利息債権など）と各種の抗弁権（同時履行の抗弁権など。ただし、解除権を除く）が、そのまま譲受人に移転することになる。

ところで、債権譲渡の対象となる「債権」には、いくつかの種類がある。そのうち、民法の規定する通常の債権を「指名債権」という。これは、債権者が特定し、債権の成立および譲渡に証書を要しないものである。これに対して、手形・小切手は、証券化した債権の例である。そして民法にも、469条～473条に証券化した債権の規定がある。しかし、その内容的にはきわめて未熟で、実際には用いられていない。以下では、指名債権のみを扱う。

#### 1－2　債権譲渡は何のために行われるか

債権譲渡にはさまざまな機能があり、通常は次の4つのものが挙げられる。

　(ｱ)　**投下資本の流動化**　債権は1つの財産として扱われ、他の財産と同じく流通することになる。すなわち、債権者は、債権の売買により、その債権の弁済期を待たなくとも投下資本を回収することができる。他方、債権の譲受人

は，これにより新たに投資に参加することになり，投資が促進され，ひいては債務者が容易に融資を受けられることになる。

　(イ)　**債務の簡易な決済（債権の回収）**　　債権譲渡は，債権者が自己の債権を容易に回収する手段として用いられる。

---
**【事例　Ⅴ－1】**

　AがBに100万円の債権を有し，BがCに80万円の債権を有している場合に，Aは，自己の債権を回収するために，BのCに対する債権につき債権執行（民執法143条以下）をすることが可能である。しかし，そのような執行手続は煩雑であるため，AはBから80万円の債権を譲り受けることがある。

---

　これは，法律的には，代物弁済（482条）または債権の売買に基づく代金債権の相殺（505条）として構成される。そして現実には，債務者（**【事例】**ではB）の債務超過の場合にこのような債権譲渡が行われるため，複数の債権者に重ねて同一債権の譲渡が行われるという事態が生じることになる。

　(ウ)　**債権の担保**　　債権譲渡は，債権を自己の債務の担保とするためにも用いられる。すなわち，債務者から債権者に対して，第三債務者に対する債権を担保のために譲渡する，いわゆる「債権の譲渡担保」である。この場合に，債権者（譲渡担保権者）は，第三債務者から直接に取り立てた金銭を被担保債権の弁済に充てることになる。

　(エ)　**債権の取立て**　　債権譲渡は，債権の取立てを目的としてなされることもある。すなわち，債権者が自ら債権を取り立てる煩を避けるために，第三者に債権を譲渡してその取立てを依頼するのである。

　これらのうち，実際の社会で重要なのは，(イ)と(ウ)である。とりわけ，(ウ)に関連して，近時は，個別の債権の譲渡担保のみならず，企業が現に有している債権および将来取得するであろう債権を一括して担保に供する「集合債権譲渡担保」が注目されている（→**応用学習**）。

## 2　債務引受の意義と機能
### 2-1　3つの債務引受

　債務引受とは，広い意味では文字通りに，ある債務者の債務を他の者（引受人）が引き受けることをいう。民法に規定はないが，債務引受を認めることには判例・学説ともに異論がない。もっとも，債務引受には，次の3つの類型が認められている。

　(ア)　**免責的債務引受**　債務がその同一性を変えることなく，従前の債務者から新しい債務者（引受人）に移転することをいう。これは債権譲渡に対応し，3つの債務引受の中で唯一，債務の特定承継をもたらすものである。それゆえ，これを狭い意味での債務引受であり，単に債務引受といえば，それは免責的債務引受を意味することになる。

　(イ)　**併存的（重畳的）債務引受**　第三者が既存の債務関係の加入して新たに債務者となり，従前の債務者は債務を免れることなく，その債務と同一内容の債務を負担するものである。

　(ウ)　**履行の引受**　引受人が債権者に対して履行すべき義務を負わず，債務者に対してのみ，その者の負担する特定の債務を履行する義務を負う旨の契約である。

　このうち，併存的債務引受および履行の引受は，債務の移転を生じるものではないため，正確には債務引受ではない。しかも，両者は，免責的債務引受とは，その機能を異にすることにも注意を要する。

### 2-2　債務引受は何のために行われるか

　(ア)　**免責的債務引受**　免責的債務引受は，主に債務関係の簡単な決済の手段として行われる。すなわち，債務は，債権と異なり経済的にはマイナスであるから，それだけを譲渡することには価値がない。しかし，次のような場合には，免責的債務引受を認めると便利である。

【事例　Ⅴ-2】

　AがBに対して100万円の債権を有し，BがCに対して同じく100万円の債権を有している場合に，C（引受人）がB（債務者）のA（債権者）に対する100万円の債務を肩代わり（免責的債務引受）すれば，Bとの間の債務

を決済することが可能になる。

このことは，より具体的には次のようなケースで役立つことになる。

**【事例　V－3】**

　DがEに対して1,000万円の債権を有し，Eは，同債務を担保するため，その所有する時価2,000万円の土地に，Dのための抵当権を設定し，その旨の登記もなされていたとする。Fがこの土地をEから買い受けるに際して，仮に代金の全額（2,000万円）をEに支払ってしまうと，その代金の中からEがDに1,000万円の弁済をしてくれればよいが，そうでないときには，DがFの所有となった土地に対して抵当権を実行するおそれがある。そこで，Fは，Eに代金のうちの1,000万円を支払うとともに，EのDに対する1,000万円の債務を引き受けて，これをDに支払えば，抵当権の実行を回避しうるとともに，Eとの債務が簡単に決済されることになる。

　このような免責的債務引受は，債権譲渡の機能と共通し，両制度は法律的にはもちろん（＝債権・債務の特定承継），経済的にも表裏をなすものである。

　**(イ)　併存的（重畳的）債務引受**　　併存的債務引受の機能は，債権の担保にある。すなわち，引受人と従前の債務者とが併存して債務を負担する併存的債務引受は，債権者からすれば，自己の債権のための責任財産の増加を意味する。それゆえ，併存的債務引受は，債権の人的担保として，保証債務や連帯債務と同様の機能を有する。

　**(ウ)　履行の引受**　　引受人が債権者に対して直接に義務を負わない履行の引受は，債務者と引受人との内部関係にとどまる。しかし，債務者と引受人との間で，特に債権者に直接の権利を取得させる旨の契約（第三者のためにする契約——537条）がなされれば，併存的債務引受となる。その意味では，履行の引受は，併存的債務引受の前段階としての機能を有するものである。

## 3　契約上の地位の移転の意義

　個別的な債権債務のみならず，解除権等の形成権をも含め，それらの発生さ

せる源となる契約当事者の地位を第三者（譲受人）に移転する制度として，「契約上の地位の移転」（契約譲渡・契約引受とも呼ぶ）が存在する。この契約上の地位の移転についても，債務引受と同じように，わが民法には規定がない。しかし，これを認めることでは，判例および学説はほぼ一致している。しかし，その要件・効果については見解が一致しない。

> **整理ノート**
> 1　債権譲渡＝債権の同一性を変えることなく，譲渡人（旧債権者）と譲受人（新債権者）との契約によって債権を移転すること
>   →　債権に付着する抗弁権（形成権を除く）と担保権も譲受人に移転
> 2　債務引受
>  (1)　免責的債務引受＝債務がその同一性を変えることなく，従前の債務者から新しい債務者（引受人）に移転すること　→　債務の簡易な決済
>  (2)　併存的（重畳的）債務引受＝第三者が既存の債務関係の加入して新たに債務者となり，従前の債務者は債務を免れることなく，その債務と同一内容の債務を負担するもの　→　債権の担保
>  (3)　履行の引受＝引受人が債権者に対して履行すべき義務を負わず，債務者に対してのみ，その者の負担する特定の債務を履行する義務を負う旨の契約
> 3　契約上の地位の移転＝契約当事者の地位を第三者（譲受人）に移転する制度

V　債権・債務・契約関係の移転

# §2　指名債権の譲渡

## 1　債権の譲渡性
### 1-1　466条の趣旨
　債権は，原則として譲渡しうるものである（466条1項本文）。このことは，旧民法では，当然のこととして規定されていなかった。
　しかし，①民法の起草当時のわが国の法制では，債権譲渡の自由は否定されていた（明治9年7月6日太政官布告99号）。しかも，②債権譲渡の自由を認めることに反対する学説も多かった。なぜなら，当時，債権譲渡を利用して悪らつな請求をする者がいたからである。そこで，466条は，債権譲渡の自由を原則としつつ，わが国の沿革を考慮して，当事者が債権譲渡を禁止する特約（譲渡禁止特約）を結んだ場合には，その譲渡性を奪うことができる（2項本文）とした。
　なお，466条1項ただし書では，債権の性質が譲渡を許さない場合があることを明らかにする。なぜなら，譲渡されうるものであることが重要な証券的債権と異なり，債権者の特定している指名債権では，その性質上譲渡できない場合もあるからである。

### 1-2　債権の性質による譲渡制限（466条1項ただし書）
　債権関係は対人的な関係であるため，債権者の変更によりその目的を達することができない場合がある。たとえば，画家AがBの肖像画を描きたいと思い，Bも自己の肖像画を描いてもらいたいと考えて，両者の間で肖像画を描く契約を結んだにもかかわらず，Bが肖像画を描いてもらう権利をCに譲渡できたのでは，Aの当初の目的と異なってしまう。つまり，一定の行為をしてもらう債務（なす債務）に対応する債権は，債権者と債務者の間の個人的信頼関係を基礎にするものが多いため，その性質上譲渡が許されないことが多い。これに対して，与える債務，とりわけ個性のない金銭債務に対応する債権は，原則として譲渡が可能である。
　もっとも，債権譲渡が許されない場合でも，債務者の承諾があれば，その譲渡性が認められることもある。たとえば，先の画家の例でも，債務者である画家Aの承諾があれば，Bは自らの権利をCに譲渡できると考えても支障はない。

これに対して、債権者その他の利益を守るために譲渡が禁止されている場合には、たとえ債務者の承諾があっても、その譲渡性は認められない。たとえば、債権者の生活を保障するのための扶養請求権は譲渡することができない（881条）。

### 1-3 将来債権の譲渡

債権者は、将来発生するか否かが明確でない債権を譲渡することができるか。

古い判例は、すでに将来債権の発生原因である法律関係（契約）が存在する場合に、その譲渡性を認めていた（たとえば、将来の利益配当請求権につき大判明治43・2・10民録16-84、将来の賃料請求権につき大判昭和5・2・5新聞3093-9）。これに対して、学説では、このような法律関係が存在しなくとも、事実上の根拠があり、しかも、社会観念に従って債権の発生が確実であると認められる限り、将来債権の譲渡が有効である、と主張されていた。

しかし、最高裁（最判平成11・1・29民集53-1-151）は、債権発生の可能性や確実性を問題とすることなく、将来債権譲渡契約の有効性を認めることを明らかにしている。すなわち、8年3カ月の間に医師が支払いを受けるべき診療報酬債権の譲渡契約につき、「契約当事者は、譲渡の目的とされる債権の発生の基礎を成す事情をしんしゃくし、右事情の下における債権発生の可能性の程度を考慮した上、右債権が見込みどおり発生しなかった場合に譲受人に生ずる不利益については譲渡人の契約上の責任の追及により清算することとして、契約を締結するものと見るべきであるから、右契約の締結時において右債権発生の可能性が低かったことは、右契約の効力を当然に左右するものではないと解するのが相当である」と判示した。

この判決は、将来債権譲渡契約の当事者が、債権不発生のリスクを考慮して契約を締結しているという実態を踏まえ、将来債権が発生する可能性の高低によっては、譲渡契約そのものの有効性が左右されるものではない、ということを明らかにしたものである。

### 1-4 譲渡禁止特約 （466条2項）

#### (1) 意　義

契約によって生じた債権については、両当事者が契約によってその譲渡性を奪うことができる。この466条2項は、前述のように、債権譲渡を否定するわが

国の慣習および取立屋の跳梁を防ぐことを考慮して規定されたものである。そして今日においても，債権譲渡禁止特約は，銀行取引などで広く用いられている。もっとも，その目的は，次のような主として金融機関の利益を図るものである。すなわち，①大量の債権者（預金債権者）を相手にする場合に，譲受人の確認を避けることにより事務の処理を容易にし，かつ，②債権者が変われば過誤払いが増えるため，そのような過誤払いを回避する。さらに，③預金担保貸付けを行い，譲渡人（預金債権者）との間の相殺を可能にしておくという利益がある。

このような実務の傾向に対しては，債権の有する経済的価値の重要性を考慮し，その譲渡性を重視して，譲渡禁止特約の範囲を合理的に制限すべきである，との主張も有力に展開されている。

### (2) 466条2項ただし書

(ｱ) 「善意の第三者」　譲渡禁止特約の存在にもかかわらず債権者が債権を譲渡した場合には，特約の存在を知らないで債権を譲り受けた（または，これに質権を設定した（343条））者は，有効に債権を行使しうることになる（466条2項ただし書）。なぜなら，債権には原則として譲渡性がある（466条1項本文）ため，公示されない譲渡禁止特約が善意の第三者に対抗できるとすると，その者が不測の損害を被ることになるからである。

問題となるのは，第三者が善意であることに加えて，無過失であることを要するか否かである。この点につき，かつての通説は，条文の文言通りに善意のみを要求していた。しかし，この規定が，外観に対する信頼を保護して取引の安全を図る制度であることを理由に，無過失を要するという見解も存在した。

判例は，軽過失の有無については明らかではない。しかし，重過失については悪意と同視できることを理由に，譲受人が債権を取得するには善意・無重過失が要求されるとする（最判昭和48・7・19民集27-7-823）。そして現在の通説も，この判例を支持している。その理由としては，次の2つが挙げられる。すなわち，①債権譲渡の自由の原則をできる限り尊重すべきであり，第三者に無過失まで要求すべきではない。また，②一般の外観法理では，信頼を保護すると真の権利者が権利を失うことになるため，第三者に無過失を要求し，その保護要件を厳格にする必要がある。しかし，466条2項の場合には，譲渡禁止特約を無視したところで誰も権利を失うわけではなく，単に債権者を固定したいと

いう債務者（金融機関）の利益が失われるにすぎない。

結論としては，悪意またはそれと同視できる重過失のある譲受人のみを排除すればよいであろう。

(イ) **強制執行との関係**　債権に対する強制執行の一方法として，債権を差押債権者に移転する転付命令が認められている（民執159条1項）。

---
**【事例　V－4】**

AがBに対して100万円の債権を有し，BがCに対して80万円の債権を有していたとする。この場合において，Bが債務を弁済しないときに，Aは，まずBのCに対する80万円の債権を差し押さえ，（執行）裁判所に対する申立によって，この債権をAのBに対する100万円の債権の支払に代えて，Aに移転する旨の命令（＝転付命令）を受けることができる。この結果，Aは，Bに対する債権が弁済されたものとされる代わりに，Cに対して80万円の債権を取得する。

---

この転付命令の実質は債権譲渡であるため，転付命令による債権の移転にも466条2項の適用があるか否かが問題となる。

この問題につき，最高裁は，譲渡禁止特約の効力が債権の任意譲渡のみを対象とするものであり，債権が差し押さえられ，かつ，転付命令によって移転される場合には，民法466条2項の適用ないし類推適用をなすべきではないとした（最判昭和45・4・10民集24-4-240）。その理由は，①同条が債権の「譲渡」禁止特約に効力を認めたとの文理解釈に加え，②同条が転付命令にも適用されるとすれば，当事者の特約によって，強制執行の対象とならない債権を作り出すことを認めることになり，債権者を害することが著しい，という点にある。

(3) **特約に反する債権譲渡の効力**

では，譲渡禁止特約に反して債権譲渡が行われた場合に，その債権譲渡の効力はどうなるのか。

通説は，債権譲渡が無効になるとする（物権的効力説）。その実質的な理由は，すべての債権について画一的に流通性を認める必要はない，ということにある。これに対して，債権の自由譲渡性を重視する立場から，譲渡禁止特約に反して

V 債権・債務・契約関係の移転

も債権譲渡そのものは有効であるが，債務者が悪意の譲受人に対して悪意の抗弁権を有し，弁済を拒絶することができる，とする見解（債権的効力説）も主張されている。

判例は，物権的効力説を採用する。すなわち，譲渡禁止特約は債務者の利益のためになされるものであるため，債務者が事前または事後に債権譲渡を承諾すれば，譲渡禁止が解消されうる（事前の承諾につき，最判昭和28・5・29民集7-5-608）。そして，承諾が債権譲渡後になされた場合，債権的効力説によれば，債権譲渡は譲渡の時から有効であるためその遡及効は問題とならないのに対して，最高裁は，債権譲渡が「譲渡の時にさかのぼって有効となる」と解しているからである（最判昭和52・3・17民集31-2-308，最判平成9・6・5民集51-5-2053。ただし，「民法116条の法意に照らし，第三者の権利を害することはできない」とする）。

証券的債権と異なり，民法の規定する指名債権について，その流通性をどこまで確保すべきかは，なお慎重な検討を要する問題である。そうだとすれば，立法論として債権的効力説を検討することはともかく，解釈論としては，物権的効力説に従うほうが適切であろう。

---

**整理ノート**

1 債権＝原則：譲渡可能（466条1項本文）
　　例外 ① 債権の性質による譲渡制限（466条1項ただし書）
　　　　 ② 譲渡禁止特約（466条2項）
2 譲渡禁止特約
　(1) 善意の第三者→有効に債権を取得
　　　判例＝重過失も悪意と同視
　(2) 強制執行による債権の移転（転付命令）には適用なし
　(3) 特約に反する債権譲渡の効力
　　　a）物権的効力説（判例・通説）＝債権譲渡は無効
　　　b）債権的効力説＝債権譲渡は有効・悪意の譲受人に対しては弁済拒絶（悪意の抗弁）

## 2 債権譲渡の対抗要件
### 2−1　467条の意義
#### (1) はじめに

譲渡人と譲受人との契約でなされた指名債権譲渡を第三者に対抗するためには，物権変動（177条）におけると同様に，一定の対抗要件が必要とされる。ただし，債権譲渡においては「第三者」として，債権の二重譲受人や譲渡人の債権を差し押さえた者（177条と同じ）のほかに，債務者が存在する。そこで，467条は，債務者に対する対抗要件と，債務者以外の第三者に対するそれとを分けて規定している。

#### (2) 債務者に対する対抗要件（1項）

(ｱ)　**趣　旨**　債権の譲受人が債務者に対して債権を行使するには，譲渡人が債務者に譲渡を通知し，または，債務者が譲渡を承諾することを要する（467条1項）。その趣旨は，債務者が債権譲渡の事実を知らないと，譲渡人に弁済した後にさらに譲受人に対しても弁済する義務を負うという二重弁済の危険を負うため，債務者にこのような不測の損害を被らせないよう，譲受人が債務者に対して権利を行使するための要件を明らかにしたことにある。

ところで，ここにいう「通知」とは，債権譲渡の事実を債務者に知らせる行為であり，意思表示ではなく観念の通知である，と解されている。両者の違いは次のようである。すなわち，意思表示においては，表意者の意欲したとおりの法律効果が認められる。これに対して，観念の通知は，一定の通知という事実に法律が一定の効果を付与するものである。たとえば，債権譲渡の通知をすると，467条によって対抗要件が取得されることになる。

(ｲ)　**通知を行う者**　通知は，文言上，必ず譲渡人がしなければならないとされている。その理由は次の点にある。すなわち，仮に譲受人が債権譲渡を通知するとすれば，真の譲受人ではない者が，債務者に虚偽の通知をして弁済を受けるおそれがある。これに対して，譲渡によって債権を失い不利益を受ける譲渡人からの通知であれば，その信頼性は高い。そこで，民法は，譲渡人が債権譲渡を通知することにした。したがって，譲渡人以外の者がした通知は無効であり，譲受人は譲渡人に代位（423条）して通知することもできない（大判昭和5・10・10民集9-948）。しかし，この通知は，譲渡契約から生じる譲渡人の

義務であるため，任意にこれを履行しない場合には譲受人は，譲渡人に対して，強制履行および損害賠償を請求することができる（大判昭和19・4・28民集23-251）。なお，通知は口頭でも書面でもよい。

　(ウ)　**債務者の承諾**　債権譲渡の事実を知っていることを表示する債務者の行為である。これも，申込みに対する承諾（意思表示）と異なり，債権譲渡の通知と同じく観念の表示であると解されている。

### (3)　**第三者に対する対抗要件**（2項）

　467条1項の通知または承諾は，債務者に対してのみならず，債務者以外の第三者に対する関係においても対抗要件となる（2項）。その趣旨を明らかにしたのが，最高裁昭和49年3月7日判決（民集28-2-174）である。すなわち，「債権を譲り受けようとする第三者は，先ず債務者に対し債権の存否ないしはその帰属を確かめ」る。その場合に，「債務者は，当該債権が既に譲渡されていたとしても，譲渡の通知を受けないか又はその承諾をしていないかぎり，第三者に対し債権の帰属に変動のないことを表示するのが通常であり，第三者はかかる債務者の表示を信頼してその債権を譲り受けること」になる。

　要するに，第三者に対する関係においては，債務者をいわばインフォメーション・センターとして，①まず債務者に債権譲渡の事実を認識させ，②ついで第三者からの問い合わせに対する債務者の回答を通じて，第三者も譲渡の事実を認識できる，という公示機能を果たすために，通知または承諾が対抗要件とされるのである。

　ただし，債権譲渡を債務者以外の第三者に対抗しうるには，1項の通知または承諾が「確定日付のある証書」によってなされることが必要である（2項）。この「確定日付のある証書」とは，民法施行法5条に列挙されている証書である。そして実際によく利用されるのは，公正証書（1号）と郵便局の内容証明郵便（5号）である。

　民法がこのような確定日付のある証書を要求した趣旨は，次の点にある。すなわち，譲渡人が債務者と通謀して譲渡の通知・承諾のあった日時を遡らせ，第三者の権利を害することを防止するために，通知・承諾の日付を公的な手続で確定することにある（前掲最判昭和49・3・7）。

　したがって，第三者に対しては，確定日付のある証書による通知・承諾が対

抗要件となる。

### 2－2　債権の二重譲渡
#### (1) 対抗関係が生じる場合

同一の債権が二重に譲渡された場合には，対抗要件の具備によってその優劣を決することになる。もっとも，「対抗」関係が生じるためには，債権の存在することが前提となる。たとえば，第1の債権譲渡につき確定日付のない通知がなされ，債務者がその第1譲受人に弁済することにより債権が消滅した後に第2の譲渡が行われ，確定日付ある証書による通知がなされたとしても対抗関係は生じない。なぜなら，第2譲渡は，すでに消滅した債権の譲渡として無効だからである（大判昭和7・12・6民集11-2414）。

ところで，不動産物権変動においては，登記官の関与により，登記が重複するということはほとんどない。これに対して，債務者がいわば登記所の役割を果たす債権譲渡においては，債務者に対する通知または債務者の承諾が重複してなされることがある。つまり，対抗要件を備えた複数の譲受人間でその優劣を決定しなければならない，という複雑な事態が生じることになる。具体的には，次の3つの場合が問題となる。

(ア)　**二重譲渡の一方についてのみ確定日付ある通知・承諾がなされた場合**
たとえば，債権の二重譲渡がなされ，第1譲渡につき確定日付のない通知があり，第2譲渡が確定日付のある通知を備えたときは，第2譲受人が優先する。そして，債務者に対する関係においても，第2譲受人が唯一の債権者となり，債務者はこの者に対してのみ弁済する義務を負い，第1譲受人からの弁済請求を拒むことができる（大判昭和7・6・28民集11-1247）。

(イ)　**二重譲渡の双方に確定日付のない通知・承諾がなされた場合**　この場合については，判例がない。通説は，いずれの譲受人も第三者対抗要件を具備していないため，相互に優先しえず，債務者がいずれに対しても弁済を拒絶でき，どちらか一方に弁済すれば免責されるとする。しかし，債務者は弁済義務を負っているのであるから，いずれの譲受人からの請求に対しても弁済を拒絶できず，一方に弁済すれば免責される，と解すべきである。

(ウ)　**二重譲渡の双方につき確定日付ある通知・承諾がなされた場合**　以下では，この場合を検討する。

V　債権・債務・契約関係の移転

**(2)　通知の到達時による決定**

　同一の債権が二重に譲渡された場合には，対抗要件の具備によってその優劣が決せられる。問題となるのは，その双方につき確定日付ある証書による通知または承諾がなされた場合に，譲受人間の優劣をどのように決めるべきかである。

　この問題につき，かつての通説は，確定日付ある証書の日付の先後によって決するとしていた（確定日付説）。この見解は，債権譲渡の日付を遡らせることを防止する，という確定日付を要求した趣旨には合致する。しかし，通知書に確定日付さえ得ておけば（たとえば，公正証書を作成しておく），いかに遅れて発信しても，債務者に先に譲渡を通知した第2譲受人に優先する結果となる。これでは，債務者が誰に弁済してよいかわからず，また，債務者に情報を集めるという対抗要件制度の趣旨にも反することになる。

　そこで最高裁は，譲受人間の優劣を確定日付の先後ではなく，「確定日付のある通知が債務者に到達した日時又は確定日付のある債務者の承諾の日時の先後によって決すべき」であるとした（到達時説＝前掲最判昭和49・3・7）。学説も，現在では，この判例を支持するものが多数である。到達時説は，467条2項の趣旨に合致し，かつ，債務者にとっても先に通知が到達した者を債権者とすればよいから，優劣が明確であると解される（なお，到達時説はあくまで通知に関するものであり，債権譲渡について債務者の確定日付ある承諾が複数存在する場合の優劣は，その確定日付の日時の先後による）。

**(3)　確定日付ある通知の同時到達**

　**(ア)　問題の所在**　　到達時説を採用すると，次に，複数の確定日付ある通知が債務者に同時に到達した場合に，どのように処理すべきかが問題となる。これは，債務超過に陥っている債務者が，債権者の要求に応じて自己の債権を何重にも譲渡してしまうため，現実に問題となることが多い。なお，判例は，通知の到達の先後関係が不明な場合も同時に到達したものとして扱う（最判平成5・3・30民集47-4-3334。ただし，供託実務においては，同時到達の場合には，債務者による債権者の不確知を原因とする供託（494条後段）は受理されないが，到達の先後不明の場合には供託ができる〔法務省平成5・5・18民四第3841号民事局第四課長通知（金法1361-28）〕という違いがある）。

ところで、同時到達の場合には、次の2つの問題を区別する必要がある。すなわち、第1に、債務者に対する関係では、各譲受人がいかなる範囲で弁済の請求をすることができるかが問題となり、第2に、仮に複数の債権者のうちの1人が全額の弁済を受けた場合に、他の譲受人の清算請求を認めるか否かという譲受人相互の関係が問題となる。

　(イ)　**債務者に対する関係**　　この問題については、最高裁昭和55年1月11日判決（民集34-1-42）がある。

=====【事例　Ｖ-５】=====

　Aに対して債権を有していたXは、昭和49年3月4日に、その弁済に代えて、AのYに対する債権を譲り受けた。そしてAは、同日付の内容証明郵便でその旨をYに通知し、その郵便は3月6日の正午から夕方6時までの間にYに到達した。ところがAは、3月5日に同一債権をBおよびCに重ねて譲渡し、同日付の内容証明郵便でYに通知し、この2つの郵便も3月6日正午から夕方6時までの間にYに到達した。また、D社会保険事務所は、3月6日にAの健康保険料の滞納金を徴収するために、同じ債権を差し押さえ、その通知書も3月6日の同じ時間帯にYに到達した。XがYに対して債権の弁済を請求した。

==========

　この【事例】において、第1審および第2審では、Xが敗訴した。その理由は、Xへの譲渡通知がB・C・Dのそれより先にYに到達したと証明できない以上、Yに対し弁済を求めることはできない、ということにある。しかし、最高裁は、原判決を破棄して、次のように判示した。すなわち、同時到達の場合にも、「各譲受人は、第三債務者（Y）に対しそれぞれの譲受債権についてその全額の弁済を請求することができ、譲受人の1人から弁済の請求を受けた第三債務者は、他の譲受人に対する弁済その他の債務消滅事由がない限り、単に同順位の譲受人が他に存在することを理由として弁済の責めを免れることはできない」。

　この判決からは、次の3点が導かれる。
　① 　各譲受人は、債務者に対して、それぞれ譲受債権全額の弁済を請求することができる。

② 債務者は，譲受人の1人に対して弁済することによって免責される。
③ 債務者は，②などで債務が消滅しない限り，譲受人の1人からの請求であっても弁済を拒むことはできない。

しかし，この判決では，以上の結論を導くための理論的根拠が示されていない。そこで，現在の多くの学説は，最高裁の結論を肯定するが，その理論構成については見解が分かれている（連帯債権とする見解，不真正連帯債権とする見解などがある）。

(ウ) **譲受人相互の関係**　譲受人相互の関係については，さらに2つの問題を区別する必要がある。すなわち，①債務者が譲受人の1人に全額弁済した場合に，他の譲受人がその分配を請求できるか，および，②債務者が債権者不確知を理由に供託した場合に，各譲受人の供託金還付請求権の有無およびその割合をどう解するかである。

このうち，②については，最高裁平成5年3月30日判決（前掲）がある。

【事例 V-6】

X（国）は，A会社に対する租税債権を徴収するために，A会社が第3債務者B組合に対して有する運送代金債権を差し押さえ，その債権差押通知が昭和60年9月24日にB組合に送達された。他方，A会社は，同一債権をYに譲渡し，その旨の確定日付ある通知が同日にB組合に到達した。それゆえB組合は，債権者の不確知を理由に62万円を供託した。そこでXがYを相手に，供託金62万円の還付請求権を有することの確認を求めて訴えを提起した。

この【事例】に関して，最高裁は，通知の先後が不明であるために，第三債務者が債権者を確知することができないことを理由に供託した場合に，「被差押債権額と譲受債権額との合計額が右供託金額を超過するときは，差押債権者と債権譲受人は，公平の原則に照らし，被差押債権額と譲受債権額に応じて供託金額を按分した額の供託金還付請求権をそれぞれ分割取得するものと解するのが相当である」とした。

この判決によれば，各譲受人はその譲受債権額に応じて供託金還付請求権を

分割取得することになる（判決の事案では，被差押債権と譲受債権は同一であるため，1：1の割合で分割される）。しかし，その根拠としては「公平の原則」が挙げられるのみで，必ずしも明確ではない。ただし，判決の結論は妥当であると解される。というのも，債権者平等の原則は債権額に応じた平等であり，譲受債権者の数（頭割り）で決めるより妥当であるからである。

ところで，この平成5年判決は昭和55年判決を前提とするものであるため，債務者が供託していない場合には，各譲受人は債務者に対して譲受債権の全額を請求することができる。そして，それに応じて1人の債権者に全額の弁済がなされた場合に，①の問題，すなわち他の譲受人が清算・分配請求をなしうるか否かが問題となる。この問題については，判例が存在しない。学説は，肯定説が多数である。しかし，その法的根拠（不当利得返還請求権か否か）および分配の割合（頭割りか，譲受債権額での按分か）については，見解が分かれている。

(エ) **まとめ**　判例の分析からは，次の5点が導かれよう。
① 同一債権について複数の譲渡通知が重複しその到達の先後が不明である場合には，債務者としては，債権者不確知を理由に供託するのが最も安全である。
② 供託がなされた場合には，公平の原則に基づき，各譲受人はその債権額に応じて供託金還付請求権を分割取得することになる。
③ 債務者が供託しない場合または供託できない場合（同時到達）には，各譲受人は，債務者に対して，それぞれ譲受債権全額の弁済を請求することができる。
④ 債務者は，譲受人の1人に対して弁済すれば免責される。
⑤ ただし，④の場合に，他の譲受人が配当を請求できるか否かについては判例がない。しかし，それを肯定するのが多数説である。

**(4) 劣後譲受人に対する弁済**

以上のように，債権の二重譲渡がなされた場合の優劣は，債権譲渡につき確定日付ある通知が債務者に到達した順序（承諾の場合には確定日付の日時の先後）による。しかし，対抗要件を後れて備えた譲受人（劣後譲受人）に債務者が弁済してしまった場合に，478条の適用が認められるか否かが問題となる。

この問題につき，有力な見解は，債権者の優劣が467条によって明らかであ

り，劣後譲受人には債権者らしい外観がないため，478条を安易に適用すべきでないとする。しかし判例は，一般論としては478条の適用を認めたうえで，劣後譲受人に対する弁済に債務者の過失がなかったというためには，「優先譲受人の債権譲受行為又は対抗要件に瑕疵があるためその効力を生じないと誤信してもやむを得ない事情があるなど劣後譲受人を真の債権者であると信ずるにつき相当な理由があることが必要である」とした（最判昭和61・4・11民集40-3-558。事案の解決としては，善意・無過失の点で債務者の保護が否定された）。両見解の差異は，実際には大きくないと思われる。しかし，467条による債権者の優劣の決定と債権者でない者に対する弁済の効力（478条）とは別の問題であると考えれば，判例が妥当であると解される。そして，このように解しても，対抗要件を先に備えた譲受人は，弁済を受けた劣後譲受人に対して不当利得返還請求権を行使しうるので，467条は無意味とはならないであろう。

> **整理ノート**

1　債権譲渡の対抗要件（467条）の構造
　(1)　債務者に対する対抗要件（1項）
　　　→　譲渡人が債務者に債権譲渡を通知し，または，債務者が譲渡を承諾
　　　（趣旨）　債務者が債権譲渡の事実を知らないと，譲渡人に弁済した後にさらに譲受人に対しても弁済する義務を負うという二重弁済の危険を負う
　(2)　第三者に対する対抗要件（2項）
　　　→　1項の通知・承諾が，確定日付のある証書（内容証明郵便・公正証書など）によること
　　　（趣旨）　公示機能＝まず債務者に債権譲渡の事実を認識させ，ついで第三者からの問い合わせに対する債務者の回答を通じて，第三者も譲渡の事実を認識

　　　　　　　　　　　　　⬇

　　　　　確定日付＝譲渡人が債務者と通謀して譲渡の通知・承諾のあった日時を遡らせることを防止するため，通知・承諾の日付を公的な手続で確定

2　債権の二重譲渡
　(1)　譲受人の優劣＝確定日付のある通知が債務者に到達した日時または確定日付のある債務者の承諾の日時の先後によって決すべき（到達時説・判例）
　(2)　確定日付ある通知の同時到達（または先後不明）
　　①　同一債権について複数の譲渡通知が重複しその到達の先後が不明である場合には，債務者としては，債権者の不確知を理由に供託すべき
　　②　各譲受人は，公平の原則に基づき，債権額に応じて供託金還付請求権を分割取得
　　③　債務者が供託しない場合または供託できない場合（同時到達）には，各譲受人は，債務者に対して，それぞれ譲受債権全額の弁済を請求できる
　　④　債務者は，譲受人の1人に対して弁済すれば免責される
　　⑤　④の場合に，他の譲受人が配当を請求できる（多数説）

## 3　異議なき承諾（468条）

### 3-1　468条の意義

民法468条2項は，債務者が債権者に主張できた抗弁（相殺，同時履行の抗弁権，取消権，解除権など）を譲受人に対しても主張できる旨を明らかにする。その理由は，次の2つである。すなわち，①債権は，債権譲渡によって，その同一性を変えることなく譲渡人から譲受人に移転する。それゆえ，その債権に付着していた瑕疵や抗弁事由も，そのまま譲受人に承継されることになる。また，②債務者の側からみれば，債権譲渡は債務者の意思に関係なく，譲渡人と譲受人との契約によってなされるため，これにより債務者が不利益を被ることは承認しがたい。

しかし，民法は，このような債務者の抗弁に対して，重大な制限を加えている。すなわち，債務者がその債権譲渡に「異議をとどめないで」承諾（異議なき承諾）をすれば，譲渡人に対して主張できたいっさいの抗弁が譲受人に対抗できなくなるのである（468条1項本文）。

### 3-2　法的性質

(1)　問題の所在

異議なき承諾には，抗弁の切断という強力な効力が認められている。ところで，理論的には，債権譲渡に対する債務者の「承諾」には，2つのものが認められる。すなわち，1つは，債権譲渡の事実の承認であり，その性質は観念の通知である。もう1つは，債権譲渡の結果として，譲受人に対して債務を負担していることの承認であり，その性質は意思表示である。

このうち，468条1項の「承諾」は，「前条の承諾」とあるため，文理解釈上は467条の「承諾」と同じく，観念の通知（表示）であると解される。そうだとすれば，なぜ単なる観念の通知に，抗弁の切断という強力な効力が認められるのかが問題となる。

(2)　通説とその問題点

この問題につき，かつての学説は，468条1項の「承諾」を467条のそれとは異なる，債務者が譲受人に対して新しい債務を負担する旨の意思表示である，と解していた（債務承認説）。そして，古い大審院判決にも，これを抗弁の放棄であると解するものがあった（大判大正5・8・18民録22-1657）。しかし，この

ように解すると、①468条1項の「前条の承諾」という文言に反することになる。また、②債務の承認であれば、その効果として抗弁がなくなるのは当然であり、規定するまでもないこととなろう。

そこで、現在の通説は、468条が債務者の異議なき承諾に公信力を与えて譲受人を保護し、債権譲渡の安全を図るものであるとする（公信力説）。すなわち、異議なき承諾も観念の通知であって、それを信頼して抗弁がないと判断した善意・無過失の譲受人を保護する制度である、と主張する。最高裁も、基本的にはこの見解に依拠している（最判昭和42・10・27民集21-8-2161。ただし、最高裁は、「公信力」という用語は使わず、また、譲受人の善意を要件とするが、無過失を要件とすることは明言していない）。

この公信力説に対しては、次のような批判が可能である。①「公信力」は、たとえば虚偽の登記を信頼した者に、積極的に権利を与える効果を有するものである。しかし、468条の場合には、消極的に抗弁の切断が認められるにすぎず、譲受人に権利を付与するものではない。また、②異議なき承諾は、債権譲渡の後になされることもある。その場合には、譲渡の時点で譲受人が異議なき承諾を信頼するということはありえず、公信力の問題は生じない。もっとも、実務では、債務者との間で、異議なき承諾書をあらかじめ作成することも多いであろう。

### (3) 法定効果説とその評価

近時の有力説は、異議なき承諾を、観念の通知でも意思表示でもない、債務者の意思的行為であるとする。そして、債務者は譲受人に対して、抗弁が存在するにもかかわらず、それに反した意思的行為をなしたことのサンクション（禁反言）として抗弁を主張することができなくなるのであり、468条1項本文はこのような効果を法定したものである、と主張する。

この見解は、従来の通説が譲受人の保護と債権取引の安全を重視していたのに対して、異議なき承諾をする債務者の行為に焦点をあてた点で評価される。しかし、具体的帰結においては、通説とそれほど大きな差異がない。そうだとすれば、基本的には通説と同様に解しつつ、「公信力」を援用しない説明が適切であろう。すなわち、異議なき承諾は観念の通知であるが、468条1項は、それを信頼した善意・無過失の譲受人を保護し、かつ、そのような信頼を与えた債務者の抗弁の主張を信義則により制限する規定である、と解すべきである。

V 債権・債務・契約関係の移転

## 3-3 効　力
### (1) 「対抗することができた事由」

(ア) **概説**　債務者が異議なき承諾をすれば，譲渡人に対抗できた事由を譲受人に対抗することができなくなる。たとえば，債権者が債務者に代金債権を有し，目的物引渡債務を負っている場合に，債務者は同時履行の抗弁権を主張できる。しかし，債権者が代金債権を譲渡し，債務者が異議なき承諾をすれば，債務者は譲受人に対して右抗弁権を主張できず，すぐに代金を支払わなければならなくなる。

このような事由としては，同時履行の抗弁権に限らず，無効，取消し，解除，相殺などによる債権消滅の抗弁をはじめ，さまざまなものがある。ただし，最高裁は，賭博の負け金7,000万円の支払を目的とする債権が譲渡された場合に，債務者が異議なき承諾をしても，「債務者は，右債権の譲受人に対して右債権の発生に係わる契約の公序良俗違反による無効を主張してその履行を拒むことができる」とした。なぜなら，賭博行為は著しく公序良俗に反し，「これを禁止すべきことは法の強い要請であって，この要請は」468条1項による「譲受人の利益保護の要請を上回る」からである（最判平成9・11・11民集51-10-4077）。

このほかにも，以下の2つが問題となる。

(イ) **債権の帰属**　たとえば，債権の二重譲渡がなされ，債務者が第2譲受人に対して異議なき承諾をした場合に，その第2譲受人からの請求に対して債務者は，すでに債権が第1譲受人に譲渡されていることを理由にこれを拒むことができるか。

異議なき承諾をした以上は，債務者はこのような主張ができないようにも考えられる。しかし，二重譲受人間での債権の帰属は，確定日付ある証書によって決するのが民法の立場である（467条2項）から，この場合には，第2譲受人が対抗要件を備えない限り，債務者は支払を拒絶できると解されている。つまり，468条1項の「事由」には，債権の帰属は含まれない。

(ウ) **解除権**　債務者の異議なき承諾の時点ですでに解除原因（債務不履行）が生じまたは解除がなされていたときは，債務者がその解除を善意の譲受人に対して主張できないことは争いがない。問題となるのは，異議なき承諾後に債務不履行が生じた場合に，債務者がその債務不履行を理由とする解除を譲受人

に対抗しうるか否かである。

　この問題につき，多数説は，承諾の時点で債務者が主張しえた抗弁事由のみが468条1項によって切断されるとする。そうだとすれば，異議なき承諾後に解除権が発生した場合には，債務者はその解除権を善意・無過失の譲受人に対抗できる，ということになる。

　しかし，前掲最高裁昭和42年10月27日判決は，この場合にも解除の抗弁は切断される（債務者は解除を主張しえない）とする。

---

**【事例　V－7】**

　Aは注文者であるYから建物の建築工事を請け負い，請負代金の一部を受領するとともに，工事が完成したときに残金80万円の支払を受ける旨を約束した。そして，Aは，その80万円の請負報酬債権をXに譲渡し，Yはこれを異議なく承諾した。なお，Xは，この債権が未完成部分の請負報酬債権であることを知っていた。その後，Aが倒産し，工事が中止されたので，YはやむなくAとの請負契約を解除した。ところが，XはYに対して，右債権の支払を求めて訴えを提起した。原審は，Xが未完成部分の工事代金債権であることを知って譲り受けた者であるから保護に値しない，との理由でその請求を棄却した。そこでXは，Yが異議なき承諾をしたのであるから，もはや解除を主張しえないとして上告した。このようなXの主張は認められるか。

---

　最高裁は，一般論として，債務者が解除を譲受人に主張することはできないとした。その理由は，請負人Aの有する報酬請求権が仕事完成義務の不履行を事由とする請負契約の解除により消滅するものであり，「債権譲渡前すでに反対給付義務が発生している以上，債権譲渡時すでに契約解除を生ずるに至るべき原因が存在していた」ことにある。しかし，事案の解決としては，譲受人の悪意を認定し，債務者は譲受人に対して解除を対抗しうるとして，Xの上告を棄却した。

　この判決の結論は，妥当であろう。なぜなら，双務契約ではつねに解除の可能性があり，債務者の異議なき承諾を信頼した善意・無過失の譲受人が，後になされた解除によってその権利を覆されるのは妥当でないからである。

Ⅴ　債権・債務・契約関係の移転

**(2)　抵当権の復活**

**(ア)　問題の所在**　債権が弁済により消滅した場合には，その債権を担保する抵当権も附従性によって消滅する。にもかかわらず，抵当権登記が抹消されずにいたところ，債権者がその債権を譲渡し，債務者も異議なき承諾をした場合には，債務者が譲受人に対して債権の消滅を主張できず，一度消滅した債権が復活するのと同じ結果となる。問題となるのは，この場合に抵当権も復活するか否かである。

ところで，債務者が自らの不動産に抵当権を設定している場合には，抵当権の復活を肯定する点では判例（大決昭和8・8・18民集12-2105）学説ともに異論がない。その理由は，①異議なき承諾をした債務者が，それによる不利益を被ることはやむをえず，また，②譲受人は，抵当権の登記を信頼して債権を譲り受けているため，抵当権の復活を認めないと不測の損害を被る（無担保債権の経済的価値は低い）ことにある。

問題は，物上保証人や抵当不動産の第三取得者などの利害関係のある第三者に対する関係で，債務者のなした異議なき承諾の効力が及ぶか否かである。なぜなら，仮に債務者との関係で抵当権が復活し，譲受人がそれを第三者に対しても主張できるとすれば，抵当権の消滅により利益を受けたであろうこれらの第三者が不測の損害を被ることになるからである。

**(イ)　判例の見解**　この問題につき，判例は必ずしも明確ではない。しかし，最高裁（最判平成4・11・6判時1454-85）は，抵当不動産の第三取得者につき1つの基準を示したと考えられる。

---

【事例　Ⅴ-8】

Aはその債権者Bのために，自己の所有する土地に抵当権を設定した。その後，Aからその土地を買い受けたXは，AおよびBと話し合い，土地の売買代金をAの債務に代わってBに弁済することにし，その額を支払った。ところが，その翌日，Bは右債権をYに譲渡し，Aが異議なき承諾をしてYが抵当権移転の付記登記をした。そこで，XがYに対して，抵当権登記の抹消を求めた。

この【事例】に関し、第1審・第2審ともにXが勝訴し、Yが上告した。最高裁は、Aが異議なき承諾をしても、「これによってAがYに対し貸付債権の消滅を主張し得なくなるのは格別、抵当不動産の第三取得者であるXに対する関係において、その被担保債権の弁済によって消滅した本件抵当権の効力が復活することはないと解するのが相当である」と判示して、Yの上告を棄却した。

この判決は妥当であると考える。なぜなら、抵当権の消滅によって受けるXの利益を、債務者Aの意思のみによって奪うのは妥当でなく、また、本件のXは、自ら代位弁済をして抵当権を消滅させているため、抵当権の復活を認めると、不測の損害を被ることが著しいからである。

(ウ) **結論**　学説は、第三者が債務者の異議なき承諾の前と後のいずれに利害関係を有するに至ったかに応じて、次のように解している。

① 債務者の異議なき承諾前に利害関係を有するに至った第三者、とりわけ後順位抵当権者（先順位の抵当権が消滅すると順位が上昇する）、抵当不動産の第三取得者および差押債権者は、譲受人に対して抵当権の消滅を主張できる。なぜなら、抵当権の消滅によって受けるこれらの者の利益を、債務者の意思のみで奪うことは許されないからである。

② 異議なき承諾後に利害関係を取得した第三者は、抵当権の消滅を主張できない。なぜなら、抵当権登記が残っているため、抵当権の存在を覚悟しなければならない第三者よりも、善意・無過失の譲受人を保護すべきだからである。この場合には、一度は消滅した抵当権の（無効）登記の流用を認め、債権の譲受人は対抗要件を具備しているものとして扱うべきである。

なお、物上保証人および保証人との関係でも、抵当権ないし保証債務は復活しない、と解するのが判例・通説である。これらの者は異議なき承諾前の第三者であるため、妥当であると考える。

**3-4　債務者と譲渡人との利益調整**（468条1項ただし書）

債務者は、異議なき承諾により、譲渡人に主張しえた抗弁を譲受人に対抗できなくなったことによる不利益を、譲渡人との間で決済することができる。たとえば、債務者は、弁済として給付したものを譲渡人から取り戻すことができる。しかし、これは、468条1項但書がなくとも、不当利得法理により当然に導かれるものである。

## V 債権・債務・契約関係の移転

**整理ノート** 異議なき承諾（468条）

1 原　則

債務者は，債権譲渡に異議なき承諾をすれば，譲渡人に対して主張できた一切の抗弁（相殺，同時履行の抗弁権等）を，善意・無過失の譲受人に対抗できない

〔法的性質〕(a) 公信力説（通説）：債務者の異議なき承諾に公信力を付与し，債権取引の安全を図る。

(b) 法定効果説：債務者は，抗弁が存在するにもかかわらず，それに反した意思的行為（異議なき承諾）をしたことのサンクション（禁反言）として，抗弁を主張することができなくなる。

2 例外＝異議なき承諾にもかかわらず，譲受人への抗弁の対抗が認められるもの

(1) 公序良俗違反による契約の無効（例，賭博による負債）

(2) 債権の二重譲渡——対抗要件（467条2項）の有無で決める

(3) 解除権

① 異議なき承諾の時点で解除原因（債務不履行）が生じまたは解除がなされた場合

→ 債務者は，解除を善意・無過失の譲受人に対して主張できない

② 異議なき承諾後に債務不履行が生じ解除権が発生した場合

→ (a) 学説：債務者は解除権を善意の譲受人に主張できる

(b) 判例：債務者は解除権を善意の譲受人に主張できない

〔理由〕双務契約では常に解除の可能性があり，善意の譲受人が後の解除によって権利を覆されるのは妥当でない。

3 抵当権の復活の可否

(1) 問題点　債権が弁済により消滅 → 債権を担保する抵当権も附従性によって消滅（抵当権登記は抹消せず）。この場合に，債権譲渡が行われ，債務者が異議なき承諾をしたときは，譲受人に債権の消滅を主張できず，一度消滅した債権が復活するのと同じ結果になる。では，

> 抵当権は？
> (2) 債務者が自らの不動産に抵当権を設定している場合 → 抵当権は復活
> (3) 物上保証人・抵当不動産の第三取得者などの利害関係のある第三者
> ↓
> ① 債務者の異議なき承諾前に利害関係を有するに至った第三者 → 抵当権は消滅
> 〔理由〕 第三者の利益を債務者の意思のみで奪うことはできない。
> ② 異議なき承諾後に利害関係を取得した第三者 → 抵当権は復活
> 〔理由〕 抵当権登記が残っているため，抵当権の存在を覚悟しなければならない第三者よりも，善意・無過失の譲受人を保護すべき

V 債権・債務・契約関係の移転

**応用学習 9** 集合債権譲渡担保

　債権譲渡は，かつては債権債務関係の簡易な決済手段として，主に債権の回収のために用いられていた。しかし近年は，将来発生すべき債権をも含めた，多数の債権を一括して担保として譲渡し，資金を調達することが頻繁に行われている。以下では，このように不特定な多数の債権を譲渡担保とする「集合債権譲渡担保」について，簡単に説明する。

## 1　特定性

　将来債権の譲渡を認めることは，その包括的な譲渡によってなされる集合債権譲渡担保に道を開くことになる。もっとも，集合債権譲渡担保においては，将来発生すべき多数の債権のうち，どの債権が目的となっているかを識別すること（特定性）が必要となる。このような特定性（識別可能性）を判断する要素として，最高裁は，①債権の発生原因，②譲渡額，③発生ないし弁済期の始期と終期を明確にすること（上記最判平成11・1・29）のほか，④債権者および債務者（第三債務者）の特定（最判平成12・4・21民集54-4-1562）を挙げている。

## 2　包括的な集合債権譲渡担保の可否

　債務者が有するいっさいの将来債権を担保の目的とすることは可能か。この場合には，すべての債権が目的となるため，特定性の点では問題がない。しかし，このような包括担保を認めると，債務者の経済活動の自由を阻害するおそれがあるとともに，債務者の他の債権者の利益を著しく害するおそれがある。そこで，最高裁も，「契約締結時における譲渡人の資産状況，右当時における譲渡人の営業等の推移に関する見込み，契約内容，契約が締結された経緯等を総合的に考慮し，将来の一定期間内に発生すべき債権を目的とする債権譲渡契約について，右期間の長さ等の契約内容が譲渡人の営業活動等に対して社会通念に照らし相当とされる範囲を著しく逸脱する制限を加え，又は他の債権者に不当な不利益を与えるものであると見られるなどの特段の事情の認められる場合には，右契約は公序良俗に反するなどとして，その効力の全部又は一部が否定されることがあるものというべきである」とした（上記最判平成11・1・29）。

## 3　対抗要件〔債権譲渡登記〕

　集合債権譲渡担保のように多数の債権を一括して譲渡する場合にも，民法467条によれば，個々の債務者ごとに確定日付のある通知・承諾の手続きをしなければなら

ない。しかし，そのための手数および費用の負担は，債権の流動化にとって大きな障害となる。のみならず，債権譲渡の事実が知られると，譲渡人（与信先）の信用不安を惹起するおそれがあり，多くは対抗要件を具備せずに債権譲渡が行われてきた。そこで，このようなサイレントの債権譲渡に第三者対抗要件を具備したいという実務の要望にも応えるために制定されたのが債権譲渡特例法である。

　同法の内容は，次の3つにまとめられる。すなわち，①　法人が金銭債権を譲渡した場合には，法務局の債権譲渡登記ファイルに譲渡の登記をすれば，第三者対抗要件を具備したものとみなされることになる（2条1項）。しかし，債権譲渡登記は債務者の知らないうちになされることも多い。それゆえ，登記によって債務者対抗要件も具備したことにすれば，債務者に二重弁済の危険や抗弁切断の不利益を課すことになる。そこで，②同法は，債務者対抗要件として，債権譲渡およびその登記がなされたことにつき，譲渡人もしくは譲受人が債務者に対して通知をするか，債務者が承諾することが必要であるとした（2条2項）。そして，③新しい債権譲渡登記制度に関する手続が定められている（3条以下）。

## §3 債務引受・契約上の地位の移転

### 1 免責的債務引受

#### 1-1 要　件

　従前の債務者が債務関係から離脱する免責的債務引受においては，債権者の意思的関与が不可欠である。なぜなら，債権の効力は債務者の資力（責任財産）にかかわるものであるため，債権者の意思を無視して資力の十分でない者を引受人とすると，債権者に不測の損害を与えることになるからである。問題となるのは，その意思的関与の程度である。すなわち，免責的債務引受の要件としては，債権者が引受契約の当事者となるか否かが争われる。

　まず，免責的債務引受を，三当事者の契約で行うことはもちろん，債権者と引受人との契約で行うことについては異論がない。なぜなら，免責的債務引受は，債務者に利益を与えるだけであり，その不利益とはならないからである。これに対して，債務者と引受人との契約による場合には，債権者の承諾を要するとするのが判例・通説である（大判大正14・12・15民集4-710，最判昭和30・9・29民集9-10-1472）。

#### 1-2 効　果

　免責的債務引受の効果は，債務者の債務が同一性を失わずに引受人に移転すること（特定承継）である。ただし，その範囲は問題となる。

　たとえば，判例は，特に保証人が債務引受に同意しまたは引受人のために保証人となることを承諾した場合のほかは，免責的債務引受の成立によって保証債務が消滅するとする（大判大正11・3・1民集1-80）。この点については，学説も異論がない。なぜなら，①債務者の変更はその責任財産の変更をもたらすものであるため，保証人の弁済の必要性や求償権に影響を及ぼすこと，および，保証人は特定の債務者との人的関係に基づいて保証するのが通常だからである。

### 2 併存的債務引受

#### 2-1 要　件

　併存的債務引受は，三当事者の契約でなしうることはもちろん，債権者と引

受人との契約で行われることにも異論がない。その理由は，併存的債務引受の機能が債権の担保にあり，実質的には保証と異ならないという点にある。すなわち，462条2項の「精神」から，債務者の意思に反しても併存的債務引受を行うことができる，と解されている（大判大正15・3・25民集5-219）。

また，債務者と引受人との契約によって，引受人が債務者の債務を支払うべき旨を定めただけでは，その効力は当事者間に及ぶにすぎず，「履行の引受」が存在するのみである。しかし，債務者と引受人とが債権者を第三者とする「第三者のためにする契約」（537条1項）をなすことにより，併存的債務引受を認めることができる。すなわち，債務者と引受人との契約では，第三者のためにする契約を介して，併存的債務引受を行うことが可能である。

### 2－2 効　果
#### (1) 概　説

併存的債務引受がなされると，引受人は債権者に対して債務者と同一内容の債務を負担し，かつ，債務者も債務を免れることなく従前の債務関係が存続する。この場合の引受人の債務は債務者の債務と同一のものであるため，免責的債務引受におけると同じく，債務者の有する抗弁権（無効・取消しを含む）もすべて引受人が主張することができる。また，従前の債務関係がそのまま存続するため，担保には何ら影響がない。

#### (2) 併存する債務の関係

併存的債務引受においては，債務者の債務と引受人の債務とが併存し，一方の債務が弁済されれば，他方の債務も消滅するという点では異論がない。問題となるのは，この両債務の関係をどのように説明するかである。

この問題につき，判例は，民法432条以下の連帯債務関係が成立すると解している（大判昭和11・4・15民集15-781，大判昭和14・8・24新聞4467-9，最判昭和41・12・20民集20-10-2139）。

しかし，併存的債務引受が常に連帯債務を生ぜしめるとすると，債務者が増加したことによる債権者の通常の期待に反するおそれがある。たとえば，債権者は，引受人が債務を引き受けたので安心し，あるいは，引受人の履行期を延期することがある。この場合に，債務者について消滅時効が完成すると，引受人の債務も債務者の負担部分につき消滅し（439条），債権者は不測の損害を被

ることになる。そこで学説は，判例に反対し，債務者と引受人との間に主観的共同関係のある場合（併存的債務引受が債務者と引受人との契約でなされた場合や債務者と引受人との間に履行の引受けがある場合）には連帯債務が生ずるが，そのような関係のない場合（債務者の委託を受けないで債権者と引受人との契約によって債務引受が行われた場合）には，絶対的効力事由の規定の適用がない不真正連帯債務関係が成立する，と解している。

## 3 履行の引受け

履行の引受けがなされれば，引受人は，第三者として弁済すべき義務を債務者に対して負担する。それゆえ，引受人が履行しない場合には，債務者は，引受人に対して債権者に弁済すべきことを請求することができる。また，債務者が自ら履行した場合には，引受人は債務不履行に基づく損害賠償責任を負うことになる。

## 4 契約上の地位の移転（契約譲渡・契約引受）

### 4-1 要 件

従来の通説は，契約上の地位の移転のメリットを，個別の債権譲渡と債務引受によっては移転しえない取消権や解除権を移転しうることに求めている。

そして，要件に関しては，契約上の地位の移転に免責的債務引受が含まれるとの理由で，相手方の承諾が必要である，と解している。これに対しては，相手方の承諾が不要であるとする有力説がある。

### 4-2 効 果

(1) **移転される債権債務の範囲**

契約譲渡によって，将来生じる債権債務が譲受人に移転することには異論がない。しかし，既発生の債権債務も移転するのか否かは，明確ではない。

(2) **譲渡人の免責の有無**

従来の通説は，相手方の承諾を要件とするため，譲渡人の免責を認めることになる。これに対して，有力説は，譲渡人の免責を認めずに，相手方の承諾を不要であると主張する。すなわち，この場合に相手方の承諾が要求されるのは，契約当事者が交替することにより，その責任財産が減少し，相手方に不測の損

害を与えることを防ぐためである。そうだとすれば，譲渡人の免責を認めずに，譲受人との併存的責任を認めれば，相手方には不測の損害はなく，その承諾も不要となるとする。そこで，有力説は，相手方の承諾を不要とし，譲渡人と譲受人の併存的責任を，併存的債務引受であると構成する。

　しかし，この有力説に対しては，次のような批判が可能である。すなわち，免責的債務引受および契約譲渡では，債務の特定承継が認められるのに対して，併存的債務引受は新たな債務の負担行為であり，両者は全くその法的性質を異にする。それゆえ，併存的債務引受を認めることは，「経済的」には契約当事者の交替を実現するが，「法律的」には，あくまで地位の「移転」と区別されなければならない。

### 4−3　従来の学説の問題点

　以上のように，契約上の地位の移転に関しては，その要件・効果をどう解するかについて，学説が分かれている。この問題は，実は，契約上の地位の移転の機能をどのように理解するかにかかわる。その理解のためには，現実に契約上の地位の移転が問題となる場面を検討する必要があり，従来の見解はその検討が不十分であった，と思われる（→**応用学習**）。

## V 債権・債務・契約関係の移転

**整理ノート** 債務引受・契約上の地位の移転

1. 免責的債務引受
  (1) 要　件
     債権者・債務者・引受人の三当事者契約
     債権者・引受人の契約 → OK
     債務者・引受人の契約 → 債権者の承諾が必要
  (2) 効　果
     債務者の債務が同一性を失わずに引受人に移転（債務の特定承継）
2. 併存的債務引受
  (1) 要　件
     三当事者契約，債権者・引受人の契約 → OK
     債務者・引受人の契約
     → 第三者（債権者）のためにする契約（537条1項）
  (2) 効　果
     引受人は債権者に対して債務者と同一内容の債務を負担（債務負担行為）
     債権者・債務者間の従前の債務関係も存続
     → 判例：連帯債務
     　　学説：不真正連帯債務（絶対的効力事由の適用なし）
3. 履行の引受
   引受人は，第三者として弁済すべき義務を債務者に対して負担
4. 契約上の地位の移転（契約譲渡・契約引受）＝伝統的な理解
  (1) 制度の必要性
     形成権（取消権・解除権）の移転
  (2) 要　件
     相手方の承諾が必要（理由）免責的債務引受が含まれる。
  (3) 効　果
     相手方の承諾により，譲渡人は免責される。

## 応用学習 10　契約譲渡論の新たな展開

### 1　はじめに

契約上の地位の移転についてはこれまで，現実の紛争とは無関係に，債権譲渡・債務引受とどのように違うのかという，もっぱら理論的な観点からの議論がなされてきた。しかし，近時は，比較法的・理論的な検討に加えて，現実の契約や紛争類型を踏まえた解釈論が展開されている。以下では，そのような近時の見解を紹介しよう。

### 2　契約上の地位の移転の具体例

現実の裁判例において契約上の地位の移転が争われるのは，賃貸借契約における当事者の地位の移転である。ここでは，以下の2つの類型を区別する必要があろう。

#### (1) 特定の財産の譲渡に伴う場合

ヨーロッパやわが国において古くから問題とされた類型として，ある特定の財産の譲渡に伴い，一定の契約関係が譲渡される場合がある。具体的には，①目的不動産が譲渡された場合の賃貸人の地位の移転（605条），②目的物の譲渡に伴う損害保険契約の移転（商650条），および，③企業の譲渡に伴う従業員の労働契約の移転が問題となる。

ところで，これらの場合はいずれも，契約上の地位の移転の対象となる契約が継続的契約である。そして，目的物が譲渡されると，本来的には，契約そのものが無意味となって終了することが予定されている。しかし，そうすると，当事者に一定の不利益が生じる。そこで，契約上の地位の移転を認めて，当事者の交替にもかかわらず契約関係の存続を図るものであると解される。

では，要件は何か。ここでは，賃貸人の地位の移転を考えてみよう。民法605条に関しては，賃借権に対抗要件（登記または借地借家法10・31条）があれば，賃貸人が代わっても賃借権が存続することに異論がない。問題となるのは，このような対抗要件がない場合である。この場合に，最高裁は，新旧両所有者の合意によって賃貸人の地位が移転し，相手方（賃借人）の承諾は不要であるとして，賃貸人の地位の移転を容易に認める傾向にある（最判昭和46・4・23民集25-3-388）。その理由は，①賃貸人の義務が，不動産の所有者であれば果たせるものであり，その所有者が交替しても賃借人の不利益はないこと，および，②賃借人にとっても，賃貸借契約の存続を認

## (2) 合意に基づく場合

譲渡人と譲受人の合意に基づいて契約関係が譲渡される場合である。実際の裁判例では，単なる売買契約ではなく，継続的契約関係における当事者の地位の譲渡が争われる。とりわけ，わが国では，賃借人の地位の譲渡（賃借権の譲渡＝612条））が問題となり，この場合には，相手方の承諾が要件となる（612条1項）。

## (3) 類型化の根拠

以上の2つの類型は，なぜ区別することができるのだろうか。その点を考えるためには，まず，契約上の地位の移転で現実に問題となるのが継続的（双務）契約であることに留意しなければならない。すなわち，継続的契約を当事者が締結する場合には，その目的物に着目する場合と，その相手方の人的要素に着目する場合とがあると思われる。

(ｱ) **目的物に着目する場合** たとえば，不動産を賃借する場合には，その所有者（賃貸人）の人的要素ではなく，物件（立地環境・日照・間取り等）に着目して賃借するのが通常である。そうだとすれば，物件の所有者が交替しても，賃貸借契約そのものは新所有者に承継されると解するのが，賃借人にとって望ましい。それゆえ，この場合には賃借人（相手方）の承諾は不要であると解される。

(ｲ) **相手方の人的要素に着目する場合** 不動産の所有者がその不動産を賃貸する場合には，賃借人が誰であるかはその目的不動産の利用形態に大きく影響することになる。そうだとすれば，賃借人の交替には，賃貸人（相手方）の承諾が必要である（612条参照）。

上記の2つの類型は，この(ｱ)と(ｲ)とに対応する。すなわち，(ｱ)特定の財産の譲渡に伴う契約上の地位の移転には相手方の承諾は不要であり，また，(ｲ)合意に基づく契約上の地位の移転には相手方の承諾が要件となると解される。

## 3 近時の見解

### 3-1 類型に応じた要件・効果

#### (1) 特定の財産の譲渡に伴う契約上の地位の移転

(ｱ) **要　件** 目的となる特定の財産（たとえば，賃貸不動産や保険目的物）の譲渡についての譲渡人と譲受人の合意があれば契約上の地位が移転し，これに対する相手方（賃借人・保険者）の個別的な承諾は不要である。このように契約上の地位が目的物の譲渡に伴い譲受人に移転する根拠は，当事者の意思の推定に求められる。それゆえ，譲渡当事者が明確に地位の移転を拒否する場合には，この推定は破られる

ことになる。

　ただし、賃貸人の地位の移転に関しては、民法（605条）および借地借家法の規定（10条・31条）により、賃借人の権利がより保護されている。すなわち、賃借人が賃借権につき対抗要件を備えている場合には、特段の事情がない限り、賃貸不動産の譲受人の意思に反しても、法定の効果（対抗力）によって賃貸人の地位の移転が強制されることになる。

　(イ)　**効　果**　(a)　**一般的効果**　将来生ずべき債権債務および解除権・取消権などの形成権が譲受人に移転することには争いがない（ただし、取消権の移転は、教科書設例にすぎず、現実の裁判例では問題とならない）。しかし、譲渡人のもとですでに発生している債権債務等については、学説は明確でない。判例は、個別の債権譲渡または債務引受がなされない限り、既発生の債権債務は譲受人に移転しない、と解している（最判平成3・10・1判時1404-79参照）。契約上の地位の移転に固有の領域が継続的契約であることを前提に、その移転の時を基準として効果が生ずる（効果の時的配分）と考えれば、既発生の債権債務の移転には、個別の債権譲渡・債務引受が必要であると解される。

　(b)　**譲渡人の免責**　目的物の譲渡に伴い契約上の地位が譲受人に移転した場合に、譲渡人が当然に免責されるか否かについては、学説が分かれている。しかし、賃貸人の地位の移転に関して多数説は、賃貸人の債務の主なものが修繕義務であって、賃借人に及ぼす影響が少ないことを理由に、譲渡人が賃貸借契約から離脱すると解している。

(2)　**合意に基づく契約上の地位の移転**

　(ア)　**要　件**　(a)　**契約の譲渡可能性**　契約上の地位の移転の対象となる（継続的）契約は、譲渡可能でなければならない。すなわち、ある契約が当事者の合意により、または、その性質上譲渡を禁じられている場合（466条参照）には、原則として相手方の承諾がない限り、契約上の地位の移転の対象とはならない。問題となるのは、契約が原則として譲渡可能かどうかである。契約上の地位も1つの財産権であると捉えれば、他の財産権と同じく、原則として譲渡可能であることになる。しかし、契約上の地位の移転の対象となる継続的契約においては、その締結に際して、相手方当事者の資質を調査しこれを選択するのが一般的である。そうだとすれば、契約上の地位は原則として自由に譲渡されうるものではなく、契約当事者の交替には相手方の承諾が必要である、と解される（実務でも、フランチャイズ契約や特約店契約においては、このような趣旨から、契約上の地位の移転には相手方［フランチャイザー等］の承諾が必要である旨が定められている）。

V 債権・債務・契約関係の移転

**(b) 免責的債務引受に対する「相手方の承諾」** (a)の譲渡禁止を解除する趣旨の「相手方の承諾」とは別に、免責的債務引受に対する「相手方(債権者)の承諾」、すなわち、譲渡人の免責を認めるための意思表示の要否が問題となる。まず一般論として、債務者は、自己の意思のみによっては当然に債務を免れることはできない。それゆえ、譲渡人と譲受人の合意にもとづき契約上の地位が譲受人に移転した場合にも、譲渡人は、譲受人の債務につき併存的責任を負うことになる。そうだとすれば、譲渡人の免責には相手方の意思表示(相手方の承諾)が必要であると解される。

**(c) 対抗要件の要否** 債権譲渡の対抗要件(467条)の適否はどうか。判例は、合意に基づく契約上の地位の移転に、民法467条の適用(準用)を認める趣旨であると解される。相手方が契約当事者の交替を知ることにつき利益を有していることを考えると、その手段として467条の手続は有効であろう。

**(イ) 効 果** 譲渡人の免責の可否が問題となる。すなわち、従来の通説のように、契約上の地位の移転から免責的債務引受を抽出して、これに対する相手方の承諾が必要であるとすれば、譲渡人は常に免責されるため、何ら問題は生じない。しかし、(a)契約の譲渡可能性に対する「相手方の承諾」と(b)譲渡人の免責に対する「相手方の承諾」とを区別すれば、仮に契約上の地位が移転されても、(b)の承諾がない限り、譲渡人はその債務を免れず、以後は、譲受人のもとに生ずべき債務についても併存的責任を負うべきことになる。

### 3-2 契約上の地位の移転の必要性

契約上の地位の移転の機能は何か。近時の見解は、この制度が民法の中で唯一、契約当事者が交替しても契約関係の存続を認めるものであることに着目する。すなわち、継続的契約において、当事者の一方が何らかの事情により(目的物や営業の譲渡、債務超過など)その契約関係を維持しえなくなった場合に、従前の契約関係を維持しつつ、当事者の交替を認めることにある。換言すれば、契約上の地位の移転は、継続的契約による安定性を維持する(経済的機能)ために、契約当事者の一方の変更にもかかわらず将来に向かって契約の効力を存続させる(法律的機能)制度である。

# Ⅵ 債権の消滅

## §1 総　説

### 1　債権の消滅とは何か

　債権総論の「債権の消滅」の節には，第1款から第5款において「弁済」，「相殺」，「更改」，「免除」，「混同」という5つの消滅原因が規定されている。このうち弁済の款に含まれる「代物弁済」と「供託」は，弁済と別個の性質を有しており，弁済とは区別されるべきである。よって，債権の消滅に特有の原因として，「弁済」「代物弁済」「供託」「相殺」「更改」「免除」「混同」という7つの消滅原因を民法は規定している。

　(ｱ)　**目的達成**　　債権は，たとえば売買契約における売主の代金請求権のように，債権者が債務者に対し一定の給付を求める権利である。給付内容が実現されて目的を達成して消滅することを予定している。よって，債権の本来の目的を達して消滅する場合として，弁済，代物弁済，供託が挙げられる。なお，任意履行がなされない場合における強制執行・担保権の実行による満足によっても債権は消滅する。また，弁済の款に規定されている準占有者への弁済は，本来の目的を達成しないが債権が消滅する特殊な場合である。

　(ｲ)　**目的達成の不必要**　　債権の目的を達成する必要がなくなる場合として，相殺，更改，免除，混同が挙げられる。債権の消滅を目的とする契約（更改，相殺契約，免除契約），債権の消滅を目的とする単独行為（相殺，免除）などに分類することも可能である。

### 2　一般的な消滅原因

　債権が消滅するのは，1の7つに限定されない。

　(ｱ)　**目的達成の不能**　　債権の目的の達成が不能になった場合にも，債権は

消滅する。たとえば，家屋の売買契約において災害で家屋が滅失したような，債務者の責めに帰すべからざる事由による履行不能によっても，債権は消滅する。

(イ) **権利の一般的な消滅原因**　債権も権利であるから，権利一般の消滅原因に基づいて消滅する。債権の発生原因である法律行為の取消し，契約解除，解除条件の成就，消滅時効などである（詳細は民法総則で学んでほしい）。

## §2　弁済・代物弁済

### 1　弁済とは何か
#### (1)　債務の履行と弁済
Ⅱでは「債務の履行」という概念が説明された。不動産の売主が売買契約に基づいて不動産の引渡しを行えば，この引渡しは「弁済」であると同時に「債務の履行」でもある。では「弁済」は「債務の履行」とどのような関係に立つのか。弁済は，債務者が債務の本旨に従った給付行為を任意に履行することで，目的達成により債権を消滅させる行為である。よって，弁済という概念は，Ⅱの債権の効力で扱われた「債務の履行」という概念と内容的には同じ意味であるともいえる。両者の違いは，アプローチの仕方にある。まず弁済は，債権の内容が実現された結果として債権が消滅する，つまり債権の消滅という側面から捉えたものである。これに対して，債務の履行は，債権の内容が実現される過程という債権の効力という側面から給付行為を捉えたものなのである。

#### (2)　弁済と給付行為
弁済と給付行為との関係についても，簡単に触れておこう。この点は，弁済の法的性質をめぐる問題とも関係しているため，併せて述べる。

弁済と給付行為については，この2つを区別するのが一般的である。まず，弁済については，弁済のためにする意思（弁済意思）を要する法律行為ではなく，法律の規定によって効力を生じる準法律行為であって，弁済意思は必要ではないとされる。要は，客観的に債務内容に適した給付行為があればよい。他方，給付行為は，弁済として債務免除をする場合のように法律行為であることも，物の引渡しのように事実行為であることもあるとされる。

§2 弁済・代物弁済

## 2 弁済の提供
### 2-1 意　義
債務者は，弁済の提供の時から債務不履行責任を免れる（492条）。弁済の提供とは何か。弁済がなされていないのに，債務者が免責されるのはなぜか。

---
**【事例　Ⅵ－1】**

Aは，Bとの間に，甲商品1,000個を売却する契約を締結した。売買契約後，甲商品の相場が急落した。Aは，履行期に，Bのもとに甲商品1,000個を持参して引き渡そうとしたが，Bが受取りを拒絶したために持ち帰った。履行期に債務を履行できなかったAは，Bに対して債務不履行責任を負うのか。

---

弁済の提供とは，Aが行ったように，債務者が弁済つまり給付を実現するために必要な一切の準備をして，債権者の協力を求めることである。弁済は，不作為債務のように債権者の協力を要しない債務を除けば，債務者が債権者に対し弁済の提供をして債権者がこれを受領するという形によって，完成する。言い換えれば，債権者が何らかの形で協力しなければ弁済は完成しないのである。よって，民法は，自らがなすべきことを尽くした債務者を保護するため，弁済の提供がなされれば不履行責任を免れるという規定をおいたのである。したがって，492条の弁済の提供とは，①債務の本旨に従った，②現実または口頭の提供でなければならない。

### 2-2 債務の本旨
何が債務の本旨に従った履行であるかは，それぞれの債務ごとに異なる。具体的には，給付の内容・場所・時期等について，債務の発生原因ごとに個別に決定される。民法は，「債権の消滅」の弁済の款その他に，債務の本旨についての補充規定を設けている。以下，弁済の款の補充規定を説明する。

(1) 給付の内容

(ア) **特定物の引渡し**　　債権の目的が，土地，家屋のように物の個性に着目された物つまり特定物の引渡しであるとき，債務者は引渡しをなすべき時の現状で引き渡すことを要する（483条）。よって，たとえば契約締結から引渡しまで

に家屋の一部が損傷しても，損傷したままの現状で引渡しすればよいことになる。483条にいう現状引渡しの趣旨は，目的物が特定している以上は代物で代えることはできないからだと説明されうる。この「代物で代えることはできない」という点を徹底する考え方は，かなり形式主義的帰結をもたらすこともあり，いわゆる特定物ドグマと呼ばれてきた。この考え方には批判も多く，483条の解釈につき見解は対立している。この見解の対立は，売買契約の瑕疵担保責任等の担保責任の法的性質の解釈をめぐる見解の対立に反映している（詳細は債権各論で学んで欲しい）。

(イ) **他人物の引渡し**　弁済者が他人の物を引き渡したときは有効な弁済にならない。しかし，別の有効な給付（代物給付）をしなければ，その物を取り戻すことはできない（475条）。また，弁済として受領した物を弁済者が適法に権利取得したと信じ消費したり譲渡したりしたとき，弁済は有効となる。この場合弁済者は代物給付による取戻しもできない（477条本文）。しかし，債権者は，真の所有者による請求により所有者に目的物を償還したとき，弁済者へ求償できる（477条ただし書）。ただし，債権者が即時取得により他人物の所有権を取得した場合には，弁済の効力が完全に生じる（大判昭和13・11・12民集17-2205）。

(ウ) **譲渡能力のない者による引渡し**　未成年者のような譲渡能力のない者が弁済として自己の所有物の引渡しをしたときは，その給付行為が取り消されたとしても，所有者が有効な弁済をしなければ，その物を取り戻すことはできない（476条）。弁済者が善意で弁済として受けた物を消費または譲渡したときは弁済を有効なものとする477条は，この場合にも適用される。

(2) **給付の場所**

(ア) **特定物**　債務が特定物の引渡しを目的とする場合，債権の発生当時その物の存在した場所で弁済しなければならない（484条前段）。

(イ) **特定物以外**　債務が特定物の引渡し以外の給付を目的とする場合，債権者の現在の住所で弁済しなければならないのが原則である，つまり持参債務となる（484条後段）。例外として売買契約において目的物の引渡しと同時に支払われるべき売買代金は引渡場所で支払われなければならない（574条）。なお，債権者の現在の住所とは，債権の弁済をなす時点での住所が基準となる。

## §2 弁済・代物弁済

### (3) 給付の時期

履行期については，個別の契約類型ごとに補充規定が設けられている（573条・591条・597条・617条等）。

### (4) 弁済費用

運送費，荷造費，為替料，関税，債権譲渡の通知費用などの弁済のための費用は，原則として債務者が負担する（485条本文）。ただし，債権者の住所移転や債権譲渡により弁済の場所が変更して弁済の費用が増加したとき，その増加額は債権者の負担となる（485条ただし書）。債権者が増加額の支払をしない場合，債務者は弁済すべき額から増加分を控除するか，弁済後に求償することができる。なお，契約書作成費のような売買契約に関する費用については，当事者が等しい割合で負担する（558条）。

### 2-3 現実の提供と口頭の提供

弁済の提供は，原則として現実の提供でなければならない（493条本文）。例外的に，債権者があらかじめ受領を拒んでいたり債務の履行について債権者の行為を必要としたりする場合には，いわゆる口頭の提供も認められる（493条ただし書）。

#### (1) 現実の提供の内容

債務者が，債権者の協力を得なくても給付の主要部分について必要な行為を完了できる場合には，債権者が給付を受領する以外は何もしなくてもいい程度に提供しなければならない。何が現実の提供であるかは，まず当事者の意思によって判断されるが，不明な場合には取引慣習や信義則が判断基準となる。

(ア) **金銭債務** 債務者が金銭を債権者の住所に持参すればよい。金銭以外でも，金銭に準じる程度の流通性があるものを持参すれば，現実の提供があったとされる。たとえば，郵便為替の送付，郵便振替貯金払い出し証書の送付は，現実の提供である。小切手は不渡りの危険性があるため，原則として現実の提供ではない（最判昭和35・11・22民集14-13-2827）。ただし銀行振出自己宛小切手の送付（最判昭和37・9・21民集16-9-2041）のように支払が確実な場合には，特約や取引慣習がなくても現実の提供となる。なお，金額は債務の全額の提供が必要であり，一部弁済は原則として債務の本旨に従ったものではない。しかし，わずかに不足があるにすぎない場合，信義則により有効な提供として扱わ

Ⅵ 債権の消滅

れる（1条2項）。

　(ｲ)　**物の引渡債務**　金銭以外の物を目的とする債務の弁済については，物の種類ごとに判断基準が異なるため一般的な判断基準を提示できない。たとえば商品の引渡しを目的とする債務の提供は，貨物引換証や荷為替についても，受取人が記載した商品を自由に処分できる形式の書類であれば，商品の提供に代えることができる（大判大正13・7・18民集3-399）。また，不動産売主の債務のように不動産の引渡しを目的とする債務の提供として，履行日に登記の準備をして登記所に出頭すれば，引渡しをしなくても原則として現実の提供となる（大判大正7・8・14民録24-1650）。

　(2)　**口頭の提供**

　(ｱ)　**意義・要件**　債権者が①あらかじめその受領を拒み，または②債務の履行のために債権者の行為を要するときには，弁済の準備をしたことを通知して受領の催告をすることつまり口頭の提供で足りる（493条ただし書）。

　(a)　**受領拒絶**　受領拒絶は，明示的になされるだけではなく，たとえば受領期日を相当の理由なく延期したり契約の解除を主張したりするなど黙示でもなされうる。

　(b)　**債権者の行為を必要とする場合**　債権者の協力が先になされなければ給付の主要部分を完成することができない場合である。たとえば，取立債務，債権者の給付する材料に加工すべき債務，債権者の指定する期日または場所で履行すべき債務などが該当する。

　(ｲ)　**口頭の提供の方法**　口頭の提供は，弁済の準備をしたことを通知して，その受領を催告することでなされる（493条ただし書）。この場合に必要とされる弁済の準備の程度は，債権者の協力があれば，それだけで弁済を完了できる程度にはなされていなければならない。たとえば，金銭支払債務の場合，必ずしも支払うべき現金が手許にある必要はないが，銀行との間で資金を借り受ける契約をしていたり，確実に借り入れる見込みがある状態があったりしなければならない。なお準備を継続することは債務者に過度な負担を生じさせる可能性があるが，この負担は供託によって回避することができる（供託については後述§3）。

　(ｳ)　**口頭の提供が不要な場合**　例外的に口頭の提供すら不要な場合がある

と解されている。典型的なのは，賃貸借契約における賃料受領拒絶の場面である。

---
**【事例　Ⅵ－2】**

賃貸人Aは，賃借人Bが賃貸目的建物を勝手に増改築したとして，Bに対して賃貸借契約解除を主張し，Bからの賃料の受取りをかたくなに拒んでいる。このような場合，Bは，口頭の提供をする必要があるのだろうか。

---

この【事例】では，債権者の受領拒絶の意思は明白であり翻意する可能性はきわめて低い。判例は，【事例】のような賃貸借契約の場面で，債権者の受領拒絶の意思が明白の場合には，口頭の提供すら必要ないと判示した（最判昭和32・6・5民集11-6-915）。たとえば契約の存在を否定するなど翻意する可能性がないほどの明白な拒絶があれば，口頭の提供すら不要と考えてもよいだろう。また，賃貸人が賃料の受領を一度拒絶した事案のように，継続的契約において受領遅滞に陥っている場合についても，その後の賃料につき口頭の提供が必要なのかが問題となる。判例は，賃貸人が受領遅滞を解消する措置をとらなければ，賃借人は債務不履行責任を負わないとしたものがある（最判昭和45・8・20民集24-9-1243）。

### 2-4　効　果

債務者は，弁済の提供の時から債務不履行によって生ずべきいっさいの責任を免れる（492条）。債権者は債務者に対し債務不履行に基づく損害賠償請求権を問うことも，契約を解除することもできない。約定利息の発生も止まると解するべきである。なお，弁済が提供され債権者が受領しなかった場合には，413条の要件が充足されれば，債権者側は受領遅滞に陥る。すなわち「弁済が提供され債権者が受領しなかった場合」という同じ事実から，2つの効果，つまり弁済の提供の効果と受領遅滞の効果とが生じるわけである（この2つの効果を区別して考えるべきかについては，Ⅱ§5受領遅滞の箇所を参照せよ）。

## 3 第三者の弁済

### (1) 第三者による弁済とは何か

債権が，債務者自身ないし債務者の意思または法律の規定により弁済権限を与えられた者による弁済により消滅するのは当然である。しかし，第三者による給付の実現が可能であれば，債権者の満足の点から見れば第三者による給付も債務者による給付と同視すべきである。そこで，民法は，債務者以外の第三者が弁済することも原則的に認めている（474条1項本文）。なお，第三者の弁済とは，第三者が自分の名において他人の債務を弁済することである。

### (2) 第三者による弁済が制限されるのは，どのような場合か

**(ｱ) 債務の性質が許さない場合**　一身専属的給付については，第三者の弁済が性質上認められるのかが問題となる。とりわけ，なす債務の場合に問題となる。たとえば俳優の演技のように，その債務者でなければその債務内容が実現できない場合，これをいわゆる絶対的な一身専属的給付といい，第三者の弁済は性質上許されない（474条1項ただし書前段）。他方，労務者による労務の提供のような，債権者の同意があれば第三者の弁済ができる場合は，相対的一身専属給付という。

**(ｲ) 当事者が反対の意思表示をした場合**　契約当事者は，第三者による弁済ができない旨を定めることができる（474条1項ただし書後段）。なお，この意思表示は少なくとも第三者による弁済前になされることが必要である（大判昭7・8・10新聞3456-9）。

**(ｳ) 利害関係のない第三者**　利害関係のない第三者は，債務者の意思に反して，弁済することはできない（474条2項）。弁済の時点で事実上債務者の意思に反することを意味すると解するのが通説である。

「利害関係」は，法律上の利害関係であり，物上保証人，担保不動産の第三取得者，同一不動産の後順位抵当権者が典型的である。親族関係にある場合などの事実上の利害関係では足りないのである（大判昭和14・10・13民集18-1165）。ただし，必ずしも直接の契約関係にある必要はない。判例は，直接の契約関係にない建物賃借人と土地賃貸人との間であっても，借地上の建物の賃借人は，土地の賃料の弁済について法律上の利害関係を有すると判断した事案がある（最判昭和63・7・1判時1287-63）。土地の賃借権が土地賃借人の債務不履行に

より消滅すれば，建物賃借人は賃借建物退去・土地明渡しをしなければならないからである。

474条2項の存在自体について，批判もある。債権の実現を広くはかるためには，障害となる規定だからである。474条2項の趣旨としては，債務者の他人により恩義を受けたくないという精神を尊重するとか，第三者弁済がわが国において必ずしも一般的ではなかったことなどが挙げられる。しかし，また462条2項で債務者の意思に反して保証人となることは可能であり，この場合にも求償権が認められる。このことと474条2項との不整合性も指摘されている。立法論として考慮されるべきだろう。

(3) **第三者による弁済の効果**

有効な第三者弁済により，債権は消滅する。第三者は，債務者に対して償還請求ができると共に，債権に関する担保も第三者に移転する。引き続いて述べる弁済による代位である（499条・500条）。

第三者による弁済が474条に抵触する場合には，弁済としての効力は生じず，債権は消滅しない。この場合，第三者は，債権者に対し，自己の行った給付について，不当利得返還請求権を行使できる。

## 4　弁済による代位

### 4-1　意　義

債務者自身が弁済した場合には債権債務関係は終了する。しかし，3(1)の第三者による弁済の場合，あるいは保証人や連帯債務者などの共同債務者により弁済がなされた場合には，これらの者は債務者に対し求償権を取得する（→Ⅲ）。求償権の根拠は，たとえば保証人，物上保証人，連帯債務者の場合には民法の規定により定まる（459条以下・351条・442条）。その他の場合は，弁済者と債務者との間の委任契約や事務管理などの関係により定まる。弁済による代位（代位弁済）は，この求償権を確保するための制度と位置づけることができる。代位弁済には，499条のいわゆる任意代位と500条の法定代位がある。

民法は，代位弁済の制度につき，499条以下に統一的な規定を置いている。弁済者は，求償権の範囲内において，債権者の有していたいっさいの権利を行うことができる（501条）。代位弁済とは，弁済により消滅するはずの原債権およ

び担保権が弁済者のために存続し，これを弁済者へ移転する制度であると解することができる（最判昭和59・5・29民集38-7-885）。代位弁済者が取得した求償権が原債権とどのような関係に立つのか。原債権は求償権の存在を前提とするが，あくまで別個の債権であり，総債権額が別々に変動し，別個に消滅時効にかかると解されている（最判昭和61・2・20民集40-1-43）。

### 4-2 弁済による代位の要件

#### (1) 代位弁済できる者であること（法定代位・任意代位）

代位弁済できるのは，弁済につき正当な利益がある場合（法定代位）か，正当な利益がない場合には債権者の同意がある場合（任意代位）である。

(ア) **法定代位** 法定代位の500条にいう「弁済をなすについて正当な利益を有する者」とは，弁済するについて法律上の利益を有する者である。この場合，当然に債権者に代位をし対抗要件は不要である。

法律上の利益は広く認められる傾向にある。まず，保証人，連帯保証人，連帯債務者，不可分債務者，併存的債務引受人のように弁済しないと債権者から執行を受ける者である（大判明治30・12・16民録3-11-55，大判昭和11・6・2民集15-1074，大判昭和9・11・24民集13-2153）。次に，物上保証人，担保目的物の第三取得者のように債務者に対する自己の権利の価値が失われる者も法律上の利益を有する者に該当する。先順位担保権の弁済により順位昇進の利益を受ける後順位担保権者も含まれる。さらに，一般債権者も，債務者の財産保全の必要性がある場合もあるため，正当な利益が認められる（大判昭和13・2・15民集17-179）。抵当不動産の賃借人についても，抵当権の実行による明渡を回避して賃借人の地位を確保できるという利益を有することから，法律上の利益を有するとされる（最判昭和55・11・11判時986-39）。

(イ) **任意代位** 弁済をなすについて正当な利益のない者は，債権者が弁済前ないし弁済時に債権移転に対する同意（承諾）をしなければ代位できない（499条1項）。債権者の同意は，債権の移転への同意であり，債権譲渡をする旨の意思表示ではない。しかし，代位の対抗要件につき債権譲渡の規定を準用している（499条2項）。

#### (2) 弁済その他の事由による債権者の満足

499条は弁済と規定するが，債権を満足させるような事由つまり代物弁済，

供託，共同債務者間の相殺も含むと解されているし，混同が生じた場合でもよい（大判昭和6・10・6民集10-889，大判昭和11・8・7民集15-1661）。債権者が物上保証人や抵当不動産の第三取得者に対し抵当権を実行した場合などの担保権の実行の場合も，代位弁済が認められる（大判昭和4・1・30新聞2945-12）。

### (3) 弁済者の求償権取得

前述したように，求償権の根拠は法律の規定ないし債務者との関係によって定まる。よって，求償権がなければ，弁済による代位は前提を欠くことになる。たとえば，弁済者が債務者へ贈与という趣旨で弁済した場合には，求償権は生じない（大判昭和16・1・30新聞4681-13）。

## 4-3 代位の効果

### (1) 代位者と債務者間の効果

債権者に代位した者は，自己の権利に基づいて求償できる範囲内において債権の効力および担保としてその債権者が有していたいっさいの権利を行使することができる（501条）。本条でいう「一切の権利を行使することができる」とは，債権者の権利が代位弁済者へ移転する結果，これらの権利を行使できることを意味する。この債権の効力として債権者が有していた権利とは，履行請求権・損害賠償請求権・債権者代位権・債権者取消権などの債権者の有する権能である。ただし，解除権については，契約当事者の地位に付随するものであるから，代位の対象にならないとするのが通説である。また，債権の担保として債権者が有していた権利とは，すべての人的担保・物的担保である。

### (2) 一部代位

(ア) **一部代位の意義**　債権の全額ではなく，その一部について弁済がなされた場合にも，弁済による代位が生じる。ただし一部弁済の場合には，弁済者に移転するのは債権の一部であり，残りの債権は債権者に依然として残っている状態となる。そこで，民法は，一部弁済により代位する者は，弁済した価格に応じて，債権者と共に原債権を行うことができると規定しており，条文上は債権者と代位弁済者とを等しく扱っている（502条）。

(イ) **代位弁済者と債権者との優劣関係**　502条のいわゆる平等主義は，どこまで貫かれるべきだろうか。学説は，債権者の方を優先させるという解釈を展開する方向性が有力である。古い判例には，代位弁済者と債権者とを配当面

## VI 債権の消滅

でも担保権の実行の面でも，優劣をつけないと判示した（大判昭和6・4・7民集10-535）。すなわち，第1に，配当については，競売した代金の配当が代位弁済者と債権者間で債権額に応じて按分に比例する，つまり優劣関係はないとし，第2に，代位弁済者も，単独で，債権および抵当権を弁済額の割合に応じ行使できるとした。その後，判例は，第1の配当の優劣関係につき，債権者が弁済による代位制度により債権者が不利益を被ることを予定していないことなどを理由にして，一部代位者は原債権者が満足を受けた後の残余にあずかれるだけであるとして，債権者優先の立場を採用した（最判昭和60・5・23民集39-4-940）。第2の，担保権の単独権実行については，学説においては，原債権者の不利な時期に債権回収が強いられることになるなどの理由から，代位者単独での抵当権実行は認めるべきではないとする立場が有力である。

### (3) 代位者相互間の効果

弁済をなすについて正当な利益を有する者が複数いる場合，法定代位者が複数生じる可能性がある。相互間で不公平が生じることを回避するため，代位の順序と範囲が定められている（501条1号～5号）。

**(ア) 保証人と担保目的物の第三取得者間**　**(a) 保証人が弁済した場合**
保証人は，第三取得者に対し，債権者の権利を代位行使できるが，代位の目的物が不動産である場合，あらかじめ代位の付記登記をしておかなければならない（501条1号）。「あらかじめ」の意味につき見解は分かれている。弁済後に出現した第三取得者に対してはあらかじめ代位の付記登記をする必要があるが，第三取得者の取得後に弁済する保証人は代位の付記登記を要しないと考える立場が有力で，判例の立場でもある（最判昭和41・11・18民集20-9-1861）。保証人の弁済前に登場した第三取得者は担保権の実行を覚悟すべきだからである。

**(b) 第三取得者が弁済した場合**　第三取得者は保証人に代位することはできない（501条2号）。

**(イ) 第三取得者相互間・保証人相互間**　担保不動産が複数あり，第三取得者も複数いる場合に，第三取得者のうちの1人が弁済した場合，弁済した第三取得者は，他の第三取得者に対して各自不動産の価格に応じて代位する（501条3号）。つまり第三取得者相互間で各不動産の価格に応じて債権額を割り付け，その範囲内で代位するという，いわゆる割付け主義を取ったのである。物

上保証人相互間においても，同様である（501条4号）。

(ウ) **保証人と物上保証人との間**　保証人と物上保証人との間では，人数に応じて債権額を分け，その範囲内で代位する。物上保証人が数人いるときは，最初に保証人全員分の負担部分を除いた上で，残額につき担保目的物の価格に応じて代位する（501条5号）。

(a) **保証人と物上保証人が兼ねる場合**

――――――【事例　Ⅵ－3】――――――

AはBに対して8,000万円の貸付金債権を有している。この債権を担保するために，保証人C，保証人D，保証人であり自己所有の甲地（評価額2,000万円）上に抵当権を設定した物上代位人E（保証人権物上保証人），物上保証人F（自己所有の乙地評価額4,000万円）がいる。債務者Bが債務を履行しないため，保証人CがAに対して8,000万円を支払った。Cは，いくらにつき，D，E，Fに代位するのか。

この【事例】のように，保証人と物上保証人が兼ねている場合つまり同一人の二重資格者がいる場合の処理には，見解の対立がある。判例は，公平の観点から頭数による平等割合を決定基準とする判断をした（大判昭和9・11・24民集13-2153，最判昭和61・11・27民集40-7-1205）。つまり二重資格者を2人ではなくて1人として数えることになる。この立場は代位の処理方法も簡単であり，判例に賛成する学説も多い。【事例】では，CはD，E，Fに2,000万円ずつ代位することになる。なお，二重資格者が代位を実行する際には，保証債権，担保物権のいずれを実行してもよいと解さなければ，当事者の意思に反するであろう。

(b) **代位割合に関する特約の効力**　本条5号の代位の割合を変更する保証人・物上保証人の間の特約は，求償権の範囲内で第三者（後順位抵当権者など）に対抗できるとされている（最判昭和59・5・29民集38-7-885）。さらに，単独所有の担保目的物が相続により共有となった場合には，弁済の時における共有持分権者をそれぞれ1名として数えるという判例がある（前掲最判昭和61・11・27民集40-7-1205）。

Ⅵ 債権の消滅

(エ) **連帯債務者相互間と保証人相互間** これらの場合には，求償権につき規定で定められているので，代位の範囲もこれに従う（442条・465条・464条）。

(3) **代位者と債権者間**

法定代位者を保護する規定として，503条と504条がある。

(ア) **債券証書・担保物** 代位弁済によって債権の全部の弁済を受けた債権者は，代位者の権利行使を容易にさせる義務を負うはずである。債権者は，債権に関する証書および占有している担保物を代位者に交付しなければならない（503条1項）。一部弁済の場合には，債権者は債権証書に一部代位の旨を記入し，かつ代位者にその占有にある担保物の保存を監督させなければならない（503条2項）。

(イ) **担保保存義務** 法定代位ができる場合に，債権者が故意または過失で担保目的物を喪失または減少したとき，弁済について正当な利益を有する者は，担保物喪失もしくは減少により償還を受けることができなくなった額の限度で，その責めを免れる。典型的には，抵当権の放棄・保証債務の免除などが該当する（大判昭和8・9・29民集12-2443，最判平成3・9・3民集45-7-1121）。なお，担保保存義務は特約によって免除でき，実務上担保免除特約がされることも多い（最判平成7・6・23民集49-6-1737，最判平成8・12・19金法1482-77）。

> **整理ノート**

1. 弁済の意義
   債務の本旨に従って履行 → 債権の消滅
2. 弁済の提供
   現実の提供　口頭の提供
   例外　口頭の提供すら不要の場合　明白な受領拒絶（賃貸借契約）
3. 第三者による弁済
   原則　有効
   制限　① 債務の性質に反する場合
   　　　② 当事者が反対の意思表示をする場合
   　　　③ 法的な利害関係のない第三者が債務者の意思に反して弁済する場合
   有効な第三者弁済の効果　原債権者の債権の消滅 → 弁済による代位
4. 弁済による代位
   求償権の範囲内で，債権者の有していたいっさいの権利を行使可
   代位者　有効な第三者弁済を行った者，共同債務者（連帯債務者，保証人等）
   　　法定代位　弁済をなすにつき正当な利益（法律上の利益）を有する者
   　　任意代位　法的利益のない者　債権者による債権の移転への同意が必要
   代位の効果
   　　一部代位（502条）「弁済した価格に応じて債権者と共に権利を行う」ことの意味 → 見解の対立
   代位者相互間の関係　501条1号〜5号
   物上保証人兼保証人の場合の処理

Ⅵ 債権の消滅

## 5 弁済受領権

### (1) 弁済受領権を有する者は誰か

弁済受領権限を有する者が弁済を受領したとき，債権は消滅する。まず，債権者本人は原則として弁済受領権を有するから，債権者の受領により債権は消滅する。次に，債権者以外の第三者であっても，たとえば代理受領権限のような受領権限が与えられているときは，第三者の受領の場合に債権は消滅する。なお，弁済受領権限のない者への弁済であっても，外見上受領権限があるように見える者への弁済の効力については，取引に停滞を生じさせないように，一定の要件を備えれば有効な弁済として債権の消滅を生じると規定されている（478条・480条）。

### (2) 債権者が受領権を有しない場合

債権者が例外的に受領権を有しない場合は，以下の通りである。

(ア) **債権を差し押さえられた債権者** 債権者が自己の債権者（差押権者）により債権の差押え等を受け，第三債務者がその支払を差し止められたとき，その債権者は債務者からの弁済を受けることができない（民事執行法145条1項）。もし支払差止めを受けた第三債務者が債権者に弁済した場合，差押債権者はその受けたる損害の限度でさらに弁済をなすべき旨を第三債務者に請求することができる（481条1項）。その結果，第三債務者が二重に弁済したときは，第三債務者は債権者に対して求償できる（481条2項）。

(イ) **質権・破産宣告** 債権を質入れした債権者なども，弁済受領の権限を有しないと解される（481条1項類推適用）。破産宣告を受けた債権者は財産管理権限を喪失するから弁済の受領権はない（破産法7条・56条）。

### (3) 債権者以外の弁済受領権者

債権者以外で弁済の受領権限を与えられた者としては，債権者から弁済受領権限を与えられた代理受領権者・財産管理人・取立受任者（差押え転付命令を得た者，民執155条）・債権質権者（367条）・破産管財人（破産7条）等が挙げられる。

## 6 弁済の受領権のない者への弁済

### 6-1 はじめに

**(1) 原則**

弁済受領権限のない者に対してなされた弁済によって債権は消滅せず、弁済者は弁済受領者に対し不当利得返還請求権を行使することになるのが原則である。なお、弁済により真の債権者が利益を得る場合には、債権者が現に利益を受けた限度で弁済としての効力を生じる（479条）。たとえば事務管理において権限なくして弁済を受領した者が債権者の債務の弁済としてその給付を用いたような場合である。不当利得による清算関係回避のための規定である。

**(2) 例外**

弁済受領権限のない者に対してなされた弁済が例外的に有効になる場合がある。478条の債権の準占有者への弁済と480条の受取証書持参人への弁済である。

### 6-2 債権の準占有者への弁済の意義

債権の準占有者に対しなされた弁済は、弁済者が善意無過失の場合に有効とされる（478条）。債権の準占有者は受領権を有しないはずなのに、なぜ有効とされるのか。債務の弁済は頻繁に行われるから、外見上受領権限があるように見える者への弁済の効力を一定の場合に有効と認めることは、取引に停滞を生じさせないために、必要である。外観を信頼して弁済した者の信頼を保護する表見法理制度の一環として、478条および480条は位置づけることができる。

### 6-3 債権の準占有者への弁済の要件

478条の要件は、①債権の準占有者であること、②弁済がなされたこと、③弁済者が善意無過失である。加えて、条文上明示はないが、④債務者の帰責性を要件とする見解もある。とりわけ近時は、②および③の要件をめぐり議論が盛んである。

**(1) 債権の準占有者であること**

**(ｱ) 準占有者の意義** 従来は、478条における債権の準占有者は、205条の準占有者にいう、自己のためにする意思をもって債権を行使する者を意味するとするのが通説的立場であった。現在でも、205条と478条の「準占有」概念を統一的に考え自己のためにする意思を必要とする立場は有力である。ただし、この立場は、「自己のためにする意思」を拡張して解釈するようになってきて

いる（後述(イ)参照）。他方，478条でいう債権の準占有者は，205条の準占有者とは区別されるべきだとする立場も有力である。この立場は，弁済者から見た外観に着目して，債権者等の受領権を有する者ではないのに取引観念上債権者（受領権者）らしい外観を有する者が債権の準占有者であるとする。

判例で債権の準占有者として認められた者としては，債権譲渡が無効の場合の債権譲受人（大判大正7・12・7民録24-2310），債権の表見相続人（大判昭和15・5・29民集19-903），預金証書その他の債権証書と届出印鑑を所持する者（大判昭和16・6・20民集20-921），債権者が確定日付を具備した他の譲受人より後にこれを具備した譲受人に対して弁済した場合の劣後譲受人（最判昭和61・4・11民集40-3-558）などが該当する。争いがあったのは，詐称代理人が準占有者に含まれるかである。

**(イ) 詐称代理人** 債権者本人として債権を行使する者ではなく，債権者の代理人と称して債権を行使する者（詐称代理人）も債権者の準占有者に含まれるか。

古い判例では，詐称代理人は自己のために占有する意思を有さず債権の準占有者に含まれないとしたものがある（大判昭和10・8・8民集14-1541）。学説でも，詐称代理人のケースでは478条ではなく表見代理の規定が適用されるべきとする立場もあり，このときは478条より弁済者が保護される場面が狭くなる。しかし，判例は，詐称代理人にも478条の準占有者に該当するとしている（最判昭和37・8・21民集16-9-1809）。

学説も判例の結論に賛成する立場が一般的である。まず478条の「準占有者」には自己のためにする意思が必要であるという見解に立てば，占有代理人も自己のためにする意思を有しているとか，代理占有と対応する代理準占有という概念を認めるなどして，詐称代理人を478条の準占有者に含ませることができる。他方，「準占有者」が取引観念上債権者（受領権）らしい外観を有する者であるという立場では，詐称代理人と債権者本人とを区別する必要はない。同じく外観への信頼が引き起こされているからである。

**(2) 弁済がなされたこと**

**(ア) 「弁済」概念の拡張** 478条は，文言上は，債権の準占有者になされた「弁済」つまり債務の履行行為を対象としている。判例は，弁済者保護のため，

この「弁済」の文言を拡張して解釈している。たとえば定期預金の中途解約事例で預金者以外の者へ払戻しに478条の適用があるかが問題になった事案で、中途解約は厳密にいえば弁済ではないと解する余地があるが実質的に「払戻」請求と認め、478条の適用を認めた判例がある（最判昭和41・10・4民集20-8-1565、最判昭和54・9・25民時946-50）。学説も判例に賛成している。なお、預金払戻しや預金担保貸付のような預金に関する478条の処理を考える前提として、真の預金者は誰か（預金者確定）の問題がある。見解は対立しているが、判例は、支出をした者をもって預金者とする立場（いわゆる客観説）という立場を採用している（最判昭和48・3・27民集27-2-376、最判昭和50・1・30民集29-1-1、最判昭和52・8・9民集31-4-742）。

　(ｲ)　**弁済478条の類推適用**　弁済者の行為が、義務の履行である「弁済」概念に含ませることが困難な場面においては、弁済者の保護のために478条の類推適用ができるかが問題とされている。

　(a)　**定期預金担保貸付**

―――【事例　Ⅵ－4】―――

　Aは、B銀行に1,000万円の無記名定期預金をしているが、定期預金通帳と印章を紛失した。この定期預金通帳と印章を拾ったCは、B銀行に赴きAになりすまし、Aの定期預金を担保にして800万円の貸付を申し込んだ。B銀行の窓口Dは、CをAだと誤信して、800万円を貸し付けた。その後、AはB銀行に対し定期預金の満期時に払戻しの請求を行ったが、Bは、Cに対する債権を回収するため、Cに対する貸付金の返済がないことを理由に、Dに対する貸付金債権を自働債権として、Cの定期預金債権を受働債権として対当額で相殺した。Bの相殺は有効か。

　この【事例】は、形式上は定期預金担保貸付と相殺の事案であり、弁済ないし払戻しではないから、478条の適用は難しい。では類推適用はできるのか。判例は、無記名定期預金の真の預金者ではないのに真の預金者と思った者（表見預金者）に対し、預金債権と相殺する予定で貸付を行い、定期預金と貸付金とを相殺することより銀行の貸付金債権を回収したという事案において、金融

機関は478条類推適用により真実の債権者である預金者に相殺を対抗することができるとしている（前掲最判昭和48・3・27民集27-2-376）。また，記名式定期預金の表見名義人への貸付金債権と預金債務との相殺（最判昭和59・2・23民集38-3-445），銀行総合口座貸越しによる貸金債権と定期預金の払戻請求債権との相殺（最判昭和63・10・13判時1295-57）などの場合も，478条の類推適用を認めている。なお，判例では弁済者の主観的要件つまり善意無過失は貸付時を基準に判断されるとしている（前掲最判昭和59・2・23民集38-3-445）。

　判例および判例に賛同する立場は，預金担保貸付が定期預金の払戻しに代わる経済的機能を有して現実に運用されているという点で弁済と実質的に同一視できること，あるいは定期預金担保貸付けと相殺という一連の過程を一体的に把握できることなどを理由にして，担保貸付けを債務の履行つまり弁済に関する478条を類推適用することが可能であるとしている。しかし，このように金融機関などの弁済者側保護のため478条法理を拡張する判例の法理に対してはさまざまな批判も強く，たとえば478条だけではなく預金者の外観作出への帰責性を要する110条等の表見代理の規定も適用すべきだとする見解が主張されている。なお，判例の立場に立つとしても，少なくとも貸付けと払戻しとの性質の違いからすれば，弁済者の過失の有無の点で慎重な判断がされるべきである。

　(b)　**生命保険に基づく契約者貸付**　　近時の判例では，類推適用の範囲はより拡張している。生命保険契約上の契約者貸付制度に関して保険会社が保険契約者の代理人と称する第三者の申込みによる貸付けを行った場合において，保険会社は478条の類推適用により，保険契約者に対して貸付の効力を主張できるとした（最判平成9・4・24民集51-4-1991）。保険契約者貸付においては，保険取引と直接関係のない金融サービスを保険会社がおこなっている点で，債務の履行である弁済に関する478条を類推適用することに一層批判が強い。

(3)　**弁済者の善意無過失**

　(ア)　**意　義**　　弁済者の善意無過失が必要である。従来は，文言上善意ではあるが，外観法理の一環である以上過失が必要と解釈されていた（前掲最判昭和37・8・21民集16-9-1809）。改正により善意無過失が明示された。なお，弁済者は善意無過失であることを主張立証しなければならない。

§2 弁済・代物弁済

(イ) **無過失の判断** どのような場合が無過失にあたるかは，個々の事例で判断することになる。たとえば，最も紛争が頻発する金融機関の預金の対面払戻しの事案では預金証書を持参し払戻受領証の印影と通帳の印鑑との照合なされれば金融機関の無過失が事実上推定されてきた（最判昭和42・12・21民集21-10-2613，前掲最判昭和54・9・25判時946-50）。また，債権の二重譲渡において劣後する譲受人に弁済した弁済者が無過失とされるためには，真の債権者と信じるにつき相当な理由があることを要するとした判例がある（前掲最判昭和61・4・11民集40-3-558）。

(ウ) **免責約款と478条** 預金払戻しの事案では，金融機関の預金規定中にたとえば「相当の注意を尽くして払い戻せば免責される」旨の免責約款が設けられており，この免責約款の効力ならびに478条との適用関係が問題とされている。

(エ) **機械払いによる預金払戻しと金融機関の過失** 対面方式ではなく現金自動預払機等を用いた預金の払戻しが普及し，窃取ないし偽造カードによる払戻し等がなされる事件が頻発している。478条の制定時に想定されていた場面は，金融機関の従業員との交渉の上で預金が払い戻されるものであろう。機械払いに478条の適用があるか否かが問題となる。判例および多数説は，機械払いの場合にも478条の適用を認める（最判平成15・4・8民集57-4-337）。なお，機械払いの場合にも免責約款の効力等が問題となる（最判平成5・7・19判時1489-111）。【→応用学習】

(4) **債権者の帰責性**

債権者の帰責性の要件は478条には規定されていないが，債権の準占有者の存在につき債権者側に帰責性が必要であるとする立場がある。この立場の理由は，表見法理の一環である478条は，債権者の外観作出への帰責性を要請するべきであり，帰責性要件を付け加えなければ債権者にとって酷すぎる事態が生じるということにある。しかし，通説は，債務者の帰責性は要件ではないという。債務の弁済が迅速に行われるべきである等の理由から，債権者の保護は弁済者の無過失要件の判定を通じて対処すべきとしている。

**6-4 債権の準占有者への弁済の効果**

債権の準占有者に対する弁済が478条で有効な場合には，債権は消滅し債務

者は債務を免れるとするのが判例である（前掲大判大正7・12・7民録24-2310）。よって，弁済者である債務者は，債権の準占有者に対して不当利得を原因とする返還請求権を行使できない。債権者は債務者に弁済の請求ができず，受領者に不当利得返還請求権を行使することになる。他方，478条は，弁済者を保護する趣旨で真の債権者からの履行請求を拒否しうる抗弁権を弁済者に与えたにとどまる，その結果弁済者は受領者に対し不当利得返還請求権を行使できるという立場も有力である。

### 6-5 受取証書持参人への弁済

受取証書の持参人に対する弁済は，弁済者が善意無過失である場合には，有効なものとみなされる（480条）。受取証書とは，真正に成立したものでなければならない（大判昭和41・1・23新聞479-8）。ただし，偽造の場合でも，478条の適用がある。債権者ではない受取証書の持参人に弁済がなされた場合の効果は，478条の債権の準占有者に対する弁済と同じであり，弁済は有効となり，債権は消滅する。

## 7 弁済充当

### (1) 意 義

債務者が債権者に対し同種目的の数個の債務を負担する場合で給付が債務の全部を消滅させるのに足りないとき，あるいは1個の債務の弁済として数個の給付をなすべき場合で給付が債務の全部を消滅させるのに足りないとき，どの給付の弁済に充当すべきであろうか。これが弁済充当の問題である。本来当事者間で合意により充当順序を定めるべきであるが（合意による充当），合意がない場合の補充規定として充当の順序を決める規定がある（488条以下）。一方当事者の指定による充当としての指定充当（488条）と，当事者の指定がない場合における法定充当（489条）とがある。

### (2) 指定充当

(ア) 充当権者　弁済者は，給付のときに受領者に対する意思表示によって充当すべき債務を指定することができる（488条1項・3項）。つまり第1次の充当権を有するのは，弁済者である。弁済者が指定しないとき，弁済受領者が受領のときに指定する。つまり弁済受領者が第2次充当権を有する（488条2

項・3項)。ただし，弁済者が，弁済受領者の指定に対し直ちに異議を述べたときには，充当の効力は生じない（488条2項ただし書）。その結果は，法定充当の方法によると解されている。

　(イ)　**充当権の制限**　　指定充当については，費用と利息に関する制限がある。債務者が1個または数個の債務について，弁済者の給付がその全部の債務を消滅させるのに足りないとき，費用・利息・元本の順に従い充当しなければならず，異なる指定は無効である（491条1項）。なお，費用，利息，元本のそれぞれの間は，法定充当の規定に従う（491条2項）。

　(3)　**法 定 充 当**

　当事者が弁済の充当をしないとき，あるいは指定が異議によって失効したとき，以下の①②③の順序で充当を行うと489条に規定されている。債権をどのような順序で消滅させるのが合理的であるかという判断に基づいている。

　①　**弁済期の到来**（489条1号）　　総債務の中で弁済期が到来している債務と未到来の債務とがあるときは，弁済期が到来しているものから充当する。

　②　**弁済の利益の多寡**（489条2号）　　総債務の弁済期が到来しているか，あるいは到来していないときは，債務者のために弁済の利益の多い債務から充当する。無利息債務より利息付債務の方が，無担保債務より担保付債務の方が，利益が多いのは明らかである。しかし，どちらの弁済かが明確ではない場合には，諸般の事情を考慮の上決定される（最判昭和29・7・16民集8-7-1350）。

　③　**弁済期の先後**（489条3号）　　①と②の点が同じときは，弁済期の先にきたもの，あるいは先に来る予定のものを先にする。期限の定めのない債務は，成立と共に弁済期にある。

　なお，①②③の基準で先後が決定できないときは，債務の額に応じて充当することになる（489条4号）。


## 8　弁済の証明

　弁済の事実をめぐって紛争が生じたときの証拠となるように，そして弁済者の求償や代位の利便性を考慮して，弁済の証明のための2つ証書の請求権が規定されている。いずれの証書とも形式は問わない。

Ⅵ　債権の消滅

### (1) 受取証書交付請求権

債権の全部ないし一部を弁済した者は，受領者に対して受取証書の交付を請求できる（486条）。この受取証書は弁済を受領した旨を記載した文書であって弁済の証拠となる。たとえば日付，金額，品名，数量，受領者等が明記してある受取証が該当する。弁済と引換えになされるという意味で弁済と受取証書の関係は同時履行の関係にある（大判昭和16・3・1民集20-163）。

### (2) 債権証書返還請求権

債務者から債権者に対し債権証書が入れてある場合，弁済者が全部の弁済をしたときは，証書の返還を求めることができる（487条）。条文の文言にあるように，全部弁済した後に証書の返還を請求できるのであり，弁済と引換えに請求できるわけではない。債権証書とは，たとえば借用書などであり，債権の成立を証明する文書である。債権者がこの証書を保有するときは，債権の存在が推定されてしまうので，弁済者にとって返還を求める実益がある（大判大正9・6・17民録26-905）。なお，証書の返還に費用がかかるときは，弁済者の負担に準じて，返還者が負担する。

## 9　代物弁済

### (1) 意　義

債務者が，債権者の承諾を得て自己の負担する給付に代えて他の給付を現実にした場合，その給付は弁済と同一の効力を有する（482条）。代物弁済は，本来の給付と異なる他の給付を現実になすことで本来の債権を消滅させることを目的とする，債権者弁済者間の有償契約である。要物契約と解するのが通説である。しかし，諾成契約とし，その上で債権が消滅するのは代物が交付されたときであると説明する見解もある。

### (2) 要　件

(ア)　**債権が存在すること**　　代物弁済は債権の消滅を目的とするから，債権が存在していることが必要である。債権が存在していないときには，代物弁済は無効であり，非債弁済となる（705条）。

(イ)　**本来の給付と異なる他の給付をなすこと**　　異なる給付は現実になされなければならない。動産であれば引渡しが，不動産の場合は，引渡しでは足り

ず，原則として対抗要件を具備することまでが必要とされる（最判昭和40・4・30民集19-3-768）。動産であれば，引渡しが必要である。

(ウ) **給付が弁済に代えてなされること**　この要件で問題とされてきたのは，「弁済に代えて」の解釈，具体的には既存の債務のために債務者が手形・小切手を交付した場合の債務者の意思解釈である。一般には以下のように考えられる。手形・小切手の交付がなされたときには，原則として，債務者が既存の債務の履行の手段として交付した場合つまり「弁済のために」交付されたと推定すべきである。そして，既存債務を消滅させるという当事者の意思が明確な場合のみ，つまり明らかに「弁済に代えて」なされた場合にのみ，代物弁済となるとすべきである。理由は，手形・小切手は不渡りになる危険性があるから本来の債務が消滅してしまう代物弁済と解するのは当事者の意思に反する場合が多いからである。

(エ) **債権者の承諾があること**　代物弁済は債権者と弁済者との契約であるから当然である。

(3) **効　果**

代物弁済は，弁済と同一の効力つまり債務およびこれに伴う担保の消滅を生じる（482条）。代物弁済として給付された物に欠陥がある場合はどうするか。債務が消滅した以上，債権者は本来の給付の請求もできないし，瑕疵のないものの給付も請求できない。ただし，代物弁済も有償契約であるため，債権者には，売主の担保責任の規定が準用される（559条）。

(4) **代物弁済の予約**

代物弁済は，弁済に準じる債権の消滅原因としてよりも，実は，代物弁済の予約として，仮登記担保などの非典型担保の仕組みの中で利用されることが多い。代物弁済の予約とは，たとえば，消費貸借契約において期限内に弁済しない場合は，債務者の所有財産の所有権を代物弁済として債権者に移転する権限が留保される場合である。なお，代物弁済の予約は，債権の担保的機能の領域（仮登記担保）に関わる問題であり，詳細は担保物権法で扱う。

## VI 債権の消滅

> **整理ノート**
>
> 1 弁済の受領権者
>    原則　債権者
>    例外　① 受領権限を制限された債権者
>    　　　② 債権者以外で受領権限を与えられた者
> 2 受領権限のない者への弁済
>    原則　無効
>    有効とされる場合　→　債権の消滅
>   (1) 債権の準占有者への弁済
>    　① 準占有者　債権者らしい外観
>    　② 弁済　→　弁済以外の場面への478条の類推適用
>    　③ 弁済者の善意無過失
>   (2) 債権の受取証書の持参人への弁済
> 3 弁済充当
>
>    | 給付が債務全部を消滅さ | | 当事者の合意によ | | 指定による弁済 |
>    |---|---|---|---|---|
>    | せるのに足りないとき等 | ＋ | る充当がないとき | → | 充当・法定充当 |
>
> 4 弁済の証明
>    弁済の事実をめぐる紛争回避
>    受取証書交付請求権　債権証書返還請求権
> 5 代物弁済
>    弁済に準ずる債権消滅原因
>    要物契約　不動産　原則　対抗要件の具備が必要

§2 弁済・代物弁済

**応用学習11** システム提供者としての銀行の責任──478条による免責の射程

## 1 はじめに

　受領権限を有する者に対する弁済でなければ、その弁済は有効にならないのが原則である。しかし、478条は弁済者が善意かつ過失なく債権の準占有者に対して弁済した場合には、その弁済が有効であると規定している。さて、この478条が用いられる典型的場面の一つとして、銀行などの金融機関による預金者への払戻しの場面を挙げることができるだろう。ところが、現代の銀行取引では、478条が制定された当時とは様変わりし、キャッシュ・ディスペンサー（CD機）や現金自動預払い機（ATM機）による機械払い方式が普及している。カードないし通帳と暗証番号との組合せで払戻しを行う機械払い方式は、伝統的な通帳・印鑑による払戻し方式のアナロジーではあるが、実体は銀行側のイニシャティブの下につくり上げられた複雑な仕組みである。そこで無権限者に対する機械払い方式による払戻しに478条が適用されるのか、適用される場合における金融機関の過失の内容は何かをめぐって、判例・学説で議論がなされている。このように社会情勢の変化に応じて、立法当時予定されていなかった問題が生じた場合に、判例がどのように対処したのか、そして学説がどのように展開していくのかを、478条を素材にして見てみよう。

## 2 機械払い方式による無権限者への払戻しと判例

　対面式の払戻しでは、金融機関の窓口で持参された預金証書と印鑑照合がなされ払戻しがあれば、特段の事情がない限り金融機関には過失がないと考えられる。しかし、機械払い方式が人と機械との間でなされる以上、こうした対面式におけるような形での金融機関の善意無過失が問題になることはない。そこで、機械払い方式による無権限者への預金払戻しの場面で478条を適用できるのかどうか自体について、見解が対立してきた。機械払い方式による無権限者への払戻しに関しては、重要な判例が2つある。

　**(ｱ) 平成5年判決**（最判平成5・7・19判時1489-111）　機械払い方式による無権限者への預金払戻しについて最初に注目に値する判断を示したのは、平成5年最高裁判決である。事案は、被告銀行に預金口座を有する原告が、何者かにより、被告銀行等のCD機から預金を引き出されたという事案であり、被告銀行のカード規定約款の免責規定の効力が問題となった。最高裁は、「銀行の設置した現金自動支払機を利用して預金者以外の者が預金の払戻しを受けたとしても、銀行が預金者に交付し

### Ⅵ 債権の消滅

ていた真正なキャッシュカードが使用され，正しい暗証番号が入力されていた場合には，<u>銀行による暗証番号の管理が不十分であったなど特段の事情がない限り</u>，銀行は，現金自動支払機によりキャッシュカードと暗証番号を確認して預金の払戻しをした場合には責任を負わない旨の免責約款により免責されるものと解するのが相当である。」（下線部は追加）として，上告が棄却された。平成5年判決では，解釈上の根拠を478条ではなく免責約款に求めている。しかし，上で示した判決文の下線部については，免責約款の効力をこの限度で制限するという基準を判例が示したものと解釈する学説も有力である。

(イ) **平成15年判決**（最判平15・4・8民集57-4-337）　機械払い方式の払戻しに478条の適用を正面から初めて認めたのが，平成15年判決である。この事案は，車両の盗難により被告銀行の預金通帳が盗まれ，通帳機械払い方式で預金を引き出された原告が，この預金払戻しを478条により有効とする被告銀行と間で争いになった事案である。被告銀行は，ATMに通帳またはキャッシュカードを挿入し，暗証番号を入力すれば預金払戻しを受けられるシステム（通帳機械払い）を採用していたが，約款中に通帳機械払いにより預金引出しについて記載がなく，原告も通帳機械払いが可能であることを知らなかった。なお原告は車両のナンバーを暗証番号として登録していた。

最高裁は，無権限者の行った機械払いの方法による預金の払戻しにつき民法478条の適用があると解した上で，「システムが全体として，可能な限度で無権限者による払戻しを排除し得るよう組み立てられ，運営されるものであることを要する」として，銀行側がこの点について無過失であるとはいえず，478条の適用がないと判断した。裁判所の判断によれば，無過失といえるためには，「払戻しの際に機械が正しく作動したということだけでなく，銀行において，預金者による暗証番号等の管理に遺漏がないようにさせるために当該機械払の方法により預金の払戻しが受けられる旨を預金者に明示すること等を含め，機械払システムの設置管理の全体について，可能な限度で無権限者による払戻しを排除し得るよう注意義務を尽くしていたことを要する」としたのである。この判決で注目すべき第1は，銀行の無過失は，機械払いシステムの設置管理全体に照らして判断すべきであるとしたことである。注目すべき第2は，機械の性能などの「物的側面」だけではなく，たとえば暗証番号管理や夜間の整備などの「人的側面」についても過失判断のファクターになることを明示した点である。これらはいずれも，478条が従来想定していた場面とは大きく隔たっている。

§2　弁済・代物弁済

## 3　システム提供者の責任
### (1)　システム提供者の責任とは何か

　平成5年判決や平成15年判決を素材にして，478条の準占有者への弁済という枠組みを超えた形での解釈論が学説の一部で展開されている。これがシステム提供者の責任ないしシステム構築責任という考え方である（河上正二「キャッシュ・ディスペンサーからの現金引出しと銀行の免責」『幾代献呈・財産法学の新展開』341頁（有斐閣，1993），同「民法478条（債権の準占有者に対する弁済）」『民法典の100年Ⅲ』165頁（有斐閣，1998），潮見佳男『債権総論』219頁以下（信山社，2004年））。機械払い方式による無権限者への払戻しをめぐるトラブルは，いわば便宜さなどの効用の実現に伴い増加したリスクを誰が負担するかという問題として把握することも可能である。銀行などの金融機関側のイニシアティブにより構築・運営されている仕組みの専門性や複雑さは，公平なリスク分担を模索するにあたって，十分考慮に入れなければならない。こうした視点こそが，銀行側は顧客に対し安全なシステムを提供するなどの責任があるという近時有力な考え方を正当化しうるのである。なお，このように市場における取引の仕組みの専門性・複雑さは，仕組みを構築した事業者側（銀行）とその仕組みを受け入れざるを得ない顧客側との構造的な格差を含んでいる点にも留意しなければならない。

### (2)　免責約款と478条

　システム提供者の責任ないしシステム構築責任という考え方は，機械払い方式をめぐる紛争をきっかけに提唱され始めた考え方である。ただし，その射程は，必ずしも機械払い方式に限定する必要はない。こうした広い射程を潜在的に有する「システム提供者の責任」は，478条をめぐる諸論点を検討する際に有益な視座も提供しうるといえないだろうか。たとえば，銀行カードの導入や通帳による機械払いなどのいわゆるオンライン方式の普及は，無権限者への払戻しのような事故という取引費用の著しい増加を必然的に伴う。こうした取引費用の分担を専ら預金者側が負うという形の約款の効力をそのまま認めるべきかどうかも，より一層問題となるだろう。このような場合には478条を約款の「解釈」の指針つまり指導準則として用いるべきだという方向性も提示されている。これは，いわば解釈による478条の強行法規化とも評価できるだろう。

Ⅵ 債権の消滅

## §3 供　託

### 1 意　義
#### (1) 弁済供託とは何か
　債権の消滅原因としての供託（弁済供託）とは，弁済することができる者（弁済者）が弁済の目的物を供託所に寄託して債務を消滅させることができる制度である（494条）。債務者は弁済の提供のときから，債務の不履行によって生ずべき一切の責任を免れる（492条）。しかし，債務者は依然として債務者であり続けるから，債権者の要請に応じて履行できる状態を維持しなければならず，担保権も存続する。弁済供託の制度を利用すれば，債務者のこうした負担を回避することができる（494条〜498条，供託法，供託規則）。

#### (2) 弁済供託の性質
　弁済供託の当事者である供託所は国家機関であるため，供託の法的性質をどのように解するべきか——私法的関係か公法的関係か——をめぐり見解が対立している。この点については，供託者と供託所との間に締結される第三者（債権者）のためにする寄託契約，つまり私法的関係であると考えるのが通説であるとされている（最判昭和45・7・15民集24-7-771）。公法的関係ないしは私法的関係と共に公法的関係が生じるとする立場も有力である。

### 2 要　件
　債務者が供託所に供託するには，①供託原因ならびに，②供託内容が債務の本旨に従っていることが必要である。
#### (1) 供 託 原 因（494条）
　㋐ **債権者の受領拒絶**　　債権者の受領拒絶という供託原因に関しては，債務者は受領拒絶があれば直ちに供託ができるのか，それとも口頭の提供で債権者を受領遅滞に陥れた後に供託できるのかが，争われている。学説の多くは，供託が受領遅滞の効果ではないことから，債権者の受領拒絶があれば直ちに供託できるとする。しかし，判例は，債務者は口頭の提供をして債権者を受領遅滞に陥れた後にはじめて，供託することができるとする（大判明治40・5・20

民録13-576)。ただし，債務者が提供しても債権者が受領しないことが明白な場合は，口頭の提供を必要とせず直ちに供託できるとする（大判明治45・7・3民録18-684)。

　(ｲ)　**債権者の受領不能**　債権者が受領できないときとは，たとえば債権者が履行場所にいないような場合である（大判昭和9・7・17民集13-1217)。

　(ｳ)　**債権者の確知不能**　たとえば，相続や債権譲渡の場合に債権者と称する者が複数存在し誰が真正な債権者であるか善管注意義務をもってしても不明な場合など，過失なくして債権者が確知できない場合が該当する。

　(2)　**供託内容**
　供託の内容が債務の本旨に従っていることが必要である。よって，債権の一部の供託は有効ではないが，供託した金銭にごくわずかの不足がある場合でも供託は有効である（最判昭和35・12・15民集14-14-3060)。

## 3　供託方法

　(ｱ)　**供託すべき場所**　弁済者が供託すべき場所は，原則的に債務履行地の供託所である（495条)。金銭・有価証券は法務局・地方法務局・その支局・法務大臣の指定する出張所が，その他の物品は法務大臣の指定する倉庫業者または銀行が供託所である（供託法1条・5条)。

　(ｲ)　**供託の目的物**　供託の目的物は，原則として弁済の目的物であって金銭，動産，不動産を問わない。ただし，供託に適さない場合等には，弁済者は裁判所の許可を得て目的物を競売した代価を供託できる（497条)。

　(ｳ)　**供託の通知・供託書正本の交付**　弁済者は，供託所に目的物を寄託した後，遅滞なく債権者に供託の通知をして，供託書から受領した供託書正本（供託法規則18条）を債権者に交付しなければならない（495条3項)。しかし，この通知や交付は供託の有効要件ではない（最判昭和29・2・11民集8-2-401)。

## 4　供託物の取戻し

　(ｱ)　**取戻権の意義**　弁済者は債権者が供託を受諾せず，または供託を有効と宣告した判決が確定しない間は，供託物を取り戻すことができ，この場合においては，供託しなかったものをみなされる（496条1項)。供託が弁済者の負

担軽減をはかる制度であることから，第三者に不利益を与えない場合に認められたものである。また供託により質権または抵当権が消滅したときも取戻しは認められない（496条2項）。

　(ウ)　**取戻権の消滅時効**　　供託金取戻請求権の消滅時効は，10年である（前掲最大判昭和45・7・15民集24-7-771）。時効の起算点については紛争の解決などによって供託者が免責の効果を受ける必要が消滅した時点から進行する（前掲最判昭和45・7・15民集24-7-771，最判平成13・11・27民集55-6-1334）。

## 5　効　果

　(ア)　**債権の消滅**　　供託によって，債権は消滅する（494条）。ただし，供託物の取戻しが認められているため，取戻権がある間は供託の効力は確定的には生じない。供託の効力が不確定的であることについて，通説の立場は，いわゆる解除条件説といわれる考え方である。すなわち，供託によって債務は消滅するものの，供託者が供託物を取り戻すことで債権は遡って消滅しなかったことになるという立場である。他方，供託物取戻権の消滅を債権消滅の停止条件とする停止条件説もある。

　(イ)　**供託目的物の引渡請求権**　　債権者は，供託所に対し供託物の引渡請求権を取得する。供託の場合には，民法537条2項（第三者のためにする契約）の受益の意思表示は必要ではないと解されている。なお，債権者が債務者に対し引換給付義務を負う場合には，債権者は自己の反対給付をしなければ，供託物を受け取ることはできない（498条）。また，特定物の供託では所有権の移転時期が問題となるが，供託者から債権者に特定物所有権移転の時期は，供託契約が締結された時点と解するべきである。

**整理ノート**

**供託の意義**
　　弁済に準じる債権消滅原因　　供託法・供託規則
　　当事者：弁済者（債務者その他）と供託所
　　性質　　第三者（債権者）のためにする契約

**供託の要件**

**供託原因**
　① 受領拒絶
　② 受領不能
　③ 過失なくして債権者不確知

**供託物の取戻権とその制限**

**供託の効果**
　　債権の消滅　取戻し─解除条件
　　債権者の引渡請求権

Ⅵ　債権の消滅

## §4　相　殺

### 1　意義・機能
#### (1)　意　義

　相殺は，債権者と債務者とがお互いに同種の目的を有する債権・債務を有する場合に，その債権と債務とを対当額において消滅させる一方的な意思表示（単独行為）である（505条1項・506条1項）。

―――――【事例　Ⅵ－5】―――――

　AがBに対して1,000万円の貸金債権を有しており，BはAに対して800万円の売買代金債権を有している場合，AまたはBの一方的な意思表示により800万円の対当額において双方の債権・債務を消滅させることができる。Aが相殺の意思表示をする場合，Aの貸金債権を自働債権と呼び，Bの売買代金債権を受働債権と呼ぶ。

　単独行為としての相殺は，当事者の合意による相殺契約と対比して，いわゆる法定相殺と呼ばれる。相殺制度は，たとえばフランスのように相殺適した状態（相殺適状）により当然に効果が発生する構成を採用する場合もあるが，日本法の相殺では，相手方に対する相殺の意思表示が必要とされている。相殺権を行使する側の債権を自働債権といい，相殺される側の債権を受働債権という。なお，単独行為である相殺に条件・期限を付することは，法律関係を相手方に一方的に不利益を科することになるため，許されない（506条1項ただし書）。

#### (2)　**相殺の制度趣旨と機能**

　法定相殺の制度は，なぜ認められ，どのような機能を営んでいるのであろうか。

　(ｱ)　**簡易決済と公平保持**　　債権債務の対当額につき差引決算，つまり相殺が認められることで，自働債権と受働債権のそれぞれについて当事者双方が弁済するという二重の手続きを省略することができ便利である。このような簡易決済機能が，相殺の制度趣旨の1つである。また，弁済による債権の消滅だけ

では，当事者の一方は弁済をしたのに，他方は他方当事者が任意に弁済しない，あるいは強制執行を受けても資力が十分でないという事態が生じることもある。こうした事態が不公平とすれば，相殺という手段で不公平を排除する，つまり公平を保持することができることも，相殺の制度趣旨として挙げられる。

(イ) **担保的機能**　公平保持機能の結果として，相殺は，債権の有効な回収手段として利用されることになり，事実上担保的機能を果たすという事態が一般的となっている。そして，相殺の機能の中でも，この担保的機能が実務上最も重視される状況にある。たとえば，銀行が顧客に対し定期預金の見返りに貸付をおこなう場面を想定すればよい。この場面では，債務者に債権を有する第三者が債務者の定期預金を差し押さえたときに，銀行が債務者に対する貸付金を自働債権として定期預金を受働債権として相殺するような場合に，相殺の担保的機能がまさに発揮される（後述3－3　差押えと相殺）。ただし，相殺が事実上担保的機能を果たしているといっても，相殺はたとえば債権質のような法定担保権そのものではないことにも注意が必要である。

## 2　合意による相殺

### (1)　相殺契約

相殺は，当事者間の合意でも，なすことができる。相殺契約は，対立する債権を対当額で消滅させる有償契約である。相殺契約によれば，法定相殺の要件を回避することができる。たとえば，後述するように法定相殺においては双方の債権は同種でなければならないが，相殺契約により同種ではない債権債務どうしで相殺ができる。また，法定相殺の効果としての遡及効の排除も可能である。

### (2)　相殺予約

取引社会で頻繁に用いられるのは，相殺契約よりも，いわゆる相殺予約（広義の相殺予約）である。広義の相殺予約には，①一定の事実が生じたときに予約完結権を行使して相殺の効果を発生させる予約（狭義の相殺予約），②一定の事実が生じることを停止条件として債権債務を自動的に消滅させるもの（停止条件付当然相殺契約），③債務者の支払停止などの一定の事実が生じたとき，当然にないし請求により，期限の利益を失わせることで弁済期の拘束を排除する

もの（期限の利益喪失約款）が挙げられる。金融機関において一般的に用いられるのは、この③の期限の利益喪失約款である。

### (3) 相殺契約・相殺予約の効力

相殺契約・相殺予約は、当事者間においては、有効であると認めることにつき問題はない。ただし、相殺予約の対外効、とりわけ③の期限の利益喪失約款の対外効については議論が積み重ねられてきた。対外効が無制限に認められることになると、私人の手により差押えの対象にならない財産を事実上つくり出すことになり、差押権者に与える影響も大きいからである。そこで、相殺予約の効力が問題となる（後述、差押えと相殺）。

## 3 要　件

### 3-1 相殺適状

法定相殺がなされるためには、債権者債務者の相対立する債権どうしが相殺に適した状態であることが必要である。この状態がいわゆる相殺適状である。相殺適状であるためには、以下の要件を充たしていることが必要である（505条1項）。

#### (1) 相殺適状とは何か

(ア) **同一当事者間の債務が対立していること**　両当事者がお互いに対立する債務を負担する場合でなければならない。

(a) 原則　まず、自働債権・受働債権がともに有効に成立していなければならない。よって、一方の債権が存在しない場合、あるいは債権の発生原因の契約が無効の場合には、相殺の効力も発生しない。次に、同一当事者間で債権の対立があることが原則である。

(b) 例外　同一当事者間における債権の対立については、いくつかの例外がある。第三者の有する債権を自働債権として相殺できる場合として、436条2項の連帯債務における他人の相殺権援用の場合や457条2項の保証人による相殺権の援用の場合がある。また第三者に対する債権を自働債権として相殺できる場合として、443条1項の連帯債務、463条1項の保証債務もしくは468条2項の債権譲渡の場合があげられる。また、法律の規定はないが、上述の場面と利益状況が類似している場面として、抵当不動産の第三取得者が抵当権者

に対して債権をたまたま保有していたときに，第三取得者がその債権を自働債権として抵当権者が債務者に対して有する債権を受働債権として相殺できるかどうかが問題となった。否定する判例もあるが，少なくとも物上保証人・抵当不動産の第三取得者のように弁済をなすに正当な利益を有する第三者の場合には，相殺を認めるべきだとするのが学説の大勢である（大判昭和 8・12・5 民集12-2818）。このような場合には本人が債務を負っているのと実質的には異ならないといえ，相殺を認めないのは不都合である。

(イ) **同種の目的を有すること**　給付の内容は同種でなければならない。よって，給付の内容が金銭には限られないが種類物を目的とする債権である必要がある。同種の目的であればよく，債権の発生原因・債権額・履行地が同一である必要はない。ただし，履行地が異なる相殺により生じた損害は賠償されなければならない（507条）。

(ウ) **双方の債務の弁済期が到来していること**　自働債権は弁済期になければならない。弁済期未到来の債権を自働債権として相殺することは，自働債権の債務者である相手方が期限の利益を失う結果を招くからである。他方，505条1項の文言は「双方の債務」であるが，受働債権は弁済期にある必要はないと解されている。期限の利益は原則として債務者にあるため，受働債権の債務者である自働債権の債権者が，受働債権の期限の利益を得放棄して相殺することができるからである（136条）。なお，期限の定めのない債務は，その成立と同時に弁済期にあり，債権者は，いつでもこれを自働債権として相殺することができる（大判昭和17・11・19民集21-1075）。

(エ) **債務の性質が相殺を許すものであること**　上述の(ア)〜(ウ)の505条1項本文の要件を充たした場合でも，債務の性質上，相殺を許すものでなければ，相殺することができない。性質上相殺に適しない場合としては，たとえば相互に労務を提供する債務などの相互履行することに意味がある作為債務どうしの相殺や，お互いに競業を禁止するなどの不作為債務同士の相殺などがある。

自働債権につき，たとえば同時履行の抗弁権や催告・検索の抗弁権（保証人）が附着している場合には，相殺を認めると相手方の抗弁権を一方的に奪うことになるから，相殺は許されない（大判昭和13・3・1民集17-318，最判昭和32・2・22民集11-2-350）。なお，相殺を認めても相殺の相手方に不利益が生

## VI 債権の消滅

じないときには，同時履行の関係にある場合でも，相殺が可能であるとされた例もある。請負契約において，注文者が請負人に対し目的物の瑕疵修補に代わる損害賠償請求権（637条）を有するとき，注文者は損害賠償請求権を自働債権として，請負人の報酬請求権を受働債権とする相殺を認めた例である（最判昭和51・3・4民集30-2-48）。他方，受働債権につき抗弁権が附着しているときは，自働債権の債権者である受働債権の債務者は抗弁権を放棄できるため，相殺は許される。

### (2) 相殺時に相殺適状であること

**(ア) 原則** 相殺適状は，相殺の意思表示がなされた時点で，現に存在しなければならないのが原則である。よって，債権債務関係がいったん相殺適状になったとしても，相殺の意思表示以前に，一方ないし両方の債権が弁済・代物弁済・供託・更改・免除・相殺・解除・取消し等の消滅原因により消滅しているときは，相殺の効力は生じないのが原則である（最判昭和32・3・8民集11-3-513）。

**(イ) 時効による消滅の場合の例外** 自働債権が時効によって消滅した場合でも，消滅以前に相殺適状にあったときには相殺をなすことができると規定する（508条）。双方債権が相殺適状にあるときには，当事者はすでに決済されたものと考えるのが通常であり，理に適っているため，この期待を保護したものとされる。よって，消滅時効にかかった他人の債権を譲り受け，これを自働債権として相殺することは許されない（最判昭和36・4・14民集15-4-765）。また，判例は，主たる債務者に対する債権が時効によって消滅した結果，連帯保証人に対する債権が附従性により消滅した場合でも，債権者の連帯保証人に対する債権を自働債権とし連帯保証人の債権者に対する反対債権を受働債権として，相殺することが可能であるとする（大判昭和8・1・31民集12-83）。保証債務の附従性に反する上，保証人の期待にも反するため，この判例に反対する立場が有力である。

**(イ) 除斥期間経過後の債権** 除斥期間経過後の債権を自働債権として相殺しうるかについては，民法に規定はない。除斥期間は紛争を速やかに解決することを目的とするため，時効に関する508条の類推適用ができるかどうかが問題となるが，判例は注文者の損害賠償請求権と請負人の代金請求権とが相殺適

状にあった事案で，損害賠償請求権の除斥期間が経過後であっても，508条の類推適用により，相殺が可能であるとした（前掲最判昭和51・3・4民集30-2-48）。

### 3-2　相殺の禁止

自働債権と受働債権とが相殺適状にある場合でも，当事者の合意がある場合（(1)）や法律の規定によって相殺が禁止されている場合（(2)～(4)）には，相殺することができない。法律による相殺禁止の場合は，いずれも一定の理由から受働債権に現実の履行を実現させる目的のために規定されたものである。

#### (1) 相殺禁止の特約

当事者が相殺禁止の特約をした場合，相殺できないのが原則である（505条2項）。ただし，善意の第三者に対抗することはできない（505条2項ただし書）。

#### (2) 不法行為による損害賠償債権

不法行為債権を受働債権とする相殺は認められない（509条）。受働債権が不法行為によって生じた損害賠償請求権であるときは，加害者側は，被害者に対して505条1項による相殺に適した状態の債権を有している場合であっても，相殺をすることが許されず，被害者に対して現実に給付しなければならない。この509条の趣旨は，①不法行為の誘発（たとえば反対債権がある場合には相手を不法行為により被害を負わせても相殺で清算すればいいという類）を防止すること，②被害者に現実履行を受けさせ損害を塡補する必要性にあるといわれている。したがって，被害者側から自己の損害賠償債権を自働債権として相殺することは妨げない（最判昭和42・11・30民集21-9-2477）。合意による相殺も認められる。

問題になるのは，たとえば双方過失に基づく自動車事故のようないわゆる交叉的不法行為の場面で同一の事実から生じた損害賠償請求権どうしの場合に相殺が許されるかどうかであるが，判例はこの場合も相殺を認めない（最判昭和49・6・28民集28-5-666，最判昭和54・9・7判時954-29）。学説には，交叉的不法行為の場合には①の不法行為の誘発という事態が生じる恐れがないことを理由にして，判例の立場を批判する見解も有力である。しかし，交叉的不法行為においても，②の損害の現実履行をさせる必要性がある場面もあり，この点で判例の立場は合理性がある。なお，たとえば自動車保険に当事者が入っている

Ⅵ 債権の消滅

場合などには，相殺を認めない方が509条の現実弁済を受けさせるという趣旨に適うと指摘する者もいる。

### (2) 差押禁止債権

たとえば給料債権の支払期における4分の3相当部分のように，その債権が法律によって差押えを禁止された債権であるとき，その債権の債務者は相殺をもって債権者に対抗できない（510条，民事執行法152条，労働基準法83条2項等）。すなわち，差押禁止の債権を受働債権として相殺することはできないのである。たとえば日常生活資金を確保するためなどの目的により一定の債権を差押禁止債権とした法律の要請から，債権者に現実弁済を受けさせる必要性のためである。ただし債権者側には差押禁止債権を処分する自由はあるから，債権者が差押禁止債権を自働債権として相殺することはできる。

### (3) 支払の差止めを受けた債権

511条は，差押え・仮差押えのような支払差止めを受けた債権の債務者（第三債務者）は，差押え後に債務者に対して取得した反対債権を自働債権とする相殺をもって，差押権者に対抗することはできないと規定する。では，反対債権が差押え前に取得されているものの差押え時には相殺適状にない場合に，反対債権を自働債権とする相殺をもって差押えに対抗できるのだろうか。これは，いわゆる「差押えと相殺」と呼ばれる問題であるが，続く**3－3　差押えと相殺**において説明する。

## 3－3　差押えと相殺

### (1)「差押えと相殺」とは，どのような問題か

511条は差押え後に債務者に取得した反対債権を自働債権とする相殺をもって，差押権者に対抗することができないとしていた。では，この511条を反対解釈（推論）して，第三債務者は，差押え前に債務者に対して取得した債権を自働債権として，差押権者に対して相殺を対抗できるのだろうか。

**【事例　Ⅵ－6】**

A銀行はBに対して貸付金債権を有している。他方，BはA銀行に対して預金債権を有している。C（国）がBの税金の滞納により国税滞納処分としてBの預金債権を差し押さえた。A銀行のBに対する債権は，Cの差

> 押え前に取得されたものである。A銀行は，Bへの貸付金債権を自働債権として，Bの預金債権を受働債権として相殺することができるだろうか。

　A銀行による相殺がCのおこなった差押えに対抗できるかどうかは，自働債権の債権者と受働債権の債権者という二者に加え，差押権者という第三者が加わり，より複雑な問題状況となっている。具体的には，この**【事例】**のような金融取引をめぐる紛争として現れるのが一般である。

　(ア)　**無制限説**　現在の判例は，この「差押えと相殺」の問題について，相殺の担保的機能を重視して，自働債権を行使する側，事例でいえばA銀行の期待を保護すべきであるという立場に立っている（最判昭和45・6・24民集24-6-587）。この立場は，いわゆる無制限説と呼ばれる立場である。すなわち，第三債務者であるA銀行は，自働債権である貸付金がCの差押え後に取得したものでない限り，自働債権・受働債権の弁済期の先後を問わず，自働債権の弁済期が到来することで相殺適状に達すれば，法定相殺ができると判示している。

　(イ)　**制限説**　判例法理としては，無制限説が定着している。しかし，学説の多くは，無制限説は相殺の担保的機能を重視しすぎる等の理由から，相殺権者の期待が保護される場合につき一定の制限を設けるべきだという主張を行っている（制限説）。制限説のうち有力であるのは，弁済期の先後で差押えと相殺の優劣を決するべきであるという見解である。この立場によると，受働債権であるBの定期預金債権の弁済期より自働債権であるAの貸付金の弁済期が先に到来するときは，Aによる将来の相殺の期待は保護すべきであり，Aによる相殺はCの差押えに対抗できる。Aの期限の利益は放棄できるからである。しかし，逆に自働債権の弁済期が受働債権の弁済期より後に到来する場合には，Aによる相殺はCに対抗できないとする。この立場は，(2)で述べた昭和45年の最高裁によって変更された昭和39年の最高裁判例に賛同する立場である（最判昭和39・12・23民集18-10-2217）。（→**応用学習**）

(2)　**相殺予約と期限の利益喪失約款**

　銀行実務では，差押権者による債権回収を回避して相殺適状をつくるために，約款により相殺予約（狭義）ないし期限の利益喪失約款を規定して，差押命令

の効力が生じる前に相殺適状を発生させる方策をとることが多い。このような特約も，当事者間では有効ではあるが，このような予約ないし期限の利益喪失約款が差押権者に対抗できるのかが問題となる。

　法定相殺につき無制限説に立つ昭和45年判決は，契約自由の原則上このような合意も当然有効であるとして，相殺予約についても無条件に効力と認める（前掲最判昭和45・6・24民集24-6-587）。法定相殺の場合と同様，批判する学説も多い。また，法定相殺につき制限説に立つ昭和39年判決は，受働債権の弁済期が自働債権の弁済期より早く到来する場合には，相殺予約を認めない（前掲最判昭和39・12・23民集18-10-2217）。このような場合に相殺予約の効力を認めると，私人間の特約のみによって差押禁止財産を作り出すことになるからである。

### (3) 債権譲渡と相殺

　債権譲渡の場合に，468条2項の通知の効力に関連して，譲渡された債権の債務者による相殺が債権譲受人に対抗できるかが問題となってきた。この問題は，「差押えと相殺」と同じ問題状況であり，いわゆる「債権譲渡と相殺」と呼ばれている。

---

**【事例　Ⅵ－7】**

　Bは，Aに対する債権（乙債権）を有している。このとき，BがCに乙債権を譲渡し，Aに内容証明郵便による譲渡通知をおこなった。他方，Aはこの譲渡通知到達前にBに対し債権（甲債権）を取得した。譲受人CがAに対して乙債権の履行を請求した場合に，Aは，譲渡通知以前に取得した自己のBに対する甲債権を自働債権とし，乙債権を受働債権として相殺を主張できるか。

---

　判例には，債権譲渡通知を受けるまでに債務者Aが自働債権（甲債権）を取得しさえすれば，たとえ自働債権の弁済期が，譲渡通知当時には未到来で，しかも譲渡された債権（乙債権）より後に到来するものであっても，その後に両方の債権の弁済期が到来すれば，Aからの相殺の主張を認めたものがある（最判昭和50・12・8民集29-11-1864）。この判例は，「債権譲渡と相殺」についても，

「差押えと相殺」と同様に，債権譲渡通知を受けるまでにAが自働債権（乙債権）を取得しさえすれば相殺を主張できるという立場に理解することも可能である。そうなると，判例は「債権譲渡と相殺」においても，無制限説を採用したと解しうるし，そのように解する立場も有力である。他方，この判例は，「譲受人が譲渡人である会社の取締役である等判示の事実関係があるとき」という断り書きが付されている等の事情もあることや，2名の裁判官の反対意見があることなどを考慮すれば，この判決の先例としての意義は確固たるものではなく，「債権譲渡と相殺」についての判例法理は，「差押えと相殺」ほどには，未だ確定的ではないという評価も有力である。この立場に立つ学説の根拠としては，複数挙げられるが，たとえば「差押えと相殺」では相殺の担保的機能がどこまで正当化されるかが問題になるのに対し，「債権譲渡と相殺」では債権流通の安全と債務者の利益保護の調和をどのように図るかという視点が問題になるため，両者は問題状況を異にするなどの理由が主要な理由としてあげられる。「債権譲渡と相殺」についても，無制限説を批判するのが学説の大勢であり，「差押えと相殺」と同様に，弁済期の先後で「債権譲渡と相殺」の優劣を決する立場が有力である。

### (4) 転付債権者による逆相殺

「差押えと相殺」に関連して，以下のような，いわゆる逆相殺と呼ばれる場面が問題となる。

---

**【事例 Ⅵ-8】**

AはBに対して甲債権を有しており，BはAに対して乙債権を有している。それぞれ履行期が到来しており，相殺適状にあったところ，Aが相殺の意思表示をする前に，Bの一般債権者Cがこの乙債権を差し押さえ，その上で転付命令を得た結果，乙債権はCに移転した（民事執行法159条・160条）。そして，Cが乙債権を自働債権としてAのCに対する丙債権を受働債権とする相殺（逆相殺）を行った。AB間の相殺とCA間の相殺のどちらが優先するか。

---

AがBに対して既に相殺適状に達している甲債権を有していたとしても，A

がBに対して相殺の意思表示をなす前にCからAに対する相殺の意思表示（逆相殺）をすれば後者が優先する（最判昭和54・7・10民集33-5-533）。すなわち，Aが相殺適状を生じた時点で相殺の意思表示ができたのに行使しないうちに，その債権が弁済，代物弁済，更改，相殺等の事由によって消滅した場合には相殺は許されないとされたのである。

### 3－4　物上代位と相殺
#### (1)　相殺は物上代位に優位するか

3－3では差押えと相殺の関係について説明した。この差押えが抵当権者による物上代位に基づいてなされた場合には，物上代位と相殺という問題が生じる。

【事例　Ⅵ－9】

AはCから1,000万円を借り入れ，この貸付金債権の回収を担保するため，A所有の家屋（家屋a）についてCのために抵当権を設定し設定登記を経由した。この抵当権設定・登記後，Aは，Bとの間で家屋aにつき賃料月額100万円で賃貸借契約を締結した。賃借人Bは，賃貸借契約締結の際にAに1,000万円の保証金を差し入れている。その後，AがCに対する1,000万円の借入金を返済しないので，Cは，AのBに対する賃料債権に物上代位をして，差押えを行った。Bは，Aに対する保証金返還請求権と賃料債権との相殺により，Cによる物上代位・差押えに対抗できるか。

そもそも，抵当権者が，賃料のような価値変形物に対し，物上代位することができるのかが問題となる。従来は見解の対立があったが，現在では物上代位の効力が及ぶとするのが一般的である（詳細は物権法（担保物権）で学んで欲しい）。その上，抵当権者が抵当権設定者の有する債権（賃料債権）を物上代位により差し押さえた場合，この債権の債務者である賃借人は，設定者に対して有している債権を自働債権とし賃料債権を受働債権として相殺できるのかが問題となる（372条・304条）。自働債権となる賃借人の債権のうち典型的なのは，この【事例】のような保証金返還請求権あるいは修繕費請求権である。この【事例】では，もし，賃借人Bによる相殺がCによる物上代位より優先すれば，B

はAに対する保証金返還請求権の現実履行をうけることができ，Cは賃料債権から貸付金の回収ができなくなる。

### (2) 登記時基準説と差押え時基準説

判例は，抵当権設定登記を基準とする登記時基準説である。抵当権設定登記後に賃借人が賃貸人に対し債権を取得した場合には，この債権を自働債権として賃料債権を受働債権とする相殺をもって，物上代位により賃料債権を差し押さえた抵当権者に対抗することはできない（最判平成13・3・13民集55-2-363）。物上代位による差押えと相殺の場面は，**3-2**の差押えと相殺におけるような一般債権者どうしの優劣ではなく，抵当権という担保物権を有する債権者と一般債権者（賃借人）との間の優劣であるから，抵当権による優先的価値支配機能が相殺に劣後すると考えるわけである。他方，賃借人の債権が抵当権者による差押え前に取得したものでさえあれば，抵当権者に対抗できるとする学説もある（差押え時基準説）。なお，敷金返還請求権に関しては，抵当権設定後に賃貸借契約が締結された場合であっても，物上代位の対象にならないとするのが判例である（最判平成14・3・28民集56-3-689）。敷金は賃貸目的物の明渡しの時点で未払賃料へ当然充当されて消滅する性質を有する（最判昭和48・2・2民集27-1-80）。よって，物上代位の対象は敷金から未払賃料控除後の残額に限定されるとする。

## 4 相殺の効果

相殺により，自働債権と受働債権はその対当額において遡及的に消滅する（505条1項・506条2項）。よって，相殺適状以降は，なお，被相殺者が数個の相殺適状にある受働債権を有しており自働債権がこれらの受働債権全額を消滅させるのに足りない場合は相殺充当と呼ばれ，弁済充当の規定（488条〜491条）が準用される（512条）。

## Ⅵ　債権の消滅

**整理ノート**

相殺
　法定相殺　単独行為
　合意による相殺　相殺契約，相殺予約の意義
趣旨　便宜・公平・担保的機能
要件
　相殺適状　505条
　相殺が禁止されていないこと
　　合意による禁止　善意の第三者保護
　　法律による禁止　対象となる受働債権の制限
　　不法行為に基づく受働債権（509条）
　　差押え禁止債権（510条）
　　支払差止めを受けた債権（511条）
　　差押えと相殺　511条の反対解釈の適否　相殺の担保的機能
　　　　　　　　判例　無制限説

§4 相　殺

**応用学習12　差押えと相殺**

**1　はじめに**

　相殺は，自働債権と受働債権の当事者同士の債権関係に止まらず，第三者に対しても重要な影響を与えることがある。つまり差押えと相殺は，1つの受働債権をめぐり，相殺と差押えとのどちらが優劣するかという相殺の第三者効の問題である。基本となる法定相殺と差押えの場面に焦点をあて，判例と学説の流れの概略を見てみよう。なお，本応用学習では触れないが，差押えに加えて転付命令が発せられた場面も，債権譲渡が行われた場面も，あるいは相殺予約の場面も，法定相殺と差押えの問題枠組みの点では共通する。

　法定相殺と差押えとの関係について，現在の判例は，差押え前に取得した債権であれば，相殺は差押えに対抗できるという考え方を採用しており，この考え方が無制限説と呼ばれる立場である（最判昭45・6・24民集24-6-87）。この無制限説は，判例上では定着した考え方だと言われている。しかし，学説では，たとえば金融機関側が行う相殺の事実上の担保的機能を際限なく認めていることへの批判，あるいは相殺権の行使可能性は必ずしも予め公示されているわけではないから，第三者に不測の損害を及ぼすなどの理由から，無制限説への批判の立場つまり制限説も，無制限説を採用した昭和45年判決以降も唱え続けられてきた（判例・学説の整理としては，伊藤進「差押と相殺―第三者の権利関与と相殺理論」『民法講座四巻』373頁以下（有斐閣，1985）参照）。

　さて，差押えと相殺は，511条の解釈論として展開されているが，この問題の背景は，市場における債権の回収をめぐる競争の中で，どちらを勝たせるべきかという面白い問題とも関わってくる。判例も当初から無制限説に立っていたわけではなく，変遷を遂げた結果として現在に至っている。

**2　判例の変遷**

　古い判例には，相殺適状が少なくとも差押え時に存在していることが必要だとする立場を採用するものもあったが，現在では，判例は，相殺の第三者効について，前述の最高裁昭和45年大法廷判決（昭和45年判決）により，貸付債権と預金債権をめぐる事案において両債権の弁済期の先後を問わないという見解を採用するに至った。この判例は，弁済期の先後を相殺の第三者効の基準として採用した最高裁昭和39年大法廷判決（昭和39年判決）を覆した判決である（最判昭39・12・23民集18-10-2217）。

戦後における金融取引活性化のもとで，銀行などの金融機関が債権回収の手段として預金を担保の手段として利用しようとしたことに対して，国税滞納処分による差押えと相殺の優劣をめぐる紛争が頻発し，複数の下級審の判例が出されていう状況の下で出された重要な判例である。ただし，いずれも8対7という僅差であった。

(ｱ) **昭和39年判決**　税金滞納者が銀行に有する定期預金債権に対し，国が差押え，銀行側に払戻請求をしたところ，銀行側が当該預金者に対する手形貸付債権を自働債権とし，預金債権を受働債権とする相殺を主張したという事案であり，自働債権の弁済期は受働債権の弁済期より先に到来するという関係にあった。銀行側の自働債権が差押え当時弁済期に達していない場合でも，受働債権の弁済期より先に到来するならば，相殺への合理的期待があるとして，民法511条の反対解釈により，相殺をもって差押権者に対抗できると解した。他方，自働債権の弁済期が受働債権・差押債権の弁済期より後に到来する場合には，受働債権の弁済期が到来して履行の請求つまり払戻しを請求してきたとしても，銀行側は自働債権である自己の貸付金の弁済期が到来していないから，相殺を主張できないので将来の相殺への合理的期待はないとした。

(ｲ) **昭和45年判決**　この判決の事案も，昭和39年判決と同様に，国税債権に基づく滞納者の定期預金差押えと相殺の事案である。しかし，昭和39年判決の結論とは逆に両債権の弁済期の先後に関係なく，銀行側の相殺が優先するとされた。その理由は，債務者の資力が不十分な場合においても債権の回収を可能にする点で，担保的機能を営むことが強調されている。そして，511条のいわゆる反対解釈により，自己の債権について確実で十分な弁済を受けたと債権が差押後に取得されたものではない限り，自働債権および受働債権の弁済期の前後を問わず，相殺適状に達しさえすれば，差押後においても，相殺をなしうるとしたのである。昭和39年判決も昭和45年判決も，いずれも弁済期の先後に着目しているといってよいだろう。

### 3　学　説

(ｱ) **学説の構図**　現在，学説においては，昭和45年判決と同じ立場の「無制限説」に，何らかの基準で相殺を制限しようとする「制限説」の立場が対立しており，無制限説を採用する学説も一部あるものの，判例とは異なる制限説の方が，むしろ通説的立場といってよい。

制限説は大きく2つに分かれる。制限説Ⅰ（弁済期先後関係説）はほぼ昭和39年判決とほぼ同じ立場であり，制限説の中では，こちらが支配的であると言えよう。他方，制限説Ⅱ（期待利益説）は，債権の回収方法として相殺の担保的機能を利用しようとする強い利害関係が客観的に存在する場合にだけ，相殺を認める説である。弁

済期の先後関係だけが相殺の合理的期待がある場合ではなく，これを拡張するアプローチである。また逆に自働債権の弁済期が後に到来する場合であっても，合理的期待がないとは必ずしもいえないとする。たとえば，銀行からの貸付金がある限り顧客の定期預金債権の満期日につき事実上更新され続けるような場面である。このような場合には，弁済期の先後は形式的なものに過ぎないと考えられる。

さて，制限説Ⅱでいう合理的期待の内容であるが，必ずしも内容は一致していない。具体的には，相殺予約がある場合，受働債権について質権設定がある場合，あるいは銀行の貸付金債権と預金債権とが見合っている関係のような取引において債権どうしが客観的に緊密な関係にある場合などが挙げられている。こうした制限説Ⅱを正当化する立場としては，第1には銀行実務の分析から正当化する立場がある。つまり相殺を前提として進んでいる銀行取引の現状を肯定的に理解して，銀行と顧客との継続的関係を基礎にして相殺の合理的期待を認めるという立場である。第2に，近時積極的に唱えられているのは，仏法，独法あるいはイギリス法などの比較法的な分析から，自働債権と受働債権の緊密な関係つまり牽連性を合理的期待の要素として導入しようとする立場である（深谷格「相殺の構造と機能──フランス法を中心として──（四）」名古屋大学法政論集137号397頁以下（1991），石垣茂光「相殺の担保的機能論に関する一考察──相殺の第三者効を導く理由付けについて──」獨協法学43号375頁以下（1996），拙稿「イギリス法における衡平法上の相殺の構造──牽連性要件を中心として──（二）」東洋法学46巻1号27頁以下（2002））。なお，判例において，補足意見ではあるが，制限説Ⅱへの言及が見られる部分がある。すなわち，昭和45年判決の大隅裁判官の補足意見において，判例の結論を正当化する要素として銀行の貸付債権と顧客の定期預金債権どうしの取引上の関わりについて言及されている点は，注目すべきであろう。この補足意見は，第1の立場から，昭和45年判決を正当化するものである。

(イ) **制限説Ⅰと制限説Ⅱの相違**　さて，制限説Ⅱの根拠となる相殺への合理的期待という要素は，制限説Ⅰもあるいは無制限説でさえ，考慮している要素である。ただし，制限説Ⅰが弁済期の先後のみによって，合理的期待を判定するのに対し，制限説Ⅱはより具体的な基準を求めるという違いがあり，結論も異なる可能性がある。先に言及したように，たとえば，定期預金の弁済期が貸付金の弁済期より前に到来する場合であっても貸付が継続される以上定期預金も更新することが当然に予定されている場合には，制限説Ⅱによれば，弁済期の先後にかかわらず債権同士の緊密性ゆえに，相殺への合理的期待は保護されるということになるだろう。

(ウ) **その後の展開──貸付債権と不渡異議申立預託金との相殺**　判例の無制限説の射程は，昭和45年判決の事案である定期預金債権と貸付金との相殺の場面を拡

## Ⅵ 債権の消滅

張してきている。たとえば，手形の支払義務の存在を争おうと考えた手形債務者が，争っている間に銀行取引停止処分を受けるのを避けるため，手形債務者が支払銀行に預託金を委託して手形の不渡異議申立てを行う。この不渡異議申立て預託金（預託金）は手形債務者が勝訴すると返還されるはずであり，手形債権者は当然この預託金に対して差押えをするわけだが，銀行が手形債務者に対して有していた貸付債権がある場合には，銀行が貸付債権と預託金との相殺を行う結果，手形債権者の債権回収が妨害されるわけである。このようにいわば偶然的な事情で銀行の貸付金と相殺適状となった預託金についても，判例は等しく銀行の相殺に対する期待を保護している（最判昭和45・6・18民集24-6-527）。制限説Ⅰでは少なくとも弁済期の先後を基準として相殺の行使は制限され，制限説Ⅱでは，銀行が預託金を貸付金の見返りとして予定していない以上，相殺に対する合理的な期待が一般に認められない事案と言えよう（平井一雄「貸付債権と不渡異議申立預託金との相殺」『田中誠二先生追悼論文集　企業の社会的役割と商事法』591頁以下（経済法令研究会，1995））。昭和45年判決で無制限説を採用した判例は，対立する債権の関係に顧慮せずに無制限説を拡張し続けていく姿勢を採用している。この姿勢が，制限説がいまだに根強く唱えられる有力な理由の1つであろう。

## §5 更改・免除・混同

### 1 更改

#### (1) 意義

更改契約とは，債務の要素を変更し，旧債務を消滅させ旧債務と同一性のない新債務を成立させる当事者間の合意である（513条1項）。

更改契約には，①債権の目的物である給付の変更による更改（513条2項・518条），②債務者の交替による更改（514条），③債権者の交替による更改（515条）という3つの類型がある。①は代物弁済や準消費貸借に，②は債務引受に，③は債権譲渡に，類似する。たとえばローマ法のように債権譲渡・債務引受が認められない制度下では，更改契約は重要な制度として位置づけられていた。しかし，債権譲渡・債務引受を認める現行民法下では，債権者にとって不利な効果をもたらす更改の意義は低下している。

#### (2) 要件

**(ア) 旧債務の存在と新債務の成立** 更改により消滅すべき旧債務が存在していない場合，更改契約は無効である。新債務が不法の原因で成立しないときや，当事者の知らない事由によって新債務が成立しないときや取り消されたときには，旧債務は消滅しない（517条）。

**(イ) 債務の要素の変更** 債務の要素（債権者・債務者・目的物）の変更が必要である（513条2項）。加えて当事者が更改を利用して債務の同一性を失わす旨の更改意思も必要と解するべきである（大判昭和7・10・29新聞3483-17）。

**(ウ) 更改契約の有効性** 更改契約自体が有効であることが必要である。

#### (3) 効果

旧債務が消滅と新債務の発生である（513条1項）。旧債務に関する担保権，保証債務，違約金も消滅する。ただし，当事者の特約で（物上保証の場合には物上保証人の承諾も必要），旧債務の目的の限度で質権または抵当権を新債務に移すこともできる（518条）。旧債務に附着していた抗弁権なども，更改時に債務者が異議をとどめない限り，消滅する（516条，大判大正10・6・2民録27-1048）。

更改契約が新債務の不履行により解除できるかどうかは問題になる。古くは，

Ⅵ 債権の消滅

解除を認めた判例もあったが（大判昭和3・3・10新聞2847-15），更改契約は新債務の履行を目的とする契約ではないから，新債務が履行されないことを理由とする更改契約の解除ができないと考えるのが一般的である。

## 2 免　　除

　免除とは，債権を無償で消滅させることを目的とする債権者の債務者に対する一方的な意思表示（単独行為）である（519条）。免除のためには特別の方式を必要としない。免除が債権の放棄という処分行為である以上，債権者は免除をなすには処分権を有する必要がある。よって，差押えを受けた債権や質権が設定された債権の場合には，免除により差押権者，質権者に対抗できない（最判昭和44・11・6民集23-11-2009）。

　免除の効果として，債権が消滅し，同時に消滅した債権に伴う担保物権や保証債務なども消滅する。ただし，免除によって第三者に不利益を与えることは許されるべきではないから，第三者の権利の目的となっている債権については免除できない。

　なお，日本法は免除を単独行為としているが，立法論としては免除を契約とすることも可能であり，ドイツやフランスなど免除を契約と定める国もある。日本法でも，当事者間で免除契約を締結し債権を消滅させることは可能である（大判昭和4・3・26新聞2976-11）。

## 3 混　　同

　混同とは，同一債権における債権と債務が同一人に帰属することにより，その債権が消滅することである（520条本文）。たとえば，債権者が債務者を相続する場合や，債務者が債権者から債権譲渡を受ける場合に生じる。債権・債務が同一人に帰属する場合でも，その債権が第三者の権利の目的であるときには，第三者の権利を害するべきではないため，債権は消滅しない（520条ただし書）。たとえば，債権が質権の目的となっている場合である。また，家屋の転借人が家屋の所有者である原賃貸人の地位を承継しても，原賃貸借関係および転貸借関係は，当事者間の合意がない限り消滅しない（最判昭和35・6・23民集14-8-1507）。

§5 更改・免除・混同

> **整理ノート**
>
> 更改（513条〜518条）　旧債務消滅ならびに新債務成立
> 債務の同一性喪失　←　債権者・債務者・目的物の変更
> 免除（519条）　単独行為・処分行為　免除契約　可
> 混同（520条）　債権債務が同一人に帰属
> 　例；相続，債権譲渡

## 事 項 索 引

### あ

アクチオ ……………………………5
与える債務 …………………………9
安全配慮義務 ………………………56
按分額の支払拒絶の抗弁 …………128

### い

異議なき承諾 ………………………206
遺産分割協議 ………………………122
委託を受けた保証人の求償権 ……171
委託を受けない保証人の求償権 …174
一部代位 ……………………………235
一部取消＋価格賠償 ………………125
一部保証 ……………………………166
一部免除 ……………………………149
一部連帯 ……………………………145
一身専属権 ………………………84, 94
一般債権者 …………………………83
一般財産 ……………………………84
一般担保 ……………………………83
一般担保権 …………………………135
違約金 ………………………………72
遺留分減殺請求権 …………………94

### う

受取証書の持参人 …………………246

### え

影響関係 ……………………………175

### か

解除権 …………………………43, 45

価格賠償 ………………………110, 124
掴取力 ……………………………25, 84
拡　張 ………………………………102
拡張事例 ……………………………92
確定判決 ……………………………85
確定日付説 …………………………200
確定日付のある証書 ………………198
貸金等根保証契約 ……………158, 178
過失相殺 ……………………………70
カフェー丸玉事件 …………………26
可分債務 ……………………………11
間接強制 ……………………………34
間接訴権 ……………………………104
観念の通知 …………………………197

### き

機関保証 ……………………………158
危険責任 ……………………………51
期限の利益喪失約款 ………………265
危険負担 ……………………………79
帰責事由 ……………………………41
帰属上の一身専属権 ………………94
逆相殺 …………………………170, 267
客観的要件 …………………………115
求償関係 ………………………140, 142, 151
求償権 …………………………171, 233
　――の根拠 ………………………171
　――の制限 ………………………172
　――の範囲 ………………………172
給　付 ………………………………3
　――の場所 ………………………228
給付義務 ………………………46, 56
　――の不完全履行 ………………47

事項索引

| | |
|---|---|
| 給付内容の同一性 | 164 |
| 給付保持力 | 25 |
| 強制管理 | 86 |
| 強制競売 | 85 |
| 強制競売開始決定 | 85 |
| 強制執行 | 34 |
| 強制執行手続き | 85 |
| 強制履行 | 9, 34, 35 |
| 供託 | 86, 169, 254 |
| 供託所 | 254, 255 |
| 供託物の取戻し | 255 |
| 共同担保 | 83 |
| 共有的帰属 | 138 |
| 極度額 | 178 |
| 金銭債権 | 9 |
| 金銭債務 | 53, 71 |
| 金銭的評価 | 64 |

く

| | |
|---|---|
| 具体的損害計算 | 66 |

け

| | |
|---|---|
| 形成権説 | 110 |
| 継続的保証 | 177 |
| 契約解除による原状回復義務 | 165 |
| 契約上の地位 | 190 |
| 結果債務 | 10 |
| 検索の抗弁 | 160 |
| 検索の抗弁権 | 167, 183 |
| 現実の提供 | 229 |
| 限定根保証 | 178 |
| 現物返還 | 110, 124 |

こ

| | |
|---|---|
| 行為債務 | 9 |
| 更改 | 176, 275 |
| 交叉的不法行為 | 263 |
| 行使上の一身専属権 | 94 |

| | |
|---|---|
| 行使の方法 | 124 |
| 公信力 | 207 |
| 公正証書 | 198 |
| 口頭の提供 | 229 |
| 合有的帰属 | 138 |
| 個人保証 | 158 |
| 混同 | 176, 276 |

さ

| | |
|---|---|
| 債権回収機能 | 89, 90 |
| 債権執行 | 86 |
| 債権者代位権の行使 | 95 |
| 債権者代位権の転用 | 91 |
| 債権者代位権の転用例 | 99 |
| 債権者平等の原則 | 83 |
| 債権者への引渡（支払）請求 | 96 |
| 債権証書返還請求権 | 248 |
| 債権譲渡 | 187, 266 |
| 債権譲渡登記 | 214 |
| 債権の準占有者 | 241 |
| 債権の消滅 | 225 |
| 催告・検索の抗弁権 | 176 |
| 催告の抗弁 | 160 |
| 催告の抗弁権 | 167 |
| 財産権を目的としない法律行為 | 122 |
| 財産執行 | 83 |
| 財産分与請求権 | 94 |
| 裁判上の代位 | 95 |
| 債務者の行為 | 121 |
| 債務者の処分権の制限 | 97 |
| 債務超過 | 88, 92 |
| 債務なき責任 | 182 |
| 債務不履行 | 38 |
| 債務不履行責任説 | 77, 81 |
| 債務名義 | 85 |
| 詐害行為 | 114 |
| 詐害行為取消権 | 108 |
| ——の行使 | 124 |

――の法的性質論 …………………110
詐害行為前に発生した債権 …………112
作為債務 ……………………………… 8
錯　誤 ………………………………163
差押え ………………………………264
差押禁止債権 ………………………264
差押命令 ……………………………86
詐称代理人 …………………………242
三分体系 ……………………………58

## し

時効の援用 …………………………184
時効の中断 ………………170, 176, 184
事後求償権 …………………………172
事後通知 ……………………………172
持参債務 ……………………………15
事実的因果関係 ……………………64
事実上の優先弁済 ……………126, 127
事実上の優先弁済権 ……………90, 97
使　者 ………………………………163
システム構築責任 …………………253
システム提供者の責任 ……………253
事前求償権 ……………………173, 184
自然債務 ……………………………26
事前通知 ………………………152, 172
執行証書 ……………………………85
執行忍容 ……………………………135
執行忍容判決 ………………………134
執行力 ………………………………25
指定充当 ……………………………246
私的自治 ………………………………3
支払停止 ……………………………88
支払不能 ……………………………88
指名債権 ……………………………187
集合債権譲渡担保 …………………188
受益債権者 …………………………128
受益者 ………………………………109
受益者・転得者の地位 ……………129

受益者または転得者の悪意 ………123
受益の意思表示 ……………………128
主観的要件 …………………………115
主観的要件説 ………………………119
主たる債務者について生じた事由 …175
　――の効力 ………………………168
手段債務 ………………………………10
受働債権 ……………………………258
受領遅滞 ………………………… 77, 79
受領力 ………………………………25
種類債権 ………………………………10
　――の特定 …………………………13
譲渡禁止特約 ………………………193
消費者契約法 ………………………72
消滅時効 ……………………………170
将来債権 ……………………………193
書面性 ………………………………161
書面による保証契約 ………………161
人格執行 ……………………………83
人的担保 ……………………………182
真の意味の履行補助者 ……………50
信用保険 ……………………………160
信用保証協会 ………………………158
信頼利益 ……………………………62

## す

随伴性 ………………………………160

## せ

請　求 ………………………………176
請求権 …………………………………4
請求権説 ……………………………110
請求払無因保証 ……………………160
請求力 ………………………………25
制限種類債権 ………………………12
責　任 ……………………………182, 186
責任財産（共同担保） ……………83
　――の変動 ………………………86

────の保全 …………………83, 86, 104, 108
────への「掴取」 ………………………84
責任制限契約 ……………………………84
責任説 …………………………………133
責任なき債務 ……………………………27
責任判決 ………………………………134
責任法的無効 …………………………133
積極的債権侵害 …………………………58
絶対的構成 ……………………………124
絶対的効力 …………………139, 142, 147
絶対的免除 ……………………………148
折衷説 …………………………………110
責めに帰すべき事由 ……………41, 45, 48
選択債権 …………………………………18
全部取消＋現物返還 …………………125

## そ

相関関係説 ……………………………119
総合的判断説 …………………………120
相　殺 …………148, 169, 176, 183, 258, 266
────の担保的機能 …………………259
相殺禁止 ………………………………263
相殺契約 ………………………………259
総債権者 ………………………………127
相殺適状 ………………………………260
相殺予約 …………………………259, 265
相続放棄 ………………………………122
相対的構成 ……………………………124
相対的効力 …………………139, 142, 147, 151
相対的取消理論 ………………………110
相対的免除 ……………………………149
相当因果関係説 …………………………63
相当価格の財産売却の詐害性 …………116
送付債務 …………………………………15
総有的帰属 ……………………………138
訴求力 …………………………………25
訴　権 ……………………………………5
訴権説 …………………………………134

損益相殺 …………………………………70
損　害 ……………………………………61
損害担保契約 …………………………160
損害賠償額の算定 ………………………66
損害賠償額の予定 ………………………71
損害賠償の範囲 …………………………63

## た

代位権行使の範囲 ………………………96
代位訴訟の訴訟物 ………………………98
代位訴訟の判決の効力 …………………98
代位の順序 ……………………………236
代位弁済 ………………………………233
対外的効力 ………………………167, 175
対抗不能 ………………………………135
対抗不能説 ……………………………135
対抗要件具備行為の取消し …………112
対抗要件否認 …………………………112
対債権者類型 ……………………109, 128
第三債務者の抗弁 ………………………97
第三者担保 ………………………182, 186
第三者による弁済 ……………………232
第三者の債権侵害 ………………………27
第三者弁済 ……………………………159
対第三者類型 …………………………109
代替執行 …………………………………34
代償請求権 ………………………………45
代物弁済 …………………………169, 248
────の詐害性 ……………………118
多数当事者の債権関係 ………………137
単純保証 ………………………………174
担保供与の詐害性 ……………………118
担保権実行手続き ………………………85
担保付債権の保全 ……………………113
担保保存義務 …………………………238

## ち

遅延賠償 ……………………………38, 42

中間最高価格 …………………… 67, 69
抽象的損害計算 ………………………… 66
直接強制 ……………………………… 34
直接請求権 ………………………… 106
直接訴権 …………………………… 106
賃借権の保全 ……………………… 100
賃貸保証 …………………………… 178

## つ

通 貨 ………………………………… 16
通常損害 …………………………… 65
通 謀 ………………………… 117, 121

## て

抵当権の復活 ……………………… 210
典型契約 ……………………………… 6
転得者 ……………………………… 109
転付命令 ……………………… 86, 195
塡補賠償 ………………… 38, 43, 45
転 用 ………………… 89, 91, 104
転用論 ……………………… 108, 113

## と

登記請求権の保全 ………………… 100
到達時説 …………………………… 200
特定金銭債権の保全 ……………… 101
特定債権 ……………………… 93, 104
　──の保全 ………………………… 91
特定物債権 ………………………… 10
　──の保全 ……………………… 112
特別損害 …………………………… 65
特別担保 …………………………… 83
独立債務 …………… 160, 161, 169, 170
独立的補助者 ……………………… 51
取消し ……………………………… 110
　──の範囲 ……………………… 124
取立て ……………………………… 86
取立債務 …………………………… 15

取立訴訟 …………………………… 86
取戻し ……………………………… 110
取戻方法 …………………………… 124

## な

内容証明郵便 ……………………… 198
なす債務 ……………………………… 9

## に

任意債権 …………………………… 18
任意代位 …………………………… 234

## ね

根保証 ……………………………… 177

## は

賠償者代位 ………………………… 73
賠償訴権説 ………………………… 134
配当要求 …………………………… 85
廃罷訴権 …………………………… 104
判決代用 …………………………… 36

## ひ

引渡債務 ……………………………… 9
非金銭債権 …………………………… 9
非典型契約 …………………………… 6
否認権 ……………………………… 108
否認の登記 ………………………… 136
表見代理 …………………………… 163
被用者的補助者 …………………… 51
平等主義 …………………………… 83

## ふ

不確定期限 ………………………… 41
不可抗力 …………………………… 41
不可分債権 ………………………… 141
不可分債務 …………………… 11, 141
不完全履行 ……………… 38, 46, 58, 60

事項索引

富喜丸事件 … 69
不作為債務 … 8
不執行契約 … 84
附従性 … 159, 183
　──による絶対的効力 … 168
　──のない保証 … 160
不真正連帯債務 … 154
付随義務 … 39, 46, 47
不訴求の約束 … 149
物上代位 … 268
物上保証 … 182
物上保証人 … 182
物的担保 … 182
不動産執行 … 85
不当性 … 120
不当利得返還請求権 … 129
分割債権 … 139
分割債務 … 139
　──の原則 … 176
分割主義 … 137
分別の利益 … 175, 176

へ

併存的（重畳的）債務引受 … 189
別個債務性 … 159, 186
弁済 … 4, 169, 226
　──による代位 … 159, 174, 233
　──の証明 … 247
　──の詐害性 … 117
　──の提供 … 227
弁済供託 … 254
弁済充当 … 246
弁済費用 … 229
偏頗行為 … 114

ほ

妨害排除請求 … 29
包括根保証 … 158, 178

報償責任 … 51
法人保証 … 158
法定委任関係 … 95
法定充当 … 247
法定責任説 … 77, 81
法定訴訟担当 … 98
法定代位 … 234
保護義務 … 40, 46, 47
保護範囲 … 64
保護範囲説 … 64
補充性 … 160, 175, 176
保証委託契約 … 157
保証契約 … 157
保証債務 … 157
　──の意義 … 157
　──の効力 … 167
　──の性質 … 157
　──の成立 … 161
　──の範囲 … 166
　──の補充性 … 167
保証人について生じた事由の効力 … 170
保証人による相殺 … 170
保証保険 … 160
保証連帯 … 176, 177
保存行為 … 95
本来型 … 92

み

身分財産権 … 94
身元保証 … 178
民事執行法 … 84
民事保全手続き … 87
民法423条の法意 … 105

む

無資力 … 88, 92, 100
無資力要件 … 88, 92, 100, 102
無制限説 … 265

284

事項索引

## め

名誉毀損による慰謝料請求権……………95
免　除……………………148, 170, 276
免責的債務引受………………………189

## も

目的物の変更権………………………14

## ゆ

優先主義………………………………83

## よ

余後効…………………………………39
425条の趣旨…………………………127

## り

履　行…………………………………4
　――の強制…………………………34
　――の引受…………………………189
履行代行者・履行代用者……………50
履行遅滞………………………………38
履行引受………………………………158
履行不能……………………………38, 44
履行補助者……………………………49
履行利益………………………………62
離婚に伴う財産分与…………………123
利息債権………………………………16
利息制限法……………………………17

## れ

劣後譲受人……………………………203
連帯債権………………………………156
連帯債務………………………………144
連帯の特約………………………174, 176
連帯保証……………………………160, 174
連帯保証人について生じた事由………175

## ろ

ローマ法………………………………4

## 判 例 索 引

大判明治30・12・16民録 3-11-55 ……… 234
大判明治34・6・27民録 7-70 ………… 171
大判明治37・9・22民録10-1139 ………… 167
大判明治39・9・28民録12-1154 ………… 110
大判明治39・11・21民録12-1537 ………… 92
大判明治40・5・20民録13-576 ………… 254
大判明治40・9・21民録13-877 ………… 119
大判明治41・2・27民録14-150 ………… 93
大判明治41・11・14民録14-1171 ………… 110
大判明治42・9・27民録15-697 ………… 149
大判明治43・2・10民録16-84 ………… 193
大判明治43・7・6民録16-537 ……… 99, 100
大判明治43・7・6民録16-546 ………… 97
大連判明治44・3・24民録17-117 ……… 110
大判明治44・10・3民録17-538 ………… 117
大判明治45・7・3民録18-684 ………… 255
大判大正 2・5・12民録19-327 ………… 45
大判大正 4・3・10刑録21-279 ………… 28
大判大正 4・7・13民録21-1387 ………… 170
大判大正 5・8・18民録22-1657 ………… 206
大判大正 5・11・4民録22-2021 ………… 167
大判大正 5・11・22民録22-2281 ………… 117
大判大正 5・12・25民録22-2494 ………… 170
大判大正 6・1・22民録23-8 ………… 112
大判大正 6・5・3民録23-836 ………… 151
大判大正 6・10・27民録23-1867 ………… 165
大判大正 7・8・14民録24-1650 ………… 230
大判大正 7・8・27民録24-1658 ………… 64
大判大正 7・9・26民録24-1730 ………… 114
大判大正 7・12・7民録24-2310 …… 242, 246
大判大正 8・4・11民録25-808 ………… 110
大判大正 8・7・11民録25-1305 ………… 118
大判大正 9・6・17民録26-905 ………… 248

大判大正 9・11・24民録26-1871 ………… 167
大判大正 9・12・24民録26-2024 ………… 125
大判大正 9・12・27民録26-2096 ………… 112
大判大正10・6・2民録27-1048 ………… 275
大判大正10・6・18民録27-1168 …… 110, 127
大判大正11・3・1民集1-80 ………… 216
大判大正12・10・20民集2-596 ………… 70
大決大正13・1・30民集3-53 ………… 165
大判大正13・4・25民集3-157 ………… 117
大判大正13・7・18民集3-399 ………… 230
大判大正14・10・28民法4-656 ………… 178
大判大正14・12・15民集4-710 ………… 216
大判大正15・3・25民集5-219 ………… 217
大連判大正15・5・22民集5-386 ………… 69
大判昭和 3・3・10新聞2847-15 ………… 276
大判昭和 4・1・30新聞2945-12 ………… 235
大判昭和 4・3・26新聞2976-11 ………… 276
大判昭和 4・12・16民集8-944 … 99, 101, 104
大判昭和 5・2・5新聞3093-9 ………… 193
大判昭和 5・4・23新聞3122-10 ………… 168
大判昭和 5・10・10民集9-948 ………… 197
大判昭和 6・4・7民集10-535 ………… 236
大判昭和 6・10・6民集10-889 ………… 235
大判昭和 7・5・27民集11-1069 ………… 155
大判昭和 7・6・3民集11-1163 ………… 114
大判昭和 7・6・21民集11-1198 ………… 101
大判昭和 7・6・28民集11-1247 ………… 199
大判昭和 7・7・7民集11-1498 ………… 93
大判昭和 7・9・30民集11-2008 ………… 153
大判昭和 7・10・29新聞3483-17 ………… 275
大判昭和 7・12・6民集11-2414 ………… 199
大判昭和 8・1・31民集12-83 ………… 262
大判昭和 8・2・3民集12-175 ………… 128

286

大判昭和8・5・2民集12-1050‥‥‥‥117
大判昭和8・6・13民集12-1437‥‥‥43
大決昭和8・8・18民集12-2105‥‥‥210
大判昭和8・9・29民集12-2443‥‥‥238
大判昭和9・5・4民集13-633‥‥‥‥163
大判昭和9・7・17民集13-1217‥‥‥255
大判昭和9・11・24民集13-2153‥‥234, 237
大判昭和9・11・30民集13-2191‥‥‥124
大判昭和10・3・12民集14-482‥‥‥96
大判昭和10・4・25新聞3835-5‥‥‥27
大判昭和10・8・8民集14-1541‥‥‥242
大判昭和10・10・15新聞3904-13‥‥‥171
大判昭和11・3・23民集15-551‥‥‥97
大判昭和11・4・15民集15-781‥‥‥217
大判昭和11・6・2民集15-1074‥‥‥234
大判昭和11・8・7民集15-1661‥‥‥235
大判昭和12・6・30民集16-1285‥‥‥155
大判昭和12・12・11民集16-1495‥‥‥148
大判昭和13・1・31民集17-27‥‥‥‥165
大判昭和13・2・15民集17-179‥‥‥234
大判昭和13・3・1民集17-318‥‥‥261
大判昭和13・11・12民集17-2205‥‥‥228
大判昭和14・8・24新聞4467-9‥‥‥217
大判昭和14・10・13民集18-1165‥‥‥232
大判昭和15・3・15民集19-586‥‥‥99
大判昭和15・5・29民集19-903‥‥‥242
大判昭和15・9・21民集19-1701‥‥150, 177
大判昭和16・1・30新聞4681-13‥‥‥235
大判昭和16・3・1民集20-163‥‥‥248
大判昭和16・5・23民集20-637‥‥‥178
大判昭和16・6・20民集20-921‥‥‥242
大判昭和17・11・19民集21-1075‥‥‥261
大判昭和18・12・22民集22-1263‥‥‥98
大判昭和19・4・28民集23-251‥‥‥198
大判昭和20・5・21民集24-9‥‥‥‥169
大判昭和20・8・30民集24-60‥‥‥‥114
最判昭和28・5・29民集7-5-608‥‥‥196
最判昭和28・12・14民集7-12-1386‥‥‥93
最判昭和28・12・18民集7-12-1515‥‥‥29
最判昭和29・2・11民集8-2-401‥‥‥255
最判昭和29・4・2民集8-4-745‥‥‥118
最判昭和29・4・8民集8-4-819‥‥‥140
最判昭和29・7・16民集8-7-1350‥‥‥247
最判昭和29・9・24民集8-9-1658‥‥‥101
最判昭和30・4・5民集9-4-431‥‥‥101
最判昭和30・4・19民集9-5-556‥‥‥45
最判昭和30・5・31民集9-6-774‥‥‥33
最判昭和30・9・29民集9-10-1472‥‥‥216
最判昭和30・10・11民集9-11-1626‥‥‥124
最判昭和30・10・18民集9-11-1642‥‥‥22
最判昭和32・2・22民集11-2-350‥‥‥261
最判昭和32・3・8民集11-3-513‥‥‥262
最判昭和32・6・5民集11-6-915‥‥‥231
最判昭和32・11・1民集11-12-1832‥‥‥119
最判昭和32・12・19民集11-13-2299‥‥‥163
最判昭和33・2・21民集12-3-341‥‥‥112
最判昭和33・6・14民集12-9-1449‥‥‥98
最判昭和33・6・19民集12-10-1562‥‥‥178
最判昭和33・9・26民集12-13-3022‥‥‥118
最判昭和34・6・19民集13-6-757‥‥‥140
最判昭和35・4・26民集14-6-1046‥‥‥119
最判昭和35・6・23民集14-8-1507‥‥‥276
最判昭和35・10・18民集14-12-2764‥‥‥163
最判昭和35・11・22民集14-13-2827‥‥‥229
最判昭和35・12・15民集14-14-3060‥‥‥255
最判昭和36・4・14民集15-4-765‥‥‥262
最判昭和36・6・20民集15-6-1602‥‥‥16
最大判昭和36・7・19民集15-7-1875
‥‥‥‥‥‥‥‥‥‥‥‥‥‥84, 113, 125, 126
札幌高函館支判昭和37・5・29高民集
15-4-282‥‥‥‥‥‥‥‥‥‥‥‥‥‥23
最判昭和37・8・21民集16-9-1809
‥‥‥‥‥‥‥‥‥‥‥‥‥‥‥‥‥242, 244
最判昭和37・9・21民集16-9-2041‥‥‥229
最判昭和37・10・9民集16-10-2070‥‥‥128
最判昭和37・11・9民集16-11-2270‥‥‥178

判例索引

最判昭和37・11・16民集16-11-2280………69
最判昭和39・9・22判時385-50 ……………139
最判昭和39・11・17民集18-9-1851
　　　　　　　　　　　　　　…………117, 118
最大判昭和39・11・18民集18-9-1868……17
最判昭和39・12・18民集18-10-2179…178
最判昭和39・12・23民集18-10-2217
　　　　　　　　　　　　　…………265, 266, 271
最判昭和40・4・30民集19-3-768………249
最大判昭和40・6・30民集19-4-1143…165
最判昭和40・10・12民集19-7-1777………92
大判昭和41・1・23新聞479-8 …………246
最判昭和41・10・4民集20-8-1565………243
最判昭和41・11・18民集20-9-1861……236
最判昭和41・11・18民集20-9-1886……155
最判昭和41・12・20民集20-10-2139……217
最判昭和41・12・23民集20-10-2211……46
最判昭和42・1・20民集21-1-16 ………122
最判昭和42・8・25民集21-7-1740……141
最判昭和42・10・27民集21-8-2110……184
最判昭和42・10・27民集21-8-2161
　　　　　　　　　　　　　　…………207, 209
最判昭和42・11・9民集21-9-2323……119
最判昭和42・11・30民集21-9-2477……263
最判昭和42・12・21民集21-10-2613……245
最判昭和43・9・26民集22-9-2002…93, 184
最大判昭和43・11・13民集22-12-2526……17
最判昭和43・11・15民集22-12-2649……177
最判昭和44・6・24民集23-7-1079……97
最判昭和44・11・6民集23-11-2009……276
最判昭和44・11・25民集23-11-2137……17
最判昭和44・12・19民集23-12-2518……119
最判昭和45・3・26民集24-3-151……93
最判昭和45・4・10民集24-4-240………195
最判昭和45・6・18民集24-6-527……274
最判昭和45・6・24民集24-6-587
　　　　　　　　　　　　　…………265, 266, 271
最判昭和45・7・15民集24-7-771…254, 256

最判昭和45・8・20民集24-9-1243 ……231
最判昭和45・10・13判時614-46 …………139
最判昭和45・12・15民集24-13-2081……163
最判昭和46・1・26民集25-1-90 ………122
最判昭和46・4・23民集25-3-388………221
最判昭和46・9・21民集25-6-823………112
最判昭和46・10・26民集25-7-1019……170
最判昭和46・11・19民集25-8-1321……128
最判昭和47・3・23民集26-2-274………166
最判昭和47・4・20民集26-3-520………69
最判昭和48・2・2民集27-1-80………269
最判昭和48・2・16民集27-1-132………155
最判昭和48・3・27民集27-2-376…243, 244
最判昭和48・4・24民集27-3-596………97
最判昭和48・7・19民集27-7-823………194
最判昭和48・10・11判時723-44 …………71
最判昭和48・11・30民集27-10-1491……118
最判昭和49・3・7民集28-2-174…198, 200
最判昭和49・6・28民集28-5-666………263
最判昭和49・9・20民集28-6-1202………122
最判昭和49・11・29民集28-8-1670
　　　　　　　　　　　　　…………92, 102, 106
最判昭和49・12・12金法743-31 …………124
最判昭和50・1・30民集29-1-1 ………243
最判昭和50・1・31民集29-1-68………71
最判昭和50・2・25民集29-2-143…40, 56
最判昭和50・3・6民集29-3-203………102
最判昭和50・12・8民集29-11-1864……266
最判昭和51・3・4民集30-2-48…262, 263
最判昭和52・3・17民集31-2-308………196
最判昭和52・7・12判時867-58 …………118
最判昭和52・8・9民集31-4-742………243
最判昭和53・10・5民集32-7-1332
　　　　　　　　　　　　　…………108, 126
最判昭和54・1・25民集33-1-12…124, 126
最判昭和54・7・10民集33-5-533………268
最判昭和54・9・7判時954-29…………263
最判昭和54・9・25判時946-50……243, 245

最判昭和55・1・11民集34-1-42 ………201
最判昭和55・1・24民集34-1-110………112
最判昭和55・7・11民集34-4-628 ……94
最判昭和55・11・11判時986-39 …………234
最判昭和55・12・18民集34-7-888……41,56
最判昭和56・2・16民集35-1-56………56
大阪高判昭和56・6・23判時1023-65……184
最判昭和57・3・4判時1042-87…………155
最判昭和57・12・17民集36-12-2399 ……153
最判昭和58・5・27民集37-4-477………56
最判昭和58・10・6民集37-8-1041………95
最判昭和58・12・19民集37-10-1532 …123
最判昭和59・2・23民集38-3-445………244
最判昭和59・4・10民集38-6-557 ………56
最判昭和59・5・29民集38-7-885
　　　　　　　　　　　　　…………152,234,237
最判昭和59・9・18判時1137-51 …………39
最判昭和60・5・23民集39-4-940………236
最判昭和61・2・20民集40-1-43 ………234
最判昭和61・4・11民集40-3-558
　　　　　　　　　　　　　…………204,242,245
最判昭和61・11・27民集40-7-1205………237
最判昭和62・9・3判時1316-91…………184
最判昭和63・7・1判時1287-63…………232
最判昭和63・7・1民集42-6-451………155
最判昭和63・7・19判時1299-70…………126
最判昭和63・10・13判時1295-57…………244
最判平成2・11・8判時1370-52 …………56
最判平成2・12・18民集44-9-1686 ……185
最判平成3・4・11判時1391-3 …………56
最判平成3・9・3民集45-7-1121 ……238

最判平成3・10・1判時1404-79…………223
最判平成3・10・25民集45-7-1173 ……155
最判平成4・2・27民集46-2-112…………126
最判平成4・11・6判時1454-85…………210
最判平成5・3・30民集47-4-3334
　　　　　　　　　　　　　…………………200,202
最判平成5・7・19判時1489-111 …245,251
最判平成5・11・11民集47-9-5255………27
最判平成6・4・21裁判集民事172-379…72
最判平成6・11・24判時1514-82…………155
最判平成7・3・10判時1525-59…………184
最判平成7・6・23民集49-6-1737……238
最判平成8・12・19金法1482-77…………238
最判平成9・4・24民集51-4-1991 ……244
最判平成9・6・5民集51-5-2053………196
最判平成9・11・11民集51-10-4077………208
最判平成10・4・24判時1661-66 …………73
最判平成10・6・12民集52-4-1121………112
最判平成10・9・10民集52-6-1494………149
最判平成11・1・29民集53-1-151………193
最判平成11・6・11民集53-5-898 ………122
最大判平成11・11・24民集53-8-1899
　　　　　　　　　　　　　…………………99,105
最判平成12・4・21民集54-4-1562 ……214
最判平成13・3・13民集55-2-363………269
最判平成13・11・16判時1810-57…………110
最判平成13・11・22民集55-6-1033………94
最判平成13・11・27民集55-6-1334………256
最判平成14・3・28民集56-3-689………269
最判平成14・7・11判時1805-56…………163
最判平成15・4・8民集57-4-337…245,252

|  |  |  |
|---|---|---|
| ステップ アップ | | |
| STEP UP　債権総論 | | |

2005年5月30日　第1版第1刷発行

|  |  |  |
|---|---|---|
| ⓒ著者 | 片　山　直　也 | |
|  | 難　波　譲　治 | |
|  | 野　澤　正　充 | |
|  | 山　田　八千子 | |

発行　不　磨　書　房
〒113-0033　東京都文京区本郷6-2-9-302
TEL 03-3813-7199／FAX 03-3813-7104

発売　㈱信　山　社
〒113-0033　東京都文京区本郷6-2-9-102
TEL 03-3818-1019／FAX 03-3818-0344

制作：編集工房INABA　　　印刷・製本／松澤印刷
2005, Printed in Japan

ISBN4-7972-9115-X C3332

実務家・教師・インストラクター・学生・ビジネスマンの方々へ

## スポーツ六法

**事故防止からビジネスまで　￥3,360**

野球協約・学習指導要領・各種自治体条例など321件を凝縮!!
各章解説，判例，スポーツ年表も掲載

【編集代表】

**小笠原正**
（前日本スポーツ法学会会長）

**塩野　宏**
（東京大学名誉教授）

**松尾浩也**
（東京大学名誉教授）

【編集委員】　浦川道太郎／菅原哲朗／高橋雅夫／道垣内正人／濱野吉生／守能信次／（編集協力）石井信輝／森　浩寿／山田貴史／吉田勝光

[目次]　1　スポーツの基本法／2　スポーツの行政と政策／3　生涯スポーツ／4　スポーツと健康／5　スポーツと環境／6　スポーツの享受と平等／7　学校スポーツ／8　スポーツとビジネス／9　スポーツ事故／10　スポーツ紛争と手続／11　スポーツの補償／12　スポーツの安全管理／13　スポーツ関係団体／14　資料編

不磨書房

早川吉尚・山田　文・濱野　亮 編
Alternative Dispute Resolution

# ADRの基本的視座

根底から問い直す "裁判外紛争処理の本質"

1　紛争処理システムの権力性とADRにおける手続きの柔軟化　　　　（早川吉尚・立教大学）
2　ADRのルール化の意義と変容　アメリカの消費者紛争ADRを例として　（山田　文・京都大学）
3　日本型紛争管理システムとADR論議
　　　　　　　　　　　　　　　（濱野　亮・立教大学）
4　国によるADRの促進
　　　　　　　　　　　　　　　（垣内秀介・東京大学）
5　借地借家調停と法律家　日本における調停制度導入の一側面　　　　　（高橋　裕・神戸大学）
6　民間型ADRの可能性
　　　　　　　　　　　　　（長谷部由起子・学習院大学）
7　現代における紛争処理ニーズの特質とADRの機能理念－キュアモデルからケアモデルへ－
　　　　　　　　　　　　　　　（和田仁孝・早稲田大学）
8　和解・国際商事仲裁におけるディレンマ
　　　　　　　　　（谷口安平・東京経済大学／弁護士）
9　制度契約としての仲裁契約　仲裁制度合理化・実効化のための試論　　（小島武司・中央大学）
10　ADR法立法論議と自律的紛争処理志向
　　　　　　　　　　　　　　　（中村芳彦・弁護士）
座談会　〔出席者：和田・山田・濱野・早川（司会）〕

Ａ５判　336頁　定価3,780円（本体3,600円）

不磨書房

◆石川明先生（慶應義塾大学名誉教授）の みぢかな法律シリーズ◆

## みぢかな法学入門【第3版】　■本体 2,500円
## みぢかな民事訴訟法【第3版】　■本体 2,400円
## みぢかな倒産法　■本体 2,800円

◆はじめて学ぶひとのための 法律入門シリーズ◆

## プライマリー法学憲法　■本体 2,900円
石川明・永井博史・皆川治廣 編

## プライマリー民事訴訟法
石川明・三上威彦・三木浩一 編

## プライマリー刑事訴訟法
椎橋隆幸 編（中央大学教授）

gender law books

## ジェンダーと法
辻村みよ子 著（東北大学教授）　■本体 3,400円（税別）

## 導入対話によるジェンダー法学【第2版】
監修：浅倉むつ子（早稲田大学教授）／阿部浩己／林瑞枝／相澤美智子
山崎久民／戒能民江／武田万里子／宮園久栄／堀口悦子　■本体 2,400円（税別）

## 日本の人権／世界の人権
横田洋三 著（中央大学教授・国連大学学長特別顧問）　■本体 1,600円（税別）

## 〈提言〉学校安全法
喜多明人（早稲田大学教授）・橋本恭宏（中京大学教授）編　■本体 950円（税別）